Grundrechtsschutz durch Private
in Deutschland am Beispiel
des Netzwerkdurchsetzungsgesetzes

Europäische Hochschulschriften Recht
European University Studies in Law
Publications Universitaires Européennes de Droit

Band/Volume **6682**

Johanna Ruth Vollkommer

Grundrechtsschutz durch Private in Deutschland am Beispiel des Netzwerkdurchsetzungsgesetzes

PETER LANG

Bibliografische Information der Deutschen Nationalbibliothek
Die Deutsche Nationalbibliothek verzeichnet diese Publikation in der Deutschen
Nationalbibliografie; detaillierte bibliografische Daten sind im Internet über
http://dnb.d-nb.de abrufbar.

Zugl.: Tübingen, Univ., Diss., 2021.

Gedruckt auf alterungsbeständigem, säurefreiem Papier.

D 21
ISSN 0531-7312
ISBN 978-3-631-86191-2 (Print)
E-ISBN 978-3-631-86379-4 (E-PDF)
E-ISBN 978-3-631-86380-0 (EPUB)
DOI 10.3726/b18832

© Peter Lang GmbH
Internationaler Verlag der Wissenschaften
Berlin 2021
Alle Rechte vorbehalten.
Peter Lang – Berlin · Bern · Bruxelles · New York · Oxford · Warszawa · Wien

Das Werk einschließlich aller seiner Teile ist urheberrechtlich geschützt.
Jede Verwertung außerhalb der engen Grenzen des Urheberrechtsgesetzes ist
ohne Zustimmung des Verlages unzulässig und strafbar.
Das gilt insbesondere für Vervielfältigungen, Übersetzungen, Mikroverfilmungen
und die Einspeicherung und Verarbeitung in elektronischen Systemen.

Diese Publikation wurde begutachtet.

www.peterlang.com

Soli deo gloria

Danksagung

Die Bearbeitung und Fertigstellung meiner Dissertation wäre ohne die Unterstützung zahlreicher Personen nicht möglich gewesen, bei denen ich mich an dieser Stelle bedanken möchte.

Mein besonderer Dank gilt zunächst meinem Doktorvater Prof. Dr. Ferdinand Kirchhof, für die Zeit der Betreuung und seine konstruktive Kritik bei der Erstellung meiner Dissertation.

Neben Freunden und meiner Familie möchte ich mich vor allem bei meinen Eltern Dr. Martin und Brigitte Stelzle bedanken, nicht nur für ihre Unterstützung bei meinem Promotionsvorhaben, sondern für ihre Begleitung auf meinem Lebensweg von Anfang an. Der größte Dank geht an meinen Mann Stefan, ohne dessen unermüdliche Unterstützung auch schon im Studium die Vollendung dieser Arbeit nicht möglich gewesen wäre.

Inhaltsübersicht

§ 1 **Einleitung und Fragestellung** 17
    I. Relevanz des Themas 17
    II. Fragestellungen 19

§ 2 **Grundrechte im Anwendungsbereich des NetzDG** 23
    I. Relevante soziale Netzwerke 23
    II. Übersicht über die relevanten Grundrechte 23
    III. Grundrechte der Nutzer im Anwendungsbereich des NetzDG 24
        1. Meinungsfreiheit, Art. 5 Abs. 1 S. 1 GG 24
            a) Schutzbereich 24
            b) Begrenzung der Meinungsfreiheit 25
            c) Ergebnis 27
        2. Presse- und Rundfunkfreiheit, Art. 5 Abs. 1 S. 2 GG 27
            a) Pressefreiheit 27
            b) Rundfunkfreiheit 28
                (1) Verwendung von Rundfunktechnik 28
                (2) Rundfunkprogramm 29
                (3) Adressatenkreis 29
                (4) Ergebnis 30
        3. Zensurverbot, Art. 5 Abs. 1 S. 3 GG 30
            a) Vorzensur 30
                (1) Begriff der Vorzensur 30
                (2) Vorzensur durch die Netzwerkanbieter 31
                (3) Zwischenergebnis 32
            b) Nachzensur 32
                (1) Begriff der Nachzensur 32
                (2) Faktische Zensur durch das NetzDG 35
                    (a) Argumente für eine faktische Zensur 35

		(b) Abgrenzung zwischen Zweck einer Zensur und der Schrankenregelung	36

        (3) Faktische Zensur im Anwendungsbereich der Nutzungsbedingungen 37
    c) Fazit 38
  4. Kunst- und Wissenschaftsfreiheit, Art. 5 Abs. 3 GG 40
  5. Religionsfreiheit, Art. 4 GG 40
  6. Berufsfreiheit, Art. 12 GG 40
  7. Allgemeines Persönlichkeitsrecht 41
    a) Betroffene Schutzgüter 41
    b) Besondere Umstände der Onlinekommunikation 42
    c) Begrenzung des allgemeinen Persönlichkeitsrechts 43
    d) Ergebnis 43
 IV. Zwischenergebnis 44

§ 3 Grundrechtsschutz durch Private: Verfassungsrecht 45

 I. Unmittelbare Bindung an Grundrechte 45
  1. Grundsatz 45
  2. Unmittelbare Bindung aufgrund von Privatisierung 46
    a) Begriff der Privatisierung 46
    b) Staatsaufgaben als Gegenstand der Privatisierung 47
        (1) Abgrenzung von öffentlicher Aufgabe und Staatsaufgabe 47
        (2) Quelle der Staatsaufgaben 48
            (a) Kompetenz- und Zuständigkeitsvorschriften 50
            (b) Grundrechte 50
            (c) Staatsziele 51
    c) Rechtsdurchsetzung i.S.d. NetzDG als Staatsaufgabe 51
        (1) Begriff der Rechtsdurchsetzung 52
        (2) Gesetzesvollzug durch Rechtsprechung 53
        (3) Rechtsdurchsetzung durch Gesetzesvollzug 54
    d) Rechtsdurchsetzung auf Grundlage des NetzDG 55

>   (1) Aufgabe der Netzwerkanbieter 55
>   (2) Vollzug von Strafrecht im eigentlichen Sinn 56
>   (a) Rechtswidrige Inhalte 57
>   (b) Unmittelbar Zivilrecht, mittelbar Strafrecht 57
>   (c) Sanktionscharakter von Entfernung und
>   Sperrung 58
>   e) Weiterleitung von Inhalten an das BKA 59
>   f) Fazit 60
>   g) Staatsaufgabe im Anwendungsbereich des NetzDG 61
>   (1) Staatsaufgabe der Rechtsprechung 61
>   (2) Staatsaufgabe des Gesetzesvollzugs 61
>   h) Zwischenergebnis 62
>   3. Ergebnis 63
> II. Mittelbare Bindung an Grundrechte 63
>   1. Mittelbare Drittwirkung 63
>   a) Lehre von der mittelbaren Drittwirkung 63
>   b) Rechtsprechung 65
>   2. Schutzpflichtenlehre 66
>   a) Inhalt der Schutzpflichtenlehre 67
>   b) Zusammenhang zwischen Schutzpflichten und
>   mittelbarer Drittwirkung 68
>   3. Auswirkungen der mittelbaren Grundrechtsbindung 70
>   a) Wirkungsweise der mittelbaren Bindung 70
>   b) Unterschiede zur unmittelbaren Grundrechtsbindung 71
>   c) Schutzniveau und Weite der mittelbaren
>   Grundrechtsbindung 72
>   d) Schutzlücke aufgrund nur mittelbarer Grundrechtsbindung 74
>   4. Zwischenergebnis 75
> III. Ergebnis 75

§ 4 Grundrechtsschutz durch Private: Einfaches Recht 77
> I. NetzDG 77

1. Einleitung 77
2. Schutzvorschriften im Rahmen des NetzDG 78
   a) Schutz des Art. 2 Abs. 1 i.V.m. Art. 1 Abs. 1 GG durch Löschpflichten nach § 3 Abs. 2 NetzDG 78
      (1) Begriff der rechtswidrigen Inhalte 79
      (2) Erfüllung des objektiven bzw. subjektiven Tatbestands .. 82
      (3) Offensichtlich rechtswidrige Inhalte 83
      (4) Sozialadäquanzklauseln 84
      (5) Erweiterte Löschpflichten durch das NetzDG 84
      (6) Ergebnis 87
   b) Schutz des Art. 2 Abs. 1 i.V.m. Art. 1 Abs. 1 GG durch Schulungspflicht nach § 3 Abs. 4 NetzDG 88
   c) Schutz des Art. 5 Abs. 1 GG durch Übertragung von Entscheidungen auf Einrichtungen der Regulierten Selbstregulierung 88
      (1) Grundlagen der Selbstregulierung 88
      (2) Regulierte Selbstregulierung im Anwendungsbereich des NetzDG 89
      (3) Ergebnis 90
   d) Schutz des Art. 2 Abs. 1 i.V.m. Art. 1 Abs. 1 GG durch Änderung der §§ 14 ff. TMG und des § 3a Abs. 5 NetzDG 90
   e) Schutz des Art. 2 Abs. 1 i.V.m. Art. 1 Abs. 1 GG durch § 5 NetzDG 91
   f) Zwischenergebnis 92
3. Gefährdung der Grundrechte von Nutzern durch Vorschriften des NetzDG 92
   a) § 3 Abs. 2 Nr. 3a NetzDG: Keine Beteiligung der Betroffenen . 92
   b) Kurze Prüffristen des § 3 Abs. 2 Nr. 2 und 3 NetzDG 94
   c) Prüfung durch juristische Laien 97
   d) Aufspüren von Inhalten durch Algorithmen und Künstliche Intelligenz 99
   e) Selbstzensur der Nutzer 100
   f) Keine verpflichtende Beauftragung von Einrichtungen der Regulierten Selbstregulierung 100

g) Ungleichgewicht im Schutz der betroffenen Grundrechte .. 101
h) Unausgewogenes Machtverhältnis 102
4. Ergebnis 104
II. Schutz der Grundrechte durch zivilrechtliche Vorschriften 104
1. §§ 823, 1004 BGB 104
a) Voraussetzung der Störerhaftung 105
b) Einschränkung der Haftung 105
2. Ergebnis 108
III. Schutz der Grundrechte durch Vorschriften des StGB 109
IV. Fazit 110

§ 5 Grundrechtsschutz durch Private: Vertragliche Regelungen 111

1. Nutzungsbedingungen 111
   a) Nutzungsbedingungen zum Schutz des allgemeinen Persönlichkeitsrechts 111
   b) Nutzungsbedingungen zum Schutz der Meinungsfreiheit .. 112
   c) Intensität des Schutzes der einzelnen Grundrechte vor dem Hintergrund der Löschpraxis 113
   d) Fazit 114
2. Schutz der Grundrechte durch die Geltung des § 307 BGB 115
   a) Inhalt des § 307 BGB 115
   b) Durchsetzung des § 307 BGB 115
   c) Fazit 118
3. Bedeutung der Rechtsprechung für den Schutz der Grundrechte der Nutzer 119
V. Ergebnis 120

§ 6 Verbesserung des Grundrechtsschutzes durch Netzwerkanbieter 125

I. Änderungen des NetzDG zur Verbesserung des Grundrechtsschutzes durch die Netzwerkanbieter 125

1. Regulierte Selbstregulierung 125
 2. Rechte der Nutzer zur Wiederherstellung von entfernten
    Inhalten 128
 3. Erweiterte Pflichten für den Zustellungsbevollmächtigten 129
 4. Längere Fristen 130
 5. Veröffentlichung der Entscheidungen über Löschung 132
 6. Ausbau der Strafverfolgung 133
II. Alternative zum NetzDG 134
 1. Überblick 134
 2. Änderungen des Strafrechts 135
 3. Änderungen des Telemedienrechts 136
 4. Aufhebung des NetzDG 137
 5. Stellungnahme 137
III. Zwischenergebnis 138
IV. Änderung des einfachen Rechts 139
V. Erweiterte mittelbare Drittwirkung 139
 1. Voraussetzungen der erweiterten mittelbaren
    Grundrechtsbindung 140
    a) Private schaffen Infrastruktur für die
       Grundrechtsausübung 140
    b) Stellenwert des Grundrechts im Rahmen des
       Grundgesetzes 141
    c) Bestehen einer Schutzlücke 141
    d) Fazit 141
 2. Übertragung der Voraussetzungen auf soziale Netzwerke 142
    a) Soziale Netzwerke als Infrastruktur zur
       Grundrechtsausübung 142
    b) Stellenwert der betroffenen Grundrechte 143
    c) Schutzlücke im Rahmen der sozialen Netzwerke 144
 3. Folgen der erweiterten mittelbaren Grundrechtsbindung 144
 4. Verbesserung des Schutzniveaus im Einzelnen 146
    a) Anwendungsbereich der Nutzungsbedingungen 146
    b) Anwendungsbereich des NetzDG 148

5. Ergebnis 149
6. Argumente für erweiterte mittelbare Grundrechtsbindung 149
   a) Monopol der privaten Kommunikationsräume 150
   b) Vergleichbarkeit mit staatlicher Macht 150
   c) Netzwerkanbieter als „Global Player" 151
7. Fazit 152
VI. EU-Gesetzgebung: „Digital Services Act" 152
   1. Inhalt des Digital Services Acts 153
   2. Verhältnis zum NetzDG 154
   3. Fazit 156

§ 7 Ausblick 157

§ 8 Zusammenfassung der Thesen 159

Literatur 161

§ 1 Einleitung und Fragestellung

I. Relevanz des Themas

Den Grundrechten kommt in der deutschen Verfassungsordnung eine herausragende Bedeutung zu. Seit Inkrafttreten des Grundgesetzes entwickelte sich mit Hilfe der Rechtsprechung des Bundesverfassungsgerichts in diesem Bereich eine Dogmatik, auf deren Grundlage die Grundrechte der Bürger jedenfalls gegenüber Eingriffen von Seiten des Staates effektiv geschützt werden. Gleichzeitig zeigt sich in bestimmten Bereichen, dass es an einem entsprechenden Schutz vor Beeinträchtigungen durch andere Grundrechtsträger fehlt. Besonders deutlich werden die Gefahren durch Private an Stellen, an denen staatliche Organe kaum oder keine Kontroll- und Einflussmöglichkeiten haben. Dies gilt im Besonderen für den Bereich des World Wide Web, das nicht nur Staatsgrenzen überschreitet[1], sondern auch weitgehende Freiheit durch Anonymität und die hohe Geschwindigkeit der Kommunikation gewährt. In diesem Zusammenhang kommt den Anbietern sozialer Netzwerke eine herausragende Bedeutung zu. Seit ihrer Etablierung lösen sie die klassischen Kommunikations- und Informationswege immer mehr ab und vereinen dabei eine beeindruckende Zahl von Nutzern auf sich. Der räumliche Anwendungsbereich der Meinungs- und Informationsfreiheit konzentriert sich deshalb inzwischen bei diesen sozialen Netzwerken.

In diese Ausgangslage ist das Netzwerkdurchsetzungsgesetz - kurz NetzDG - getreten. Das Gesetz war bereits Gegenstand vieler Diskussionen, als es sich noch um einen Entwurf handelte. Auch nach dem Beschluss über das NetzDG am 01. September 2017[2] änderte sich daran zunächst nicht viel. Dabei wurde über das Gesetz nicht nur im Inland diskutiert, sondern auch weit über die deutschen Grenzen hinaus. Das NetzDG soll sogar in Russland als Vorbild für einen Gesetzentwurf zur Regelung der Löschung von rechtswidrigen Inhalten gedient haben.[3] Inzwischen wurde bereits eine Verschärfung des NetzDG beschlossen. Für bestimmte rechtswidrige Inhalte besteht seitdem nicht mehr nur eine

---

1 *Schoch*, Die Rolle des Staates in der Informationsgesellschaft, in: Leipold (Hrsg.), Rechtsfragen des Internets und der Informationsgesellschaft, S. 83 (85).
2 BGBl. I, S. 3352.
3 https://www.heise.de/tp/features/Russland-kopiert-deutsches-Netzwerkdurchsetzungsgesetz-3773642.html [04.08.2020].

Löschpflicht, sondern zusätzlich eine Meldepflicht an das Bundeskriminalamt (BKA), um eine effektivere Strafverfolgung zu ermöglichen.[4]

Der Titel des Gesetzes – Gesetz zur Verbesserung der Rechtsdurchsetzung in sozialen Netzwerken – gibt die allgemeine Zielrichtung des Gesetzes vor. Es soll der Bekämpfung eines nach Ansicht des Gesetzgebers bestehenden Defizits bei der Durchsetzung des geltenden Rechts dienen. Dabei geht es nach der Gesetzesbegründung insbesondere um die Bekämpfung von Hasskriminalität und „Fake News".[5] Die Netzwerkanbieter trifft auf Grundlage des NetzDG u.a. die Pflicht, bei Meldung eines Inhalts als rechtswidrig diesen am Maßstab bestimmter im Gesetz genannter Straftatbestände zu überprüfen und ggf. zu entfernen bzw. diesen Inhalt an das BKA zu melden. Dabei ist das Ziel der Durchsetzung der Rechtsordnung in sozialen Netzwerken grundsätzlich als positiv zu bewerten, da es im Rahmen der Onlinekommunikation insbesondere zu Verletzungen der Persönlichkeitsrechte von Betroffenen kommt. Bedenken ruft das Gesetz aber im Hinblick auf den Schutz der Meinungsfreiheit hervor. An diesem Punkt setzen auch die meisten Kritiker des NetzDG an, die eine Gefährdung der Meinungsfreiheit darin sehen, dass es den Netzwerkanbietern einerseits die eigentlich Richtern obliegende Entscheidung über die strafrechtliche Bewertung von Inhalten überträgt und dabei andererseits keine ausreichenden Schutzmechanismen für die Meinungsfreiheit vorhält.[6] Dass die Frage nach der Rechtswidrigkeit eines Inhalts schwierig zu beantworten ist, zeigen nicht nur lange Straf- und Zivilverfahren mit oftmals umstrittenen Entscheidungen über die Frage, ob eine Äußerung noch von der Meinungsfreiheit gedeckt ist. Auch wenn in den Medien über die Löschung bestimmter Inhalte bzw. die Sperrung von Accounts in sozialen Netzwerken berichtet wird, herrscht Uneinigkeit darüber, ob die jeweilige Maßnahme zu Recht erfolgte.[7] Dabei wird deutlich, dass der Grat

---

4 Gesetz zur Bekämpfung des Rechtsextremismus und der Hasskriminalität, BGBl. I Nr. 13 S. 441 ff.
5 Gesetzentwurf der Fraktionen CDU/CSU und SPD, BT-Drs. 18/12356, S. 1.
6 So z.B. die Stellungnahme von *Mihr* für die Anhörung im Rechtsausschuss des Bundestages am 19.06.17 von Reporter ohne Grenzen, S. 7 f., https://www.reporter-ohne-grenzen.de/fileadmin/Redaktion/Dokumente/Internetfreiheit/20170619_Stellungnahme_oeA_BT-Rechtsausschuss_NetzDG_Reporter_ohne_Grenzen.pdf [04.08.2020]; zur Vereinbarkeit des NetzDG mit Art. 5 GG auch das Gutachten zur Verfassungsmäßigkeit des Entwurfs eines Gesetzes zur Verbesserung der Rechtsdurchsetzung in sozialen Netzwerken i.d.F. vom 16. Mai 2017 – BT-Drs. 18/12356, *Ladeur/Gostomzyk*, Mai 2017, S. 76 ff.
7 Z.B. http://www.faz.net/aktuell/politik/inland/netzdg-beatrix-von-storch-und-alice-weidel-haben-twitter-aerger-15369259.html; http://www.faz.net/aktuell/

zwischen der rechtmäßigen Ausübung der Meinungsfreiheit und der Strafbarkeit einer Äußerung bzw. der Persönlichkeitsverletzung durch eine Äußerung oft schmal ist und die Besorgnis um den ausreichenden Schutz der Meinungsfreiheit im Anwendungsbereich des NetzDG ihre Berechtigung hat.

Diese Frage nach dem Schutz von Grundrechten im Rahmen der Nutzung von sozialen Netzwerken ist für eine große Zahl von Nutzern in Deutschland von Bedeutung in Anbetracht der Tatsache, dass ein Großteil der Kommunikation, des Meinungsaustausches und der Informationsbeschaffung inzwischen über die sozialen Netzwerke erfolgt. In einer Krisenzeit wie z.B. der weltweiten Verbreitung des Coronavirus suchen Millionen von Menschen die sozialen Netzwerke auf, um sich dort Informationen zu beschaffen und Meinungen zu bilden bzw. zu verbreiten. In solchen Zeiten wird besonders deutlich, wie wichtig eine vielfältige, ausgewogene Berichterstattung und der freie Austausch von Ansichten sind. Der Kreis der durch das NetzDG Betroffenen auf der einen und die Macht und Bedeutung der Anbieter von sozialen Netzwerken auf der anderen Seite sind damit sehr groß. Allein Facebook hatte in Deutschland im ersten Quartal 2020 32 Millionen aktive Nutzer.[8] Gerade der hohe Stellenwert der sozialen Netzwerke für den modernen Meinungsaustausch macht dieses Gesetz so brisant. Dem Staat wird deshalb vorgeworfen, er ziehe sich mit den Regelungen des NetzDG aus einem für die Gesellschaft wesentlichen Bereich zurück und überlasse die Erfüllung seiner Aufgaben den privatrechtlich organisierten Internetunternehmen.[9] Aus diesem Grund könnte zu befürchten sein, dass nicht mehr nur der Staat über erhebliche Macht gegenüber dem einzelnen Bürger verfügt, sondern auch Private zunehmend staatsgleiche Macht ausüben. Aufgrund der geltenden Grundrechtsdogmatik in der deutschen Verfassung könnte dies zu einem geringeren Grundrechtsschutzstandard führen, der gerade im Bereich der Meinungsfreiheit fatal wäre.

II. Fragestellungen

Vor dem Hintergrund der angesprochenen Kritik stellt sich die Frage, wie wirksam der Grundrechtsschutz im Anwendungsbereich des NetzDG tatsächlich ist.

---

feuilleton/medien/twitter-sperrt-titanic-magazin-wegen-storch-satire-15371919.html [04.08.2020].
8 https://www.kontor4.de/beitrag/aktuelle-social-media-nutzerzahlen.html [14.04.2020].
9 *Wimmers/Heymann*, AfP 2017, 93 (97 f.)

Betroffen sind dabei insbesondere zwei Grundrechte, mit denen sich die Arbeit schwerpunktmäßig befassen wird. Auf der einen Seite wird von Äußerungen regelmäßig das allgemeine Persönlichkeitsrecht aus Art. 2 Abs. 1 i.V.m. Art. 1 Abs. 1 GG berührt. Dem gegenüber steht meist das Grundrecht der Meinungsfreiheit aus Art. 5 Abs. 1 S. 1 GG. Bei Kommunikation und Informationsaustausch in sozialen Netzwerken sind Kollisionen zwischen diesen beiden Grundrechten vorprogrammiert, so dass ein Ausgleich dieser Rechte erforderlich ist.[10] Da entsprechende Auseinandersetzungen vor allem im Verhältnis zwischen Privaten stattfinden[11], obliegt es grundsätzlich Richtern an Zivil- und Strafgerichten bei der Prüfung von Schadensersatz- oder Unterlassungsansprüchen bzw. im Rahmen einer Strafverfolgung über die rechtliche Einordnung von Äußerungen unter angemessener Berücksichtigung der relevanten Grundrechte zu entscheiden. Nach den Vorgaben des NetzDG entscheiden aber nicht Gerichte über die Rechtswidrigkeit eines Inhalts, sondern jedenfalls zunächst die Anbieter sozialer Netzwerke. Dabei ist fraglich, ob durch den Einsatz von juristischen Laien wie den Netzwerkanbietern zur Entscheidung über die Frage der Rechtswidrigkeit, die durch den Betrieb ihres sozialen Netzwerkes in erster Linie eigene wirtschaftliche Interessen verfolgen, überhaupt ein angemessener Ausgleich zwischen den berührten Rechten erreicht werden kann.

Kern des Problems ist damit das Schutzniveau der Grundrechte im räumlichen Anwendungsbereich der sozialen Netzwerke, insbesondere im Geltungsbereich des NetzDG. Es ist die Frage zu beantworten, wie Nutzer sozialer Netzwerke durch die privaten Netzwerkanbieter in ihren Grundrechten geschützt werden und ob dadurch ein ausreichender Grundrechtsschutz gewährt wird. Anknüpfungspunkt zur Beantwortung dieser Fragen sind die einschlägigen Normen auf den unterschiedlichen Ebenen der Normenhierachie. Es ist zu untersuchen, auf welche Weise und mit welcher Effektivität Nutzer sozialer Netzwerke durch die Netzwerkanbieter auf der Grundlage von Verfassungsrecht, durch einfachgesetzliche Normen und vertragliche Regelungen in den Grundrechten geschützt werden, die im Bereich der Nutzung von sozialen Netzwerken von Relevanz sind. Die Tatsache, dass der Staat die Regulierung der Onlinekommunikation u.a. mit dem NetzDG gesellschaftlichen Kräften überlässt, könnte zu einem sinkenden Niveau des Grundrechtsschutzes in diesem Bereich führen. Die dadurch eventuell entstehenden Schutzlücken machen es möglicherweise erforderlich, den

---

10 Zum Ausgleich von Meinungsfreiheit und Persönlichkeitsrecht Götting/Schertz/Seitz/ Stollwerck/Wegner, HbPR, § 26 Rn. 33 ff.
11 Götting/Schertz/Seitz/Stollwerck/Wegner, HbPR, § 26 Rn. 35.

Grundrechtsschutz durch Private zu verbessern, um im Bereich der Onlinekommunikation für einen ausreichend hohen Grundrechtsschutzstandard zu sorgen.

§ 2 Grundrechte im Anwendungsbereich des NetzDG

I. Relevante soziale Netzwerke

Für die Frage, welche Grundrechte der Nutzer von sozialen Netzwerken im Anwendungsbereich des NetzDG berührt werden, kommt es zunächst darauf an, welche Arten von sozialen Netzwerken in den Anwendungsbereich des NetzDG fallen. § 1 Abs. 1 NetzDG enthält eine Legaldefinition der erfassten sozialen Netzwerke und schließt dabei Plattformen aus dem Anwendungsbereich aus, die der Individualkommunikation dienen und solche mit journalistisch-redaktionellen Inhalten, für die der Diensteanbieter selbst die Verantwortung trägt. Erfasst werden damit insbesondere die sozialen Netzwerke Facebook, YouTube und Twitter, die dazu bestimmt sind, dass Nutzer beliebige Inhalte veröffentlichen oder teilen können und von den Anbietern mit Gewinnerzielungsabsicht betrieben werden.[12] Daneben gehört auch Instagram zu den sozialen Netzwerken im Sinne des § 1 Abs. 1 NetzDG. Angebote zur Individualkommunikation wie Programme zum Versand von Emails und vergleichbaren Nachrichten sind dagegen nicht erfasst.[13] Ebenfalls nicht von den Regelungen des NetzDG betroffen sind berufliche Netzwerke, Fachportale, Online-Spiele und Verkaufsplattformen, da es sich dabei um inhaltsspezifische Plattformen handelt.[14] Sie sollen daher bei der Untersuchung außer Betracht bleiben.

II. Übersicht über die relevanten Grundrechte

Zugunsten von Nutzern, die Inhalte auf den beschriebenen sozialen Netzwerken teilen und veröffentlichen, sind die Meinungsfreiheit nach Art. 5 Abs. 1 S. 1 GG, die Presse- und Rundfunkfreiheit nach Art. 5 Abs. 1 S. 2 GG, das Zensurverbot nach Art. 5 Abs. 1 S. 3 GG und die Freiheit der Kunst nach Art. 5 Abs. 3 GG in den Blick zu nehmen. Auch die Religionsfreiheit aus Art. 4 GG und die Berufsfreiheit aus Art. 12 GG können bei der Nutzung von sozialen Netzwerken betroffen sein. Für die Adressaten einer Äußerung ist das allgemeine Persönlichkeitsrecht nach Art. 2 Abs. 1 i.V.m. Art. 1 Abs. 1 GG relevant. Nicht außer Acht zu lassen

---

12 So auch Nomos-BR/*Liesching*, NetzDG, § 1 Rn. 2.
13 BT-Drs. 18/13013, S. 18.
14 Ebd.

ist zudem die ebenfalls von Art. 5 Abs. 1 S. 1 GG geschützte Informationsfreiheit anderer Nutzer von sozialen Netzwerken, die zwar nicht unmittelbar von einer Äußerung betroffen sind, aber dennoch ein berechtigtes Interesse am Zugang zu den veröffentlichten Informationen haben.

III. Grundrechte der Nutzer im Anwendungsbereich des NetzDG

1. Meinungsfreiheit, Art. 5 Abs. 1 S. 1 GG

a) Schutzbereich

Von Art. 5 Abs. 1 S. 1 Hs. 1 GG wird die Freiheit der Meinungsäußerung und Meinungsverbreitung geschützt; dabei werden von dem Begriff der Meinungsfreiheit nicht nur Werturteile erfasst, sondern auch Tatsachenbehauptungen, soweit sie als Basis zur Meinungsbildung geeignet sind.[15] Die in dem Grundrecht genannten Verbreitungsarten Wort, Bild und Schrift sind dabei nur beispielhaft aufgeführt, so dass es für den Schutz einer Meinungsäußerung unerheblich ist, durch welches Medium sie erfolgt.[16] Eine Begrenzung auf die dort genannten Medien sollte durch die gewählte Formulierung nicht erfolgen, so dass auch Meinungsäußerung und -verbreitung über das Internet von Art. 5 Abs. 1 S. 1 GG geschützt werden.[17] Die Geltung des Art. 5 Abs. 1 S. 1 GG ist auch für den Bereich des Internets und der sozialen Netzwerke erforderlich, um die Meinungsfreiheit umfassend zu gewährleisten und ihrer besonderen Bedeutung für die Demokratie gerecht zu werden. Dies gilt insbesondere in Anbetracht der Tatsache, dass die Mehrheit der Meinungsäußerungen inzwischen über das Internet bzw. durch Onlinedienste veröffentlicht und auf diesem Weg verbreitet werden. Damit gilt auch für den Bereich der Kommunikation mittels sozialer Netzwerke die Bedeutung der Meinungsfreiheit als ein Grundrecht, das für die „freiheitlich-demokratische Staatsordnung [...] schlechthin konstituierend"[18] ist. Das Grundrecht der Meinungsfreiheit nimmt eine besonders wichtige Stellung innerhalb der Grundrechtsordnung ein.[19] Daran ändert sich auch nichts dadurch, dass sich im Laufe der Zeit mit der Entwicklung neuer Technologien das Medium der

---

15 *Jarass*/Pieroth, GG, Art. 5 Rn. 5 f.; *Michael*/*Morlok*, § 9 Rn. 209.
16 Mangoldt/Klein/*Starck*/*Paulus*, GG, Art. 5 Rn. 86.
17 *Degenhart*, HGR IV, § 105 Rn. 31.
18 BVerfG, Urt. v. 15.01.1985 – 1 BvR 400/51 = BVerfGE 7, 198 (208).
19 Dazu auch Mangoldt/Klein/*Starck*/*Paulus*, GG, Art. 5 Abs. 1 Rn. 1.

Kommunikation gewandelt hat. Wird daher die auf einer Plattform im Internet gespeicherte Meinungsäußerung eines Nutzers von den Netzwerkanbietern gelöscht, ist der Schutzbereich der Meinungsfreiheit betroffen. Daneben wird auch die Informationsfreiheit der Nutzer aus Art. 5 Abs. 1 S. 1 Hs. 2 GG berührt, da durch das Löschen nicht nur die Äußerung einer Meinung unterbunden, sondern gleichzeitig der Zugang anderer Nutzer und Leser zu Informationen verhindert wird.[20]

b) Begrenzung der Meinungsfreiheit

Trotz der herausragenden Stellung der Meinungsfreiheit innerhalb der Grundrechte wird diese nicht unbegrenzt gewährleistet, sondern es gelten die Schranken des Art. 5 Abs. 2 GG. Danach ergeben sich Schranken der Meinungsfreiheit aus den allgemeinen Gesetzen, den Bestimmungen zum Schutz der Jugend und dem Recht der persönlichen Ehre. Diese Schranken gelten folglich auch für Meinungsäußerungen, die in sozialen Netzwerken getätigt werden.

Im Vordergrund steht dabei die Schranke in Form der allgemeinen Gesetze.[21] In diesem Zusammenhang ist die sog. Wechselwirkungslehre zu beachten, nach der ein beschränkendes Gesetz als Schranke im Sinne des Art. 5 Abs. 2 GG wiederum selbst im Licht der Grundrechte ausgelegt werden muss und so selbst eine Einschränkung erfahren kann.[22] Erforderlich ist dabei, dass der Zweck des beschränkenden Gesetzes in einem angemessenen Verhältnis zu der Art und Weise der Einschränkung der Meinungsfreiheit durch das Gesetz und ihrer Bedeutung für die Meinungsfreiheit steht.[23] Im Anwendungsbereich des NetzDG kommen als Schranken in Form von allgemeinen Gesetzen die in § 1 Abs. 3 NetzDG genannten Strafnormen in Betracht. Verstoßen Inhalte gegen diese Tatbestände und handelt es sich deshalb um rechtswidrige Inhalte, kann dies zu der Entfernung oder Sperrung von Inhalten berechtigen. Außerhalb des Anwendungsbereichs des NetzDG kommen als Schranken der freien

---

20 Spindler/Schmitz/*Liesching*, NetzDG, § 1 Rn. 26.
21 Dazu Sachs/*Bethge*, GG, Art. 5 Rn. 142 ff.
22 BVerfG, Beschl. v. 13.01.1982 – 1 BvR 848, 1047/77, 916, 1307/78, 350/79, 475, 902, 965, 1177, 1238, 1461/80 = BVerfGE 59, 231 (265); BVerfG, Beschl. v. 23.06.2004 – 1 BvQ 19/04 = BVerfGE 111, 147 (155); BVerfG, Urt. v. 27.02.2007 – 1 BvR 538, 2045/06 = BVerfGE 117, 244 (260); BVerfG, Beschl. v. 04.11.2009 – 1 BvR 2150/08 = BVerfGE 124, 300 (331 f., 342); BVerfG, Urt. v. 22.02.2011 – 1 BvR 699/06 = BVerfGE 128, 226 (265 f.).
23 Ebd.

Meinungsäußerung auch Normen des BGB insbesondere zum Schutz des allgemeinen Persönlichkeitsrechts wie z.b. §§ 1004, 823 BGB in Betracht. Auf diese wird im Verlauf der Arbeit noch näher einzugehen sein.

Für die Beantwortung der Frage, ob die Meinungsfreiheit überwiegt oder diese auf verhältnismäßige Weise zum Schutz anderer Rechtsgüter eingeschränkt werden durfte, kommt es auf die Abwägung im Einzelfall an.[24] Für diese hat das Bundesverfassungsgericht Kriterien aufgestellt, wonach unter bestimmten Voraussetzungen die Meinungsfreiheit hinter anderen Rechtsgütern zurücktreten muss. Dies ist zum einen der Fall, wenn eine Äußerung die Menschenwürde des anderen berührt.[25] Zudem überwiegt in der Regel der Ehrschutz, wenn die Äußerung als Formalbeleidigung oder Schmähkritik einzuordnen ist.[26] Die Hürde zur Qualifizierung einer Äußerung als Schmähung oder Formalbeleidigung ist in Anbetracht der großen Bedeutung der Meinungsfreiheit allerdings sehr hoch.[27] Für die Abwägung ist zudem relevant, wie schwer die Rechtsgüter von der Äußerung betroffen werden; dabei spielt insbesondere eine Rolle, ob die Äußerung der öffentlichen Meinungsbildung dient oder mit ihr nur Privatinteressen verteidigt werden.[28] Im ersten Fall ist von einem Überwiegen der Meinungsfreiheit auszugehen, was sich mit ihrer Bedeutung für die Demokratie erklären lässt.[29] Um eine Meinungsäußerung rechtlich einordnen und sie mit den entgegenstehenden Rechtsgütern abwägen zu können, ist zudem erforderlich, dass der Sinn der Äußerung richtig verstanden wurde.[30] Zum richtigen Verständnis der Meinungsäußerung ist nicht nur der Wortlaut entscheidend, sondern es muss zur Interpretation auch der Zusammenhang berücksichtigt werden, in dem die Äußerung erfolgte.[31]

---

24 BVerfG, Beschl. v. 10.10.1995 1 BvR 1476, 1980/91 und 102, 221/92 = BVerfGE 93, 266 (293).
25 Ebd.
26 BVerfG, Beschl. v. 10.10.1995 – 1 BvR 1476, 1980/91, 102, 221/92 = BVerfGE 93, 266 (294).
27 Ebd.
28 Ebd.
29 BVerfG, Beschl. v. 10.10.1995 – 1 BvR 1476, 1980/91, 102, 221/92 = BVerfGE 93, 266 (294 f.).
30 BVerfG, Beschl. v. 10.10.1995 – 1 BvR 1476, 1980/91, 102, 221/92 = BVerfGE 93, 266 (295).
31 Ebd.

c) Ergebnis

Meinungsäußerung und -verbreitung durch die Nutzer sozialer Netzwerke sowie ihre Informationsfreiheit werden von Art. 5 Abs. 1 S. 1 GG geschützt. Eine Beschränkung ihrer Meinungsfreiheit ist möglich auf Grundlage von allgemeinen Gesetzen, der Bestimmungen zum Schutz der Jugend und des Rechts der persönlichen Ehre und erfordert eine Abwägung zwischen den Rechtsgütern des von einer Meinungsäußerung Betroffenen und ihrem Urheber. Im Anwendungsbereich des NetzDG beschränken die in § 1 Abs. 3 NetzDG genannten Vorschriften des StGB die Ausübung der Meinungsfreiheit.

2. Presse- und Rundfunkfreiheit, Art. 5 Abs. 1 S. 2 GG

a) Pressefreiheit

Vom Schutz der Pressefreiheit sind solche Tätigkeiten erfasst, die mit dem Wesen der Pressearbeit im Zusammenhang stehen; dazu gehören sämtliche Tätigkeiten „von der Beschaffung der Information bis zur Verbreitung der Nachricht und der Meinung".[32] Zur Presse gehören Druckerzeugnisse, die zur Verbreitung an einen unbestimmten Personenkreis geeignet und bestimmt sind.[33] Aus dieser Definition lässt sich schließen, dass die Pressefreiheit dem Schutz eines der Bereiche der Massenkommunikation dient[34] in Abgrenzung zur Meinungsfreiheit aus Art. 5 Abs. 1 S. 1 GG, die die Individualkommunikation schützt[35]. Von dem Begriff der Presse werden dabei nicht nur Druckerzeugnisse im Sinne von klassischen Presseerzeugnissen wie Bücher oder Zeitschriften erfasst, sondern auch die Veröffentlichung von Publikationen im Internet.[36] Auch in diesen Fällen werden zunächst Informationen beschafft und anschließend mehr oder weniger aufbereitet an einen unbestimmten Personenkreis verbreitet. Dies wird besonders deutlich bei der Tätigkeit von Presseunternehmen, die Online-Zeitungen veröffentlichen und damit ihre Inhalte nicht mehr in Papierform verbreiten, sondern dafür die Infrastruktur des Internets und im Besonderen die Plattformen sozialer Netzwerke nutzen. In diesem Fall unterscheidet sich die Tätigkeit klassischer Presseunternehmen von den Online-Medien nur hinsichtlich der Form der Verbreitung. Trotz veränderter Form werden auch durch solche Publikationen

---

32 So das BVerfG u.a. im Beschl. v. 06.10.1959 – 1 BvL 118/53 = BVerfGE 10, 118 (121).
33 BVerfG, Beschl. v. 08.10.1996 – 1 BvR 1183/90 = BVerfGE 95, 28 (35).
34 *Trute*, HGR IV, § 104 Rn. 14.
35 Mangoldt/Klein/*Starck*/*Paulus*, GG, Art. 5 Rn. 72.
36 Sodan/*Sodan*, GG, Art. 5 Rn. 16 f.

einem unbestimmten Personenkreis Informationen zur Verfügung gestellt, so dass die Aufgabe der Presse betroffen ist.[37]

Soweit daher Presseunternehmen Inhalte in sozialen Netzwerken nach redaktioneller Bearbeitung oder einer Aufbereitung sonstiger Art veröffentlichen, ist der Schutzbereich der Pressefreiheit betroffen.

b) Rundfunkfreiheit

Eine abschließende verfassungsrechtliche Definition des Rundfunks gibt es zwar nicht, insbesondere weil der Begriff aufgrund der technischen Entwicklungen einem Wandel unterliegt. Es lassen sich aber trotzdem drei Merkmale des Rundfunkbegriffs feststellen, mit deren Hilfe sich der Begriff des Rundfunks näher bestimmen lässt. Dazu gehören die technische Art der Verbreitung, die Gestaltung eines Rundfunkprogramms und dessen Verbreitung an einen unbestimmten Empfängerkreis.[38]

(1) Verwendung von Rundfunktechnik

Die Übertragung von Inhalten durch Rundfunktechnik, nämlich durch elektromagnetische Schwingungen, dient zunächst der Abgrenzung des Rundfunks von Presse und Film.[39] Je nach Entwicklung der Technik kann sich die konkrete Form der Verbreitung aber verändern, so dass grundsätzlich auch Angebote im Internet unter den Begriff des Rundfunks fallen können, sofern die weiteren Merkmale des Rundfunks vorliegen.[40] Der Fortschritt der Technik hat dazu geführt, dass sich Medien, die zur Verbreitung von Inhalten verwendet werden, anders als früher nicht zwingend einer der in Art. 5 Abs. 1 S. 2 GG enthaltenen Medienfreiheiten zuordnen lassen.[41] Dies hat auch zur Folge, dass der Rundfunkbegriff nicht eindeutig definiert werden kann.[42]

Damit können nicht nur klassische Rundfunkformen wie Fernsehen oder Radio von dem Begriff des Rundfunks erfasst werden, sondern grundsätzlich auch die Verbreitung von Inhalten durch neuere Techniken. Dabei handelt es

---

37 Schmidt-Bleibtreu/Hofman/Henneke/*von der Decken*, GG, Art. 5 Rn. 17.
38 Darstellung dazu im BK-GG/*Degenhart*, GG, Art. 5 Abs. 1 und 2 Rn. 307-314; BeckOK GG/*Schemmer*, GG, Art. 5 Rn. 66.
39 Sachs/*Bethge*, GG, Art. 5 Rn. 90a f.
40 Dazu Sachs/*Bethge*, GG, Art. 5 Rn. 90b.
41 Mertens/Papier/*Degenhart*, HGR IV, § 105 Rn. 3.
42 Ebd.

sich um „rundfunkähnliche Kommunikationsdienste", die ebenfalls in den Schutzbereich der Rundfunkfreiheit fallen können.[43]

(2) Rundfunkprogramm

Rundfunk im klassischen Sinn ist dadurch gekennzeichnet, dass es aus einem Programm besteht, das „Rundfunkdarbietungen" enthält.[44] Schon diese Begrifflichkeiten deuten einen Einfluss des Rundfunkveranstalters auf den Inhalt der gesendeten Darbietungen an. Ein Rundfunkveranstalter wirkt auf die Meinungsbildung ein, indem er durch die Auswahl von Beiträgen ein Programm gestaltet und dadurch eine bestimmte Tendenz des Rundfunkprogramms deutlich wird.[45] Inhalt der Rundfunkfreiheit ist aus diesem Grund im Wesentlichen die Programmfreiheit, die den Rundfunkanbieter dazu berechtigt, frei über „Auswahl, Inhalt und Gestaltung des Programms" zu bestimmen und sich dabei an „publizistischen Kriterien ausrichten zu können".[46] Damit ist Voraussetzung für die Eröffnung des Schutzbereichs der Rundfunkfreiheit, dass die Inhalte für die Rundfunkempfänger vor der Weitergabe entsprechend aufbereitet werden und der Rundfunkveranstalter auf diesem Weg Einfluss darauf nimmt, welche Inhalte verbreitet werden. Es ist eine redaktionelle Tätigkeit erforderlich.[47] Dem Schutz der Rundfunkfreiheit unterliegen somit nur Tätigkeiten, die einen Bezug zur inhaltlichen Gestaltung des Programms aufweisen.[48]

(3) Adressatenkreis

Auch beim Rundfunk handelt es sich um ein Mittel der Massenkommunikation, so dass die Verbreitung von Inhalten an einen unbestimmten Adressatenkreis und damit an die Allgemeinheit gerichtet sein muss.[49] Dabei hat der Rundfunk aufgrund seiner „Breitenwirkung, Aktualität und Suggestivkraft" eine besondere Bedeutung für die individuelle, aber auch für die öffentliche Meinungsbildung.[50] Diese Bedeutung des Rundfunks, gleichzeitig aber auch dessen Gefahrenpotential, folgt insbesondere daraus, dass eine große Masse von Menschen dasselbe

---

43 BVerfG, Beschl. v. 24.03.1987 – 1 BvR 147/86, 1 BvR 478/86 = BVerfGE 74, 297 (350).
44 BVerfG, Urt. v. 28.02.1961 – 2 BvG 1/60 und 2 BvG/60 = BVerfGE 12, 205 (226).
45 BVerfG, Urt. v. 28.02.1961 – 2 BvG 1/60, 2 BvG/60 = BVerfGE 12, 205 (260).
46 BVerfG, Urt. v. 22.02.1994 – 1 BvL 30/88 = BVerfGE 90, 60 (87).
47 Dazu *Jarass*, AfP 1998, 133 (135).
48 Dreier/*Schulze-Fielitz*, GG, Art. 5 I, II Rn. 105.
49 Sachs/*Bethge*, GG, Art. 5 Rn. 90a.
50 BVerfG, Urt. v. 22.02.1994 – 1 BvL 30/88 = BVerfGE 90, 60 (87).

Rundfunkprogramm empfängt.[51] Kennzeichnend für den Rundfunk ist folglich die lineare und damit einseitige Verbreitung von redaktionell aufbereiteten Inhalten an einen unbestimmten Empfängerkreis.[52]

(4) Ergebnis

Somit ist für die Nutzer eines sozialen Netzwerks der Schutzbereich der Rundfunkfreiheit gem. Art. 5 Abs. 1 S. 2 GG betroffen, wenn sie eine solche Plattform als Verbreitungweg ihrer Rundfunkprogramme in der beschriebenen Art und Weise nutzen. Dies gilt z.b. für die Verbreitung eines Fernsehprogramms auf diesem Weg, dessen Inhalte redaktionell ausgewählt und vorbereitet wurden.[53]

3. Zensurverbot, Art. 5 Abs. 1 S. 3 GG

Löschen Netzwerkanbieter auf ihren Plattformen gespeicherte Inhalte, kommt auch eine Anwendung des Verbotes der Zensur aus Art. 5 Abs. 1 S. 3 GG in Betracht.

Dieses Verbot gilt für Meinungsäußerungen und Presseerzeugnisse, die im Internet veröffentlicht wurden[54] und damit auch für Inhalte auf den Plattformen sozialer Netzwerke. Denn soweit mittels des Internets veröffentlichte Inhalte vom Schutzbereich des Art. 5 Abs. 1 GG erfasst werden und damit die Beschränkungsmöglichkeiten des Art. 5 Abs. 2 GG gelten, muss für einen effektiven Schutz dieser Grundrechte auch das Zensurverbot Anwendung finden, um die Beschränkungsmöglichkeiten wiederum einschränken zu können.

a) Vorzensur

(1) Begriff der Vorzensur

Das Zensurverbot verbietet dabei nur die sog. Vorzensur, also präventive Maßnahmen, nicht aber Maßnahmen repressiver Natur.[55] Fraglich ist, ob das

---

51 Details zur Wirkung des Rundfunks *Möllers*, AfP 2008, 241 (248).
52 Mangoldt/Klein/*Starck*/*Paulus*, GG, Art. 5 Abs. 1 Rn. 252.
53 Ebd.
54 Mangoldt/Klein/*Starck*/*Paulus*, GG, Art. 5 Abs. 1 Rn. 261.
55 BVerfG, Beschl. v. 25.04.1972 – 1 BvL 13/67 = BVerfGE 33, 52 (71 f.); BVerfG, Beschl. v. 14.02.1978 – 2 BvR 523/75 und 958, 977/76 = BVerfGE 47, 198 (236); BVerfG, Urt. v. 04.11.1986 – 1 BvF 1/84 = BVerfGE 73, 118 (166); BVerfG, Beschl. v. 27.11.1990 – 1 BvR 402/87 = BVerfGE 83, 130 (155); BVerfG, Beschl. v. 20.10.1992 – 1 BvR 698/89 = BVerfGE 87, 209 (230).

Löschen von Inhalten nach deren Veröffentlichung auf einer Plattform eine Vorzensur darstellen kann. Unter eine Vorzensur fallen „einschränkende Maßnahmen vor der Herstellung oder Verbreitung eines Geisteswerkes".[56] Dabei wird von einer Vorzensur insbesondere dann gesprochen, wenn geistige Werke vor ihrer Veröffentlichung oder Verbreitung hinsichtlich ihres Inhalts behördlich geprüft und genehmigt werden müssen.[57] Entscheidend für die Einordnung einer Maßnahme als Vorzensur ist ihr Ziel, die Verbreitung eines Inhalts zu erschweren oder zu verhindern.[58] Zu eng ist daher der Zensurbegriff, nach dem unter Zensur nur solche Maßnahmen zu verstehen sind, die die Veröffentlichung einer Meinungsäußerung von einer Erlaubnis nach der Überprüfung des Inhalts abhängig machen.[59] Bei Maßnahmen, die keine inhaltliche Prüfung vorsehen, würde es sich nach diesem Begriff daher nicht um Zensur im Sinne des Art. 5 Abs. 1 S. 3 GG handeln.[60]

(2) Vorzensur durch die Netzwerkanbieter

Eine Erlaubnis, der die inhaltliche Überprüfung eines Inhalts vorangeht, ist für Nutzer zwar nicht erforderlich, bevor sie einen Inhalt auf der Plattform eines sozialen Netzwerks veröffentlichen dürfen. Es existiert zudem auch kein anderer Mechanismus, der den Nutzern die Veröffentlichung von Inhalten auf einer Plattform erschwert. Erforderlich ist nur die Registrierung bei einem der sozialen Netzwerke, die aber jedem zur Verfügung steht. Die Veröffentlichung eines Inhalts durch das sog. Posten oder das Kommentieren eines Inhalts auf einer Plattform ist ohne Hindernisse möglich und erfordert in den meisten Fällen lediglich einen Klick mit der Maustaste. Danach wird der Inhalt sofort auf der Plattform sichtbar, ohne dass eine Kontrolle des Inhalts stattfindet oder andere Hürden überwunden werden müssen. Die Nutzer bestimmen damit selbst und unabhängig von den Netzwerkanbietern, wann und ob sie ihren Inhalt veröffentlichen. Etwas anderes gilt lediglich für die Vorgehensweise des sozialen Netzwerkes YouTube. Dort findet schon beim Hochladen eines Videos ein automatischer

---

56 BVerfG, Beschl. v. 25.04.1972 – 1 BvL 13/67 = BVerfGE 33, 52 (72).
57 Ebd.
58 Merten/Papier/*Jestaedt*, HGR IV, § 102 Rn. 95.
59 Mangoldt/Klein/*Starck*/*Paulus*, GG, Art. 5 Abs. 1 Rn. 259, 263; AK-GG/*Hoffmann-Riem*, Art. 5 Abs. 1, 2 Rn. 77 mit Verweis auf BVerfGE 33, 53 (72): Dieses nennt dort das Erfordernis einer Genehmigung als Maßnahme der Zensur lediglich als ein Beispiel für die Erschwerung der Verbreitung einer Meinungsäußerung.
60 Ebd.

Abgleich mit bereits als unzulässig eingestuften Inhalten statt, um zu verhindern, dass inhaltlich genau übereinstimmende Videos, die gegen die Gemeinschaftsrichtlinien verstoßen, erneut hochgeladen werden.[61] Diese Vorgehensweise steht zwar nicht unmittelbar im Zusammenhang mit den Prüfvorschriften des NetzDG. Trotzdem betrifft sie die Ausübung der Meinungsfreiheit in den sozialen Netzwerken. Im Hinblick auf diese Vorgehensweise kann daher von einer Vorzensur gesprochen werden. In den übrigen Fällen löschen die Netzwerkanbieter dagegen nur solche Inhalte, die bereits auf ihrer Plattform veröffentlicht wurden. Auch sonstige Maßnahmen zur Erschwerung oder Verhinderung der Veröffentlichung von Äußerungen im Vorfeld sind nicht ersichtlich.

(3) Zwischenergebnis

Auch wenn das Vorgehen der Netzwerkanbieter zum Teil als „Zensur" bezeichnet wird[62], handelt es sich bei der Überprüfung von Inhalten im Anwendungsbereich des NetzDG nicht um Vorzensur im rechtlichen Sinne. Diesbezüglich wird das Zensurverbot aus Art. 5 Abs. 1 S. 3 GG daher zunächst nicht berührt.[63] Lediglich bei der automatisierten Überprüfung von Inhalten vor ihrem Hochladen durch YouTube anhand der Gemeinschaftsrichtlinien kommt die Einordnung als Vorzensur in Betracht.

b) Nachzensur

Da die Netzwerkanbieter Inhalte aber nach ihrer Veröffentlichung überprüfen und ggf. löschen, könnte es sich in diesen Fällen um eine Nachzensur handeln. Neben der Frage, wann eine Nachzensur vorliegt, ist fraglich, ob eine Nachzensur überhaupt unter das Zensurverbot fällt.

(1) Begriff der Nachzensur

Nachzensur liegt vor, wenn ein Inhalt erst nach seiner Veröffentlichung einer Kontrolle unterliegt.[64] Dieser Vorgang ist sowohl hinsichtlich seines Zwecks als auch im Hinblick auf seine Eingriffsintensität von einer Vorzensur abzugrenzen: Während die Vorzensur die Verbreitung und Veröffentlichung einer

---

61 https://transparencyreport.google.com/netzdg/youtube?hl=de [19.09.2020].
62 Dazu *Richter*, ZD-aktuell 2017, 05623.
63 So auch *Schliesky/Hoffmann/Luch/Schulz/Borchers*, Schutzpflichten und Drittwirkung im Internet, S. 5.
64 BVerfG, Beschl. v. 25.04.1972 – 1 BvL 13/67 = BVerfGE 33, 52 (72).

Meinungsäußerung von Anfang an verhindern soll, kann eine „Zensur" nach Verbreitung des Inhalts dieses Ziel nicht mehr erreichen.[65] Die Nachzensur soll vielmehr sicherstellen, dass die Schranken der Meinungsfreiheit aus Art. 5 Abs. 2 GG eingehalten werden.[66] Diese unterschiedlichen Zielrichtungen der Vor- und Nachzensur sind auch der Grund, warum eine solche Nachzensur nicht unter das Zensurverbot fällt.[67] Wäre jede Beschränkung der Meinungsfreiheit nach der Verbreitung eines Inhalts, die aufgrund der Schrankenregelung erfolgt ist, eine Zensur, bliebe für die Schranken des Grundrechts aus Art. 5 Abs. 2 GG kein Anwendungsfall.[68] In diesem Fall wäre eine Beschränkung der Meinungsfreiheit nach den Vorgaben des Art. 5 Abs. 2 GG stets ausgeschlossen. Aufgrund der hohen Stellung der Meinungsfreiheit darf es für die Veröffentlichung von Inhalten zwar kein Verbot mit Erlaubnisvorbehalt in Gestalt einer Vorzensur geben; da das Grundrecht der Meinungsfreiheit aber nicht schrankenlos gewährt wird, muss trotzdem die Möglichkeit bestehen, einem Grundrechtsträger nach Veröffentlichung des Inhalts eine Beschränkung aufzuerlegen.[69] Deshalb ist die Nachzensur zur Einhaltung der Schranken des Grundrechts grundsätzlich nicht vom Begriff der Zensur erfasst.

Möglicherweise ist aber ein differenziertes Verständnis des Begriffs der Nachzensur erforderlich. Unter Nachzensur könnte man auch solche Maßnahmen der Kontrolle verstehen, die nicht der Einhaltung der Schranken des Art. 5 Abs. 2 GG dienen, sondern unabhängig von einem Rechtsverstoß oder einem bestimmten Anlass nach Veröffentlichung durchgeführt werden. Dieses Verständnis der Nachzensur würde es ermöglichen, die besonderen Umstände der Kommunikation im Internet und damit in sozialen Netzwerken bei der Anwendung der Zensurregelung des Art. 5 Abs. 1 S. 3 GG zu berücksichtigen.[70] Dahinter steht die Erkenntnis, dass eine Äußerung allein durch das Hochladen auf eine Plattform wenig Wirkung entfaltet, sondern dafür ihre Verbreitung in dem sozialen Netzwerk erforderlich ist.[71] Von Bedeutung ist auch die Technik, die es ermöglicht, einen Inhalt sofort mit seiner Erstellung zu verbreiten, so dass eine Vorzensur aufgrund der technischen Gegebenheiten[72] und auch in Anbetracht der Masse

---

65 Zur Abgrenzung zwischen Vor- und Nachzensur Sachs/*Bethge*, GG, Art. 5 Rn. 132.
66 Ebd.
67 BVerfG, Beschl. v. 25.04.1972 – 1 BvL 13/67 = BVerfGE 33, 52 (72).
68 Ebd.
69 Mangoldt/Klein/*Starck/Paulus*, GG, Art. 5 Abs. 1 Rn. 261.
70 *Müller-Franken*, AfP 2018, 1 (13).
71 Zusammenfassend Maunz/Dürig/*Grabenwarter*, GG, Art. 5 Abs. 1 Rn. 119.
72 AK-GG/*Hoffmann-Riem*, GG, Art. 5 Abs. 1, 2 Rn. 78.

an Inhalten kaum mehr möglich ist. Davon, dass die Wirkung einer Äußerung für die Anwendung der Schrankenregelung von Bedeutung ist, geht auch das Bundesverfassungsgericht aus, wenn es davon spricht, dass die Schranken des Art. 5 Abs. 2 GG gelten, sobald das fragliche Werk veröffentlicht ist und Wirkung entfaltet.[73] Dies könnte dafür sprechen, dass es für die Abgrenzung von Vor- und Nachzensur auch auf die Frage ankommt, ob ein Inhalt bereits seine Wirkung entfalten kann. Eine Nachzensur, die wie die Vorzensur unter das Zensurverbot fällt, kommt allerdings nur in Betracht, wenn Äußerungen nach ihrer Verbreitung ohne einen konkreten Anlass überprüft werden. Denn liegt ein konkreter Anlass für die Überprüfung eines Inhalts vor, wie z.b. die Möglichkeit einer Persönlichkeitsrechtsverletzung, ist die Schrankenregelung des Abs. 2 betroffen, auf deren Grundlage die Meinungs- und Medienfreiheiten eingeschränkt werden dürfen, wenn eine bestimmte Äußerung beispielsweise gegen die Vorgaben der allgemeinen Gesetze verstößt. Dies spricht dafür, Überprüfungen ohne und mit Anlass hinsichtlich der Zensurfrage unterschiedlich zu behandeln. Im Fall der anlasslosen Überprüfung von Inhalten handelt es sich zwar formell gesehen um Nachzensur. Wenn aber unmittelbar nach der erstmaligen Veröffentlichung die weitere Verbreitung eines Inhalts verhindert wird, ist der Zweck der anlasslosen Überprüfung und ihre Wirkung mit dem einer Vorzensur vergleichbar. In beiden Fällen wird verhindert, dass ein Inhalt seine Wirkung entfalten kann. Ohne konkreten Überprüfungsanlass ist auch nicht die Schrankenregelung betroffen. Diese Argumentation macht deutlich, dass der Zeitpunkt der erstmaligen Verbreitung eines Inhalts als eindeutige Zäsur für die Abgrenzung zwischen Zensurverbot auf der einen und die Beschränkung der Meinungsäußerung auf der anderen Seite in Anbetracht der technischen Möglichkeiten zur Verbreitung von Inhalten im Internet ggf. nicht mehr ohne Ausnahmen geeignet ist.[74]

Neben der Nachzensur kommt auch eine sog. faktische Zensur in Betracht. Eine solche liegt vor, wenn Maßnahmen ergriffen werden, die zwar keine Zensur darstellen, aber den gleichen Effekt wie eine Zensur haben, nämlich die Erschwerung oder die Verhinderung der Verbreitung eines Inhalts.[75]

Im Bereich der Onlinekommunikation liegt eine solche faktische Zensur vor bei Maßnahmen, „die (a) planmäßig und anlasslos kontrollieren, (b) Folgen

---

73 BVerfG, Beschl. v. 25.04.1972 – 1 BvL 13/67 = BVerfGE 33, 52 (72).
74 AK-GG/*Hoffmann-Riem*, GG, Art. 5 Abs. 1, 2 Rn. 78.
75 Maunz/Dürig/*Grabenwarter*, GG, Art. 5 Abs. 1 Rn. 117; vergleichbar mit Zensur ist z.B. die Beschlagnahme eines Films, BVerfG, Beschl. v. 20.10.1992 – 1 BvR 698/89 = NStZ 1993, 75 (76).

zeitigen, bevor der intendierte Empfängerkreis vollständig erreicht werden konnte und (c) an die Kontrolle Folgen dergestalt knüpfen, dass die (weitere) Veröffentlichung des Kommunikats zukünftig unterbleibt".[76] Dies ist der Fall, wenn Internet-Provider dazu verpflichtet werden, bei ihnen gespeicherte Inhalte ohne Anlass auf Rechtsverstöße zu überprüfen und ggf. zu löschen.[77] Denn der entscheidende Unterschied zwischen Zensur auf der einen und Begrenzung der Meinungsfreiheit durch die Schranken auf der anderen Seite besteht darin, dass eine Zensur ohne konkreten Anlass erfolgt, während die Einschränkung der Meinungsfreiheit auf Grundlage der Schrankenregelung deshalb erfolgt, weil eine Meinungsäußerung z.b. gegen ein bestimmtes Gesetz verstößt oder das Persönlichkeitsrecht einer bestimmten Person verletzt.[78]

Zwar besteht durch eine Erweiterung des Zensurbegriffs die Gefahr, dass die Grenzen zwischen Zensur und Schrankenregelung verschwimmen, was zu einer unklaren Rechtslage führen könnte. Allerdings fordern neue technische Möglichkeiten auch entsprechende Schutzmechanismen, um neuen Gefahren angemessen begegnen zu können. Durch die Festlegung klarer Kriterien können Rechtsunsicherheiten außerdem verhindert werden.

Damit kann auch eine Nachzensur bzw. faktische Zensur vom Zensurverbot des Art. 5 Abs. 1 S. 3 GG erfasst sein, soweit eine Überprüfung der Inhalte ohne Anlass erfolgt.

(2) Faktische Zensur durch das NetzDG
(a) Argumente für eine faktische Zensur

Für das Vorliegen einer faktischen Zensur durch die Netzwerkanbieter im Anwendungsbereich des NetzDG spricht zunächst die Ausgestaltung der Löschpflicht in § 3 Abs. 2 Nr. 2 und 3 NetzDG.[79] Denn unter Umständen kann der Zeitraum zwischen der Veröffentlichung eines Inhalts und seiner Löschung oder der Sperrung des entsprechenden Accounts aufgrund der technischen Möglichkeiten eines Netzwerkanbieters sehr kurz sein.[80] Die kurzen Löschfristen von 24 Stunden bzw. sieben Tagen, die den Netzwerkanbietern gesetzt werden, sprechen

---

76 AK-GG/*Hoffmann-Riem*, GG, Art. 5 Abs. 1, 2 Rn. 78.
77 Dreier/*Schulze-Fielitz*, GG, Art. 5 I, II Rn. 201.
78 Paschke/Berlit/Meyer/*Schulz*, HHKo-MedienR, 5. Abschnitt Rn. 79.
79 *Nolte*, ZUM 2017, 552 (555, 559); Spindler/Schmitz/*Liesching*, NetzDG, § 1 Rn. 33 f.
80 Die technischen Möglichkeiten dienen auch als Grundlage für das Argument von *Hoffmann-Riem* für die Erfassung der Nachzensur vom Zensurverbot, AK-GG, Art. 5 Abs. 1, 2 Rn. 78.

dafür, dass es auch im Anwendungsbereich des NetzDG zu einer solchen schnellen Löschung kommt. Weiter verstärkt wird dieses Löschverhalten durch die Androhung von hohen Bußgeldern.[81] Vor diesem Hintergrund ist vorstellbar, dass der Inhalt nur wenige Stunden oder sogar noch kürzer auf der Plattform sichtbar ist und danach entfernt wird. Diese Annahme wird durch die Berichte der Netzwerkanbieter bestätigt, nach denen der größte Teil der wegen Rechtswidrigkeit gemeldeten Inhalte innerhalb von 24 Stunden entfernt oder gelöscht wird.[82] In diesen Fällen verschwimmen für den Ersteller des Inhalts und auch für die potentiellen Leser der Äußerung die Unterschiede und Grenzen zwischen einer Inhaltsüberprüfung vor und nach der Veröffentlichung des Inhalts auf einer Plattform. Im Ergebnis kommt das Löschen einer Meinungsäußerung auf einer Plattform (unmittelbar) nach der Veröffentlichung der Vorzensur in ihrer Wirkung sehr nahe, was dafür spricht, dass es sich dabei um faktische Zensur handelt, die unter das Zensurverbot des Art. 5 Abs. 1 S. 3 GG fällt.[83]

(b) Abgrenzung zwischen Zweck einer Zensur und der Schrankenregelung

Auch wenn die kurzen Löschfristen in Verbindung mit den bestehenden technischen Möglichkeiten der Netzwerkanbieter und dem Löschanreiz durch die Androhung von Bußgeldern ein Bedürfnis nach Schutz vor dieser Vorgehensweise hervorrufen, reicht dies allein nicht aus, um das Vorliegen einer faktischen Zensur zu begründen, die mit der Vorzensur gleichgesetzt werden kann. Entscheidend ist, wie auch bei der Nachzensur, welches Ziel die Pflichten der Netzwerkanbieter im Rahmen des NetzDG haben. Wie oben aufgezeigt, unterscheidet Art. 5 GG zwischen der Verhinderung der Veröffentlichung eines geistigen Werks im Rahmen der Zensur im Sinne des Art. 5 Abs. 1 S. 3 GG und den durch Art. 5 Abs. 2 GG gesetzten Grenzen der Meinungsfreiheit. Während die Zensur dazu dient, die Verbreitung von Meinungsäußerungen oder eines Werks von Anfang an zu verhindern, soll auf Grundlage der Schranken der Meinungsfreiheit eine Meinungsäußerung untersagt werden können, wenn sie die Grenze des Zulässigen überschreitet.

Im Zusammenhang mit dem NetzDG stellt sich daher die Frage, auf welcher der genannten Seiten die Löschpflicht der Netzwerkanbieter einzuordnen

---

81 Spindler/Schmitz/*Liesching*, NetzDG, § 1 Rn. 34.
82 Siehe dazu im Einzelnen die Transparenzberichte u.a. der Netzwerkanbieter Facebook, YouTube und Twitter nach § 2 NetzDG.
83 Spindler/Schmitz/*Liesching*, NetzDG, § 1 Rn. 34.

ist. Entscheidend für die Einordnung der Löschung entweder als Zensur oder als zulässige Beschränkung der Meinungsfreiheit ist daher, ob die Netzwerkanbieter die auf den Plattformen veröffentlichen Inhalte anlasslos oder erst nach einer Meldung des Inhalts als rechtswidrig im Sinne des NetzDG überprüfen. Denn nur wenn ein Inhalt ohne Anlass und allein aufgrund der Tatsache der Veröffentlichung kontrolliert wird, ist dies mit einer systematisch durchgeführten Inhaltskontrolle und mit der Methode der Zensur vergleichbar. Eine Überprüfung entspricht dagegen sowohl der Systematik als auch Sinn und Zweck der Schranken der Meinungsfreiheit, wenn die Netzwerkanbieter erst dann eine Inhaltskontrolle durchführen müssen, wenn sie durch eine Meldung auf einen ggf. gesetzeswidrigen Inhalt aufmerksam gemacht worden sind. Nach den Vorgaben des NetzDG haben die Netzwerkanbieter einen Inhalt erst auf eine Beschwerde hin auf dessen Rechtswidrigkeit im Sinne des § 1 Abs. 3 NetzDG zu überprüfen. Die Netzwerkanbieter sind auf Grundlage des NetzDG somit nicht verpflichtet, ihre Plattformen ohne Anlass auf rechtswidrige Inhalte zu durchsuchen. Dies ergibt sich bereits aus der Regelung des § 7 Abs. 2 TMG, nach der Netzwerkanbieter keine Überwachungspflicht in Bezug auf fremde Inhalte trifft.[84] Das mit dem NetzDG eingeführte Beschwerdeverfahren ist deshalb nicht auf eine anlasslose Kontrolle der veröffentlichten Inhalte ausgerichtet, sondern Ziel ist die Durchsetzung des geltenden Rechts auf den jeweiligen Plattformen. Die Netzwerkanbieter führen mit der Pflicht zur Überprüfung der gemeldeten Inhalte nach den Vorgaben des NetzDG damit eine Form der Nachzensur durch, die auf die Einhaltung der Schranken des Art. 5 Abs. 2 GG gerichtet ist, nicht aber auf die Kontrolle von Inhalten ohne konkreten Anlass. Wie bereits ausgeführt, fällt diese Art der Nachzensur nicht unter den Zensurbegriff. Es fehlt daher schon am ersten Merkmal der genannten Definition der faktischen Zensur im Bereich der sozialen Netzwerke.

Die Tätigkeit der Netzwerkanbieter im Anwendungsbereich des NetzDG kann somit nicht als faktische Zensur eingeordnet werden, die unter den Begriff der Zensur im Sinne des Art. 5 Abs. 1 S. 3 GG fällt.

(3) Faktische Zensur im Anwendungsbereich der Nutzungsbedingungen
Anders stellt sich die Situation dar, wenn Netzwerkanbieter Inhalte nicht nur auf eine Beschwerde hin überprüfen und ggf. löschen oder sperren, sondern ihre Plattformen z.B. mit Hilfe von Algorithmen durchforsten, die selbständig bestimmte Inhalte erkennen sollen oder Mitarbeiter beauftragen, die in den

---

84 Details dazu bei Spindler/Schmitz/*Spindler*, TMG, § 7 Rn. 33 f.

sozialen Netzwerken entsprechende Inhalte ermitteln. Dies geschieht vor allem im Anwendungsbereich der Nutzungsbedingungen. Wie bereits dargestellt, setzt YouTube dabei entsprechende Techniken ein, die schon während des Hochladens eine Prüfung durchführen und damit die Veröffentlichung verhindern können. Daneben setzen Netzwerkanbieter Technologien und Mitarbeiter zur anlasslosen Suche nach Verstößen von Inhalten gegen ihre Gemeinschaftsrichtlinien ein. Dabei stellt insbesondere die Anwendung von Technologie für die Suche nach richtlinienwidrigen Inhalten eine Gefahr für die Meinungsfreiheit dar, weil Algorithmen zur Bewertung eines Inhalts die Umstände bzw. den Zusammenhang eines Postings nicht berücksichtigen können.[85]

In diesen Fällen werden Inhalte planmäßig und anlasslos kontrolliert. Je nachdem, wie bald nach der Veröffentlichung ein Inhalt entfernt wird, führt die Löschung dazu, dass ein Inhalt nur für kurze Zeit auf der Plattform sichtbar ist und damit kaum oder sogar keine Wirkungen entfalten konnte. Dies spricht dafür, dass es sich dabei um eine Vorgehensweise handelt, die den Auswirkungen einer Zensur sehr nahekommt. Denn Ziel dieser Kontrollmaßnahmen ist nicht die Einhaltung der Grenzen der Meinungsfreiheit nach Art. 5 Abs. 2 GG, sondern der internen Vorgaben der Netzwerkanbieter. Auf diese Weise wird die Verbreitung von Inhalten verhindert, die nicht mit den Richtlinien und Vorstellungen der Netzwerkanbieter übereinstimmen, so dass sie keine Wirkung im Bereich der Meinungsbildung erzielen können. Hinsichtlich ihrer Wirkung für die Betroffenen ist diese Vorgehensweise mit einer Vorzensur vergleichbar. Ob ein Inhalt vor der Veröffentlichung oder wenige Stunden danach aufgrund einer anlasslosen Überprüfung gelöscht wird, macht dabei keinen wesentlichen Unterschied.

c) Fazit

Da Inhalte auf ihre Rechtswidrigkeit im Sinne des § 1 Abs. 3 NetzDG nur auf Grundlage einer Beschwerde überprüft werden und damit keine anlasslose Kontrolle stattfindet, lassen die Regelungen des NetzDG zur Prüf- und Löschpflicht eine Zensur durch die Netzwerkanbieter nicht erkennen. Es liegt daher weder eine Nachzensur vor, die ausnahmsweise unter das Zensurverbot fällt, noch eine faktische Zensur, die in ihrer Wirkung einer Vorzensur gleichkommt.[86]

---

85 *Nolte*, ZUM 2017, 552 (559).
86 Im Ergebnis gegen eine Zensur durch das NetzDG auch *Richter*, ZD-Aktuell 2017, 05623; a.A. *Müller-Franken*, AfP 2018, 1 (13); Spindler/Schmitz/*Liesching*, NetzDG, § 1 Rn. 34.

Diesbezüglich fällt das Urteil im Anwendungsbereich der Nutzungsbedingungen bzw. Gemeinschaftsstandards anders aus. Dort führt das Verhalten der Netzwerkanbieter zu einer faktischen Zensur, die den Wirkungen einer Vorzensur entspricht. Die Netzwerkanbieter führen auf Grundlage ihrer Nutzungsbedingungen anlasslose Kontrollen der Inhalte durch, die auf ihren Plattformen gespeichert werden. Eine Vorzensur findet auch statt, wenn die Netzwerkanbieter Inhalte bereits vor ihrer Veröffentlichung und Verbreitung in den sozialen Netzwerken überprüfen. Dies gilt z.b. für die Vorabkontrolle, die durch YouTube durchgeführt wird. Auf diese Weise wird vorbeugend die Veröffentlichung von Inhalten verhindert, obwohl eine Einschränkung der Meinungsfreiheit durch die Überprüfung eines Inhalts auf Rechtsverstöße am Maßstab des Art. 5 Abs. 2 GG eigentlich erst nach Veröffentlichung erfolgen darf. Damit ist in diesen Fällen der sachliche Schutzbereich des Zensurverbots betroffen.

Problematisch ist allerdings die Eröffnung des persönlichen Schutzbereichs. Denn das Zensurverbot bindet nur staatliche Stellen.[87] Bei den Anbietern sozialer Netzwerke handelt es sich dagegen um juristische Personen des Privatrechts. Private Personen sind mangels Drittwirkung aber nicht an das Zensurverbot gebunden.[88] Soweit privatrechtliche Unternehmen wie Netzwerkanbieter eine Vorkontrolle von Inhalten durchführen, findet das Zensurverbot daher keine Anwendung. Es kommt lediglich die Verletzung von vertraglichen Vereinbarungen durch den Netzwerkanbieter in Betracht, wenn dieser auf vertragswidrige Weise Inhalte vor ihrer Veröffentlichung bzw. Verbreitung löscht. Dabei sind privatrechtliche Vereinbarungen vor dem Hintergrund der Wertentscheidungen des Art. 5 Abs. 1 S. 3 GG auszulegen und anzuwenden, auch wenn Private nicht unmittelbar an das Zensurverbot gebunden sind.[89]

Festzuhalten ist somit, dass bei Nutzern sozialer Netzwerke das Bedürfnis nach Schutz vor Zensurmaßnahmen oder zensurähnlichen Maßnahmen der Netzwerkanbieter besteht. Wie diese Schutzmaßnahmen im Anwendungsbereich des NetzDG ausgestaltet sind, ist im Hinblick auf die privatrechtlich ausgestaltete Beziehung zwischen Netzwerkanbieter und Nutzer eine Frage der Drittwirkung des Zensurverbots zwischen Privaten. Diese Frage wird daher zu beantworten sein, wenn es um den Schutz der Nutzer durch die Netzwerkanbieter auf Grundlage von privatrechtlichen Vorschriften geht.

---

87 Mangoldt/Klein/Starck/*Starck/Paulus*, GG, Art. 5 Abs. 1 Rn. 264.
88 *Jarass*/Pieroth, GG, Art. 5 Rn. 77a; Hömig/Wolff/*Antoni*, GG, Art. 5 Rn. 25.
89 Mangoldt/Klein/Starck/*Starck/Paulus*, GG, Art. 5 Abs. 1 Rn. 264.

4. Kunst- und Wissenschaftsfreiheit, Art. 5 Abs. 3 GG

Für die Nutzer sozialer Netzwerke kann auch der Schutz der Kunst- bzw. Wissenschaftsfreiheit relevant sein, wenn sie auf einer Plattform nicht lediglich eine Meinungsäußerung verbreiten, sondern es sich bei dem veröffentlichten Inhalt um Kunst bzw. Wissenschaft handelt.[90] In diesem Fall geht Art. 5 Abs. 3 GG dem Grundrecht der Meinungsfreiheit als lex specialis vor.[91]

Somit gewährt unter Umständen das Grundrecht der Kunst- und Wissenschaftsfreiheit den Nutzern sozialer Netzwerke Schutz.

5. Religionsfreiheit, Art. 4 GG

Ist eine Meinungsäußerung in sozialen Netzwerken unmittelbarer Ausdruck einer religiösen oder weltanschaulichen Überzeugung, ist der Schutzbereich des Art. 4 GG berührt[92]. Als spezielleres Grundrecht geht dieses Art. 5 GG vor.[93] Etwas anderes gilt, wenn es sich um eine Meinungsäußerung handelt, die lediglich Themen des sachlichen Schutzbereichs des Art. 4 GG im Allgemeinen betrifft; in diesem Fall ist Art. 5 Abs. 1 S. 1 GG anwendbar.[94]

Unter den genannten Voraussetzungen kommt daher Schutz auf Grundlage des Grundrechts auf Religionsfreiheit in Betracht.

6. Berufsfreiheit, Art. 12 GG

Der Schutzbereich der Berufsfreiheit kann neben dem des Art. 5 GG eröffnet sein, soweit Nutzer durch Veröffentlichungen in sozialen Netzwerken ihren Beruf ausüben. Dies ist zum einen möglich bei der Verbreitung von Presseerzeugnissen. Dabei kommt die Ausübung eines Presseberufs wie der eines Journalisten oder Redakteurs in Betracht.[95] In Betracht kommt auch die Berufsausübung bei der Veröffentlichung von Werbung in sozialen Netzwerken. Diese wird nicht nur vom Schutzbereich des Art. 5 Abs. 1 GG erfasst, sondern ist unter Umständen auch Teil der Ausübung einer beruflichen Tätigkeit.[96]

---

90 Im Einzelnen zum Schutzbereich der Kunst- und Wissenschaftsfreiheit Schmidt-Bleibtreu/Hofman/Hennecke/*von der Decken*, GG, Art. 5 Rn. 40 ff.
91 Stern/*Stern*, StR IV/1, § 108 V 3 b.
92 Jarass/Pieroth/*Jarass*, GG, Art. 4 Rn. 6a.
93 BVerfG, Beschl. v. 19.10.1971, 1 BvR 387/65 = BVerfGE 32, 98 (107)
94 Münch/Kunig/*Wendt*, GG, Art. 5 Rn. 115.
95 Maunz/Dürig/*Scholz*, GG, Art. 12 Rn. 170; dazu auch Sachs/*Bethge*, GG, Art. 5 Rn. 89a.
96 Stern/*Stern*, StR IV/1, § 108 V 3 h.

Somit ist neben dem Schutzbereich des Art. 5 Abs. 1 GG auch der der Berufsfreiheit eröffnet, wenn die Veröffentlichung eines Inhalts in Ausübung eines Berufes geschieht.

7. Allgemeines Persönlichkeitsrecht

Zugunsten der Adressaten einer Meinungsäußerung kommt die Eröffnung des Schutzbereichs des allgemeinen Persönlichkeitsrechts gem. Art. 2 Abs. 1 i.V.m. Art. 1 Abs. 1 GG in Betracht.

a) Betroffene Schutzgüter

Im Anwendungsbereich des NetzDG ist das allgemeine Persönlichkeitsrecht regelmäßig in seiner Ausgestaltung als Recht auf Schutz der Ehre[97] betroffen. Dies ergibt sich aus den in § 1 Abs. 3 NetzDG aufgezählten Straftatbeständen, zu denen auch die §§ 185 bis 187 StGB gehören. Die aufgezählten Beleidigungsdelikte sind Ausdruck eines einfachgesetzlichen Ehrenschutzes[98], der aber auch auf Ebene der Verfassung in Art. 2 Abs. 1 i.V.m. Art. 1 Abs. 1 GG verankert ist[99]. Bei den §§ 185-187 StGB handelt es sich um Gesetze zum Schutz der persönlichen Ehre im Sinne des Art. 5 Abs. 2 GG, aus denen eine Begrenzung der Meinungsfreiheit folgen kann.[100] Beruft sich daher jemand im Zusammenhang mit einer Beleidigung auf die Meinungsfreiheit, muss diese gegen das allgemeine Persönlichkeitsrecht aus Art. 2 Abs. 1 i.V.m. Art. 1 Abs. 1 GG des Betroffenen abgewogen werden.[101] Entscheiden Netzwerkanbieter über die Löschung oder Sperrung eines Inhalts aus diesem Grund, steht der Meinungsfreiheit des einen das allgemeine Persönlichkeitsrecht des anderen gegenüber.

Der ebenfalls in § 1 Abs. 3 NetzDG genannte § 201a StGB schützt eine andere Facette des allgemeinen Persönlichkeitsrechts, nämlich das Recht auf Schutz des höchstpersönlichen Lebensbereichs und das Recht am eigenen Bild.[102] § 201a StGB stellt die Verbreitung von bestimmten Bildaufnahmen unter Strafe, durch die der höchstpersönliche Lebensbereich der abgebildeten Person verletzt wird.

---

97 Zum Schutz der Ehre Dreier/*Dreier*, GG, Art. 2 I Rn. 77.
98 MüKoStGB/*Regge/Pegel*, StGB, § 185 Rn. 9.
99 Dreier/*Dreier*, GG, Art. 2 I Rn. 77.
100 Dreier/*Schulze-Fielitz*, GG, Art. 5 I, II Rn. 150.
101 MüKoStGB/*Regge/Pegel*, StGB, § 185 Rn. 9.
102 HH-KoMedienR/*Keller*, 87. Abschnitt Rn. 16.

Veröffentlichen Nutzer damit Inhalte auf den Plattformen sozialer Netzwerke, die das allgemeine Persönlichkeitsrecht anderer Nutzer bzw. der Adressaten einer Äußerung verletzen, ist der Schutzbereich des Art. 2 Abs. 1 i.V.m. Art. 1 Abs. 1 GG betroffen.

b) Besondere Umstände der Onlinekommunikation

Bei der Frage nach der Rechtswidrigkeit von Äußerungen ist stets eine Abwägung zwischen den betroffenen Rechtsgütern erforderlich. Bevor aber zwei Rechtspositionen gegeneinander abgewogen werden können, muss zunächst festgestellt werden, wie schwer die einzelnen Positionen an sich betroffen sind. So muss auch bei einer geltend gemachten Verletzung des Persönlichkeitsrechts durch Äußerungen in einem sozialen Netzwerk zunächst untersucht werden, wie groß das Verletzungspotential einer Äußerung ist.

Diesbezüglich könnten sich aufgrund der neuen Möglichkeiten, die die Kommunikation mittels sozialer Netzwerke bietet, Veränderungen hinsichtlich der Wertigkeit des Persönlichkeitsrechts ergeben. Für das Maß der Betroffenheit des Persönlichkeitsrechts macht es möglicherweise einen Unterschied, ob eine Äußerung über das Internet verbreitet wurde oder durch ein anderes Medium. Auf der einen Seite könnte das Internet im Allgemeinen und die sozialen Netzwerke im Besonderen zu einer Steigerung der Bedeutung und Wertigkeit des Persönlichkeitsrechts geführt haben, da es den Nutzern durch diese Medien möglich wird, Äußerungen, die das Persönlichkeitsrecht verletzen, schnell, jederzeit und insbesondere anonym zu verbreiten.[103] Die Verbreitung macht zudem nicht an Landesgrenzen halt und durch die Möglichkeit des Teilens wird die Rücknahme eines Inhalts erschwert, so dass ein Inhalt mit wenig Aufwand weit verbreitet werden kann.[104] Eine Rolle spielt dabei auch, dass das Internet kaum eine Äußerung vergisst.[105] Auf der anderen Seite sind Menschen aber auch dazu bereit, persönliche Informationen oder Fotos freiwillig in sozialen Netzwerken zu veröffentlichen: Was früher regelmäßig noch als privat eingeordnet worden wäre, wird heute wie selbstverständlich mit einer Vielzahl von Menschen geteilt.[106] Daraus lassen sich zwei Schlüsse ziehen: Zum einen verzichten Menschen teilweise auf den Schutz ihrer Persönlichkeitsrechte durch die freiwillige Preisgabe vieler privater Informationen, so dass das Schutzbedürfnis diesbezüglich sinkt.

---

103 *Schertz*, NJW 2013, 721 (721).
104 Ebd.
105 *Nolte*, ZRP 2011, 236 (236).
106 *Schertz*, NJW 2013, 721 (721).

Zum anderen steigt aber das Schutzbedürfnis der Menschen, die Privates privat halten wollen und deshalb einen besonderen Schutz ihrer Persönlichkeitsrechte bedürfen. Zudem haben auch Menschen, die sich freiwillig an der Verbreitung ihrer privaten Informationen beteiligen, nach wie vor ein Recht darauf, nicht durch Beleidigungen, Verleumdung oder Bedrohung mit einer Straftat in ihrem Persönlichkeitsrecht verletzt zu werden.[107]

Bei der Abwägung der widerstreitenden Rechte sind die genannten besonderen Umstände entsprechend zu berücksichtigen.

c) Begrenzung des allgemeinen Persönlichkeitsrechts

Ob das allgemeine Persönlichkeitsrecht tatsächlich verletzt wird, hängt davon ab, ob der Eingriff gerechtfertigt werden kann. Denn auch das allgemeine Persönlichkeitsrecht bietet keinen schrankenlosen Schutz. Eine Begrenzung ist gem. Art. 2 Abs. 1 Hs. 2 GG durch die verfassungsmäßige Ordnung, die Rechte anderer und das Sittengesetz möglich. Steht dem allgemeinen Persönlichkeitsrecht des einen die Meinungsfreiheit des anderen gegenüber, wie es in den Konstellationen im Zusammenhang mit der Nutzung von sozialen Netzwerken häufig der Fall ist, sind die beiden Positionen im Einzelfall gegeneinander abzuwägen.[108] Das allgemeine Persönlichkeitsrecht ist dann verletzt, wenn das Interesse des Nutzers am Schutz seiner Persönlichkeit insbesondere unter Beachtung des Gewichts der Beeinträchtigung seines Persönlichkeitsrechts das Interesse des anderen Nutzers auf freie Meinungsäußerung im Einzelfall überwiegt.[109] Für die Frage, welches Gewicht eine Beeinträchtigung hat, spielt bei Meinungsäußerungen vor allem eine Rolle, in welchem Rahmen diese erfolgt: Je größer der Empfängerkreis einer Meinungsäußerung ist, desto erheblicher kann das Ausmaß einer Ehrverletzung sein.[110]

d) Ergebnis

Der Freiheit von Nutzern zur Veröffentlichung von Inhalten in sozialen Netzwerken steht das allgemeine Persönlichkeitsrecht der Adressaten von

---

107 *Schertz*, NJW 2013, 721 (722).
108 Zur Abwägung zwischen Ehrenschutz und Meinungsfreiheit Sachs/*Murswiek/Rixen*, GG, Art. 2 Rn. 123 f.
109 Zur Abwägung *Jarass*/Pieroth, GG, Art. 5 Rn. 82.
110 Ebd.

Meinungsäußerungen bzw. Inhalten im Allgemeinen gegenüber. Bei der Abwägung dieser Rechte sind die besonderen Umstände der Onlinekommunikation zu beachten.

IV. Zwischenergebnis

Die Untersuchung hat ergeben, dass im Anwendungsbereich des NetzDG zum einen die Meinungs- und Informationsfreiheit der Nutzer betroffen ist, da vom Schutz des Art. 5 Abs. 1 S. 1 GG ebenso Äußerungen in sozialen Netzwerken erfasst sind. In Betracht kommt auch die Betroffenheit des Grundrechts auf Presse- und Rundfunkfreiheit nach Art. 5 Abs. 1 S. 2 GG. Je nach Inhalt der Äußerung können auch die Schutzbereiche der Art. 4, 5 Abs. 3 und 12 GG eröffnet sein. Auf Seiten der Adressaten einer Meinungsäußerung wird durch veröffentlichte Inhalte regelmäßig das allgemeine Persönlichkeitsrecht der Nutzer aus Art. 2 Abs. 1 i.V.m. Art. 1 Abs. 1 GG berührt. Das Zensurverbot aus Art. 5 Abs. 1 S. 3 GG ist jedenfalls hinsichtlich des sachlichen Schutzbereichs betroffen, wenn Netzwerkanbieter auf Grundlage ihrer Nutzungsbedingungen anlassunabhängig Inhalte auf Verstöße gegen diese internen Reglungen hin überprüfen und ist im Rahmen von privatrechtlichen Beziehungen als Wertentscheidung des Grundgesetzes zu berücksichtigen.

§ 3 Grundrechtsschutz durch Private: Verfassungsrecht

Nachdem die für die Nutzer von sozialen Netzwerken relevanten Grundrechte ermittelt wurden, stellt sich die Frage, auf Grundlage welcher Normen die Nutzer in ihren Grundrechten durch die Netzwerkanbieter geschützt werden.

I. Unmittelbare Bindung an Grundrechte

1. Grundsatz

Unmittelbar aus den Grundrechten haben Nutzer sozialer Netzwerke keinen Anspruch auf Schutz gegenüber den Netzwerkanbietern. Sowohl nach der herrschenden Meinung in der Literatur als auch der ständigen Rechtsprechung zu dieser Frage entfalten die Grundrechte für Private keine unmittelbare Bindung. Dies ergibt sich schon aus dem Wortlaut des Art. 1 Abs. 3 GG, nach dem die drei staatlichen Gewalten an die Grundrechte „als unmittelbar geltendes Recht" gebunden sind, während Private nicht aufgezählt werden.[111] Auch Art. 9 Abs. 3 S. 2 GG, der im Rahmen der Koalitionsfreiheit eine Regelung zur unmittelbaren Bindung auch für Private trifft, lässt den Umkehrschluss zu, dass die übrigen Grundrechte Private nicht unmittelbar binden sollen.[112]

Grundrechte sind zudem vor dem Hintergrund ihrer Entstehungsgeschichte und ihres Sinn und Zwecks Abwehrrechte gegenüber dem Staat, durch die zugunsten der Bürger ein Freiheitsraum gegenüber dem Staat geschaffen werden soll.[113] Dem widerspräche eine unmittelbare Grundrechtsbindung Privater, da diese zu einer Einschränkung der grundrechtlichen Freiheiten führen würde.[114] Weil die Privatautonomie möglichst umfassend gewährleistet werden soll, dürfen die Grundrechte innerhalb von Rechtsbeziehungen zwischen Grundrechtsträgern nur eine abgeschwächte Wirkung haben.[115] Im Rahmen von privatrechtlichen Beziehungen sind Grundrechte daher nur zur Randkorrektur anzuwenden,

---

111 *Epping*, Grundrechte, Rn. 346.
112 *Kloepfer*, VerfR II, § 50 Rn. 50.
113 Merten/*Papier*, HGR II, § 55 Rn. 4; Mangoldt/Klein/*Starck*, GG, Art. 1 Abs. 3 Rn. 310; Leibholz/*Mangoldt*, JöR Band 1, 1951, S. 42; *Epping*, Grundrechte, Rn. 14 f.
114 Maunz/Dürig/*Herdegen*, GG, Band I, Art. 1 Abs. 3 Rn. 64.
115 Merten/*Papier*, HGR II, § 55 Rn. 18, 23.

um auf diese Weise ihrer Bedeutung als „objektive Wertordnung"[116] Wirksamkeit zu verschaffen.[117] Eine solche Randkorrektur erfolgt durch die sog. mittelbare Grundrechtsbindung Privater.

Unmittelbar auf der Grundlage von Grundrechten sind Private und damit auch die privaten Netzwerkanbieter nicht zum Schutz der Nutzer verpflichtet.

2. Unmittelbare Bindung aufgrund von Privatisierung

Auch wenn grundsätzlich eine unmittelbare Bindung Privater an Grundrechte ausgeschlossen ist, sind Ausnahmen zu diesem Grundsatz möglich. Eine solche kommt in Betracht, wenn der Staat eigene Aufgaben im Wege der Privatisierung auf Private überträgt. Übernehmen Privatpersonen Aufgaben anstelle des Staates, liegt der Gedanke nicht fern, dass in diesen Fällen unter bestimmten Voraussetzungen auch Private unmittelbar an Grundrechte gebunden sein sollten. Diesbezüglich fällt im Zusammenhang mit dem NetzDG regelmäßig das Stichwort der „Privatisierung der Rechtsdurchsetzung"[118]. Zu untersuchen ist daher, ob durch das NetzDG eine Privatisierung von Staatsaufgaben erfolgt, die zu einer unmittelbaren Bindung der Netzwerkanbieter an Grundrechte führt.

a) Begriff der Privatisierung

Privatisierung ist eine Form der „Entstaatlichung"[119], die als „Abgabe, Verlust oder Herausgleiten von Aufgaben aus dem herkömmlicherweise vom Staat wahrgenommenen Fundus öffentlicher Aufgaben"[120] beschrieben werden kann. Für diese Begriffsbeschreibung spricht auch die Regelung des § 7 Abs. 1 S. 2 BHO. Dort wird als Alternative für staatliches Handeln aus Gründen der Wirtschaftlichkeit oder Sparsamkeit neben der Privatisierung auch die Ausgliederung oder Entstaatlichung genannt. Auch wenn diese Aufzählung den Eindruck erweckt, als handle es sich dabei um drei voneinander abzugrenzende Varianten, betrifft diese Vorschrift insgesamt die Möglichkeit einer Privatisierung.[121] Denn im Rahmen der Privatisierung passiert, was in der Norm beschrieben ist: Staatliche

---

116 BVerfG, Urt. v. 05.01.1958 – 1 BvR 400/51 = BVerfGE 7, 198 (205).
117 Zusammenfassend zur fehlenden unmittelbaren Wirkung Maunz/Dürig/*Herdegen*, GG, Band I, Art. 1 Abs. 3 Rn. 64.
118 *Wimmers/Heymann*, AfP 2018, 93 (97).
119 Isensee/Kirchhof/*Rupp*, HStR II, § 31 Rn. 55.
120 Ebd.
121 Piduch/*Nöhrbaß*, BundeshaushaltsR, BHO, § 7 Rn. 16.

Aufgaben werden auf Private übertragen und damit „entstaatlicht"[122] bzw. aus dem staatlichen Aufgabenapparat „ausgegliedert".[123]

b) Staatsaufgaben als Gegenstand der Privatisierung

Gegenstand der Privatisierung sind öffentliche Aufgaben, die ursprünglich der Staat wahrgenommen hat.[124] Neben Staatsaufgaben kann auch das staatliche Vermögen Gegenstand einer Privatisierung sein.[125] Allerdings kommt eine Vermögensprivatisierung vor dem Hintergrund des für die Untersuchung relevanten NetzDG nicht in Betracht und soll bei den folgenden Ausführungen daher außer Betracht bleiben. Denkbar ist im Anwendungsbereich des NetzDG dagegen eine Privatisierung von Staatsaufgaben, so dass der Fokus auf diesen als Privatisierungsgegenstand liegen soll.

Um die Frage beantworten zu können, ob das NetzDG eine Staatsaufgabe betrifft, ist zunächst zu klären, was unter Staatsaufgaben zu verstehen ist. Dabei ist im Zusammenhang mit diesem Begriff nach wie vor Vieles umstritten und der Begriff wird nicht einheitlich verwendet.[126] Trotzdem gibt es zumindest eine allgemein gehaltene Definition der Staatsaufgaben, die als herrschende Meinung bezeichnet werden kann. Danach gehören zu den Staatsaufgaben „alle Sachbereiche, die der Staat sich selbst zulässigerweise zur Aufgabe macht".[127]

(1) Abgrenzung von öffentlicher Aufgabe und Staatsaufgabe

Der Begriff der Staatsaufgaben ist zunächst von dem der öffentlichen Aufgaben abzugrenzen. Öffentliche Aufgaben sind dadurch gekennzeichnet, dass die

---

122 Der Begriff der „Entstaatlichung" wird verwendet bei Isensee/Kirchhof/*Rupp*, HStR II, § 31 Rn. 55.
123 Zur Diskussion des Begriffs der Privatisierung in der Wissenschaft siehe z.B. *Gramm*, Privatisierung und notwendige Staatsaufgaben, S. 90 ff.; *Kämmerer*, Privatisierung, S. 16 ff.; *Thoma*, Regulierte Selbstregulierung im Ordnungsverwaltungsrecht, S. 50 ff.; *Ackermann*, Verwaltungshilfe zwischen Werkzeugtheorie und funktionaler Privatisierung.
124 Isensee/Kirchhof/*Rupp*, HStR II, § 31 Rn. 55.
125 Isensee/Kirchhof/*Burgi*, HStR IV, § 75 Rn. 1.
126 *Isensee*/Kirchhof, HStR IV, § 73 Rn. 1; *Hunze*, Verfassungsrechtliche Grenzen, S. 3.
127 Maunz/Dürig/*Korioth*, GG, Art. 30 Rn. 9 unter Verweis auf BVerfG, Beschl. v. 14.01.1976 – 1 BvL 4, 5/72 = BVerfGE 41, 205 (218); BVerfG, Beschl. v. 25.03.1980 – 2 BvR 208/76 = BVerfGE 53, 366 (401); ähnlich auch *Isensee*/Kirchhof, HStR IV, § 73 Rn. 13; *Gramm*, Privatisierung und notwendige Staatsaufgaben, S. 31; *Burgi*, Funktionale Privatisierung, S. 9; *Hunze*, Verfassungsrechtliche Grenzen, S. 4.

Allgemeinheit ein Interesse an ihrer Erfüllung hat.[128] Von einem öffentlichen Interesse an der Aufgabenerfüllung ist auszugehen, wenn die Aufgabe nach ihrem Inhalt dem Allgemeinwohl zugutekommt.[129] Eine Staatsaufgabe ist somit immer öffentliche Aufgabe, es gibt jedoch auch öffentliche Aufgaben, die keine Staatsaufgaben sind, weil sie von Privaten wahrgenommen werden.[130] Auf diese Weise können die Aufgabenbereiche des Staates von den Tätigkeitsbereichen der Gesellschaft abgegrenzt werden.[131]

(2) Quelle der Staatsaufgaben

Diese allgemeine Definition reicht aber nicht aus, um im Einzelfall bestimmen zu können, ob eine Staatsaufgabe vorliegt. Befasst sich der Staat mit einer Aufgabe, deren Erfüllung im öffentlichen Interesse liegt, ist immer noch die Kernfrage zu beantworten, ob dies im Einklang mit der Verfassung und sonstigem Recht geschieht und der Staat diese Aufgabe deshalb als Staatsaufgabe wahrnehmen darf. Es ist fraglich, anhand welcher Kriterien im Einzelfall zu bestimmen ist, ob es sich bei einer öffentlichen Aufgabe um eine Staatsaufgabe handelt. Dazu wurde und wird immer noch versucht, einen mehr oder weniger abschließenden Katalog von Staatsaufgaben zu erstellen, aus dem sich insbesondere auch die Staatsaufgaben ergeben sollen, die von einer Privatisierung ausgeschlossen sind.[132] Einen solchen Katalog enthält aber weder die Verfassung selbst[133] noch hatten die entsprechenden Versuche in der Wissenschaft zur Erstellung eines Staatsaufgabenkatalogs[134] Erfolg. Darüber hinaus lässt sich auch der Rechtsprechung des Bundesverfassungsgerichts kein abschließender Katalog entnehmen, da die Entscheidungen zu diesem Thema jeweils nur Aussagen zu den im entschiedenen Fall relevanten Staatsaufgaben enthalten, ohne dass daraus allgemeine Schlüsse über Staatsaufgaben gezogen werden.[135]

---

128 *Weiß*, Privatisierung und Staatsaufgaben, S. 22.
129 *Gramm*, Privatisierung und notwendige Staatsaufgaben, S. 56.
130 Ganz h.M., für viele *Burgi*, Funktionale Privatisierung, S. 42 mwN in Fn.6; zu den Begrifflichkeiten außerdem *Di Fabio*, JZ 1999, 585 ff.
131 *Bull/Mehde*, AllgVerwR, § 9 Rn. 338.
132 Z.B. *Gramm*, Privatisierung und notwendige Staatsaufgaben, S. 23 f.; *Zado*, Privatisierung der Justiz, S. 206 ff.; *Bull*, Staatsaufgaben nach dem Grundgesetz, S. 211 ff.
133 *Isensee*/Kirchhof, HStR IV, § 73 Rn. 42.
134 Z.B. bei *Bull*, Staatsaufgaben nach dem Grundgesetz, S. 211 ff.; *Gramm*, Privatisierung und notwendige Staatsaufgaben, S. 40 ff.
135 Z.B. in BVerfG, Beschl. v. 19.12.1962 – 1 BvR 541/57 = BVerfGE 15, 235 (240): Förderung der Wirtschaft; BVerfG, Beschl. v. 09.04.1975 – 2 BvR 879/73 = BVerfGE 39, 302

Dass ein solcher Katalog nicht erstellt werden kann, liegt zum einen daran, dass die Frage nach den Staatsaufgaben nicht nur eine rechtliche ist, sondern ihr Inhalt maßgeblich durch Entscheidungen der Politik bestimmt wird.[136] Weil politische Entscheidungen naturgemäß von Veränderungen in der Gesellschaft und wechselnden Regierungen geprägt sind, wäre ein fester und insbesondere ein unveränderlicher Katalog von Staatsaufgaben impraktikabel.[137] Zur Bestimmung von Staatsaufgaben ist dabei vor allem der Gesetzgeber gefordert.[138] Als Ausgangspunkt der Staatsaufgaben ist damit festzuhalten, dass der Staat für die Erfüllung aller im Interesse des Allgemeinwohls liegenden Aufgaben grundsätzlich zuständig ist und im Rahmen der verfassungsrechtlichen Vorgaben einerseits Aufgaben zur eigenen Erfüllung heranziehen kann[139], diese andererseits aber auch wieder aufgeben darf[140]. Gegen einen Staatsaufgabenkatalog spricht zum anderen, dass die Vorgaben, die die Verfassung für die Bestimmung von Staatsaufgaben macht, für einen Katalog in der Regel nicht konkret genug sind. Das Grundgesetz enthält zwar Normen, die Anhaltspunkte dafür geben, ob es sich bei einer öffentlichen Aufgabe um eine Staatsaufgabe handelt, die der Staat möglicherweise sogar zwingend wahrnehmen muss.[141] Diese Regelungen sind aber oftmals sehr abstrakt und ermöglichen regelmäßig keine allgemein gültige Aussage über Staatsaufgaben.[142] Im Folgenden werden die wesentlichen Normen im Überblick dargestellt, die Maßstäbe für die Bestimmung von Staatsaufgaben aufstellen.

---

(313): Vollzug der Sozialgesetzgebung; BVerfG, Urt. v. 15.12.1983 – 1 BvR 209, 269, 362, 420, 440, 484/83 = BVerfGE 65, 1 (51): Planung; BVerfG, Urt. v. 11.12.1985 – 2 BvR 361/83, 2 BvR 449/83 = BVerfGE 71, 276 (296): Landesverteidigung; BVerfG, Urt. v. 28.05.1995 – 2 BvF 2/90 und 4, 5/92 = BVerfGE 88, 203 (328): Einrichtung stationärer und ambulanter Einrichtungen zum Schwangerschaftsabbruch; BVerfG, Beschl. v. 26.06.2002 – 1 BvR 670/91 = BVerfGE 105, 279 (301): Staatsleitung der Bundesregierung.
136 *Schöbener/Knauff*, Allg. Staatslehre, § 4 Rn. 105.
137 *Schöbener/Knauff*, Allg. Staatslehre, § 4 Rn. 104.
138 *Schöbener/Knauff*, Allg. Staatslehre, § 4 Rn. 105.
139 Maunz/Dürig/*Korioth*, GG, Art. 30 Rn. 9.
140 *Schöbener/Knauff*, Allg. Staatslehre, § 4 Rn. 105.
141 *Hunze*, Verfassungsrechtliche Grenzen, S. 104.
142 Ebd.

(a) Kompetenz- und Zuständigkeitsvorschriften

Dazu gehören zunächst die Normen über Gesetzgebungskompetenzen in den Art. 70 ff. GG, die den Schluss zulassen, dass der Staat zur Wahrnehmung einer Aufgabe befugt sein muss, wenn er in den jeweiligen Aufgabenbereichen gesetzliche Regelungen erlassen kann.[143] Allerdings erschöpft sich die Funktion der Gesetzgebungskompetenzen schon in einem Hinweis auf den Bestand verschiedener Staatsaufgaben, da die Kompetenzvorschriften keinen Aufschluss darüber geben, welchen Inhalt die einer Kompetenz zugrundeliegenden Staatsaufgabe hat.[144] Außerdem sind die Gesetzgebungskompetenzen nicht abschließend aufgezählt, wie sich aus Art. 30 GG ergibt, was folglich auch für die von ihnen ausgehenden Hinweise auf Staatsaufgaben gelten muss.[145] Daneben ergeben sich auch aus den Verwaltungszuständigkeiten nach Art. 86 ff. GG Anhaltspunkte für Staatsaufgaben.[146] Wenn z.B. in Art. 87 Abs. 1 GG geregelt ist, dass der Bund den Auswärtigen Dienst in bundeseigener Verwaltung führt, lässt sich daraus entnehmen, dass der Staat diese Aufgabe von Verfassungswegen wahrnimmt. Gem. Art. 87f Abs. 1 GG hat der Staat, namentlich der Bund, die Grundversorgung mit Dienstleistungen im Bereich von Postwesen und Telekommunikation zu gewährleisten, was ebenfalls auf eine staatliche Aufgabe hindeutet.

Insgesamt lässt sich aus diesen Normen schließen, dass einzelne Verfassungsnormen durchaus Anhaltspunkte für die Einordnung von öffentlichen Aufgaben als Staatsaufgaben enthalten. Gleichzeitig bestätigt diese Erkenntnis auch die Annahme, dass eine generelle und abschließende Aussage über Staatsaufgaben nicht möglich ist.

(b) Grundrechte

Auch Grundrechte enthalten Anhaltspunkte für das Vorliegen von Staatsaufgaben.[147] Dies folgt daraus, dass der Staat die tatsächlichen und rechtlichen Grundlagen zur Grundrechtsausübung schaffen und seinen Schutzpflichten nachkommen muss.[148] Regelmäßig lassen sich den Grundrechten aber keine konkreten Vorgaben für diese Staatsaufgaben entnehmen. Es bleibt also im

---

143 *Isensee/Kirchhof*, HStR IV, § 73 Rn. 42.
144 *Gramm*, Privatisierung und notwendige Staatsaufgaben, S. 66.
145 *Isensee/Kirchhof*, HStR IV, § 73 Rn. 42.
146 *Hunze*, Verfassungsrechtliche Grenzen, S. 109 mit Verweis auf *Bull*, Die Staatsaufgaben nach dem Grundgesetz, S. 149 ff.
147 *Bull/Mehde*, AllgVerwR, § 9 Rn. 362.
148 *Isensee/Kirchhof*, HStR IV, § 73 Rn. 43.

Normalfall bei der allgemeinen Feststellung, dass dem Staat zum Schutz eines Grundrechts Aufgaben obliegen, diese inhaltlich aber losgelöst vom Einzelfall nicht konkretisiert werden können.[149] Etwas anderes gilt nur in Ausnahmefällen, wie z.B. für Art. 6 Abs. 1 GG und Art. 14 Abs. 1 GG, die jeweils Institutsgarantien enthalten und damit der Legislativen die konkrete Aufgabe zur Ausgestaltung der Institute von Ehe und Familie bzw. Eigentum und Erbrecht im Rahmen der verfassungsrechtlichen Vorgaben auferlegen.[150]

(c) Staatsziele

Neben den Grundrechten können auch Staatsziele auf das Vorliegen von Staatsaufgaben hindeuten.[151] So treffen den Staat z.b. aufgrund des Staatsziels Umweltschutz nach Art. 20a GG Aufgaben, die im Bundesnaturschutzgesetz konkretisiert sind.[152] In dieser Hinsicht ist jedoch Vorsicht geboten, da Staatsziele schon ihrem Namen nach nur ein Ziel oder Ergebnis vorgeben können, nicht aber konkrete Aufgaben.[153]

c) Rechtsdurchsetzung i.S.d. NetzDG als Staatsaufgabe

Unter Berücksichtigung der genannten Grundsätze ist zu untersuchen, ob die privaten Netzwerkanbieter im Rahmen der Anwendung des NetzDG Staatsaufgaben wahrnehmen. Wie es bereits der Name des Gesetzes anklingen lässt, sind die Netzwerkanbieter durch die Regelungen des NetzDG als juristische Personen des Privatrechts an der Durchsetzung staatlichen Rechts beteiligt.[154] Durch das NetzDG werden Netzwerkanbieter dazu verpflichtet, mit Beschwerden über Inhalte effektiver umzugehen und rechtswidrige Inhalte innerhalb kurzer Fristen zu sperren oder zu entfernen[155] bzw. bestimmte Inhalte an das BKA weiterleiten[156]. In Anbetracht der Regelung des § 1 Abs. 3 NetzDG, der die zu entfernenden rechtswidrigen Inhalte anhand von strafrechtlichen Normen definiert, kommt als Gegenstand der Rechtsdurchsetzung insbesondere das

---

149 Dazu *Gramm*, Privatisierung und notwendige Staatsaufgaben, S. 71.
150 *Isensee*/Kirchhof, HStR IV, § 73 Rn. 14.
151 *Schöbener/Knauff*, Allg. Staatslehre, § 4 Rn. 103.
152 *Schöbener/Knauff*, Allg. Staatslehre, § 4 Rn. 103.
153 *Hunze*, Verfassungsrechtliche Grenzen, S. 216 f.
154 So u.a. die These von *Wimmers/Heymann*, AfP 2017, 93 (97 f.); DAV: Stellungnahme zum NetzDG, MMR-Aktuell 2017, 390501; *Guggenberger*, ZRP 2017, 98 (100).
155 Dazu im Gesetzentwurf der Fraktionen CDU/CSU und SPD, BT-Drs. 18/12356, S. 1 f.
156 Gesetzentwurf der Bundesregierung, BT-Drs. 19/17741, S. 2 f.

Strafrecht in Betracht. Möglich ist aber auch, dass die Netzwerkanbieter nur die privaten Rechte ihrer Nutzer und anderer Betroffener durchsetzen. In Betracht kommt dafür insbesondere das Persönlichkeitsrecht des Einzelnen, das oftmals durch veröffentlichte Inhalte betroffen wird.[157] Mit einem Blick auf das Gesetz lässt sich damit zwar grob umschreiben, wie die Anbieter sozialer Netzwerke zur besseren Rechtsdurchsetzung beitragen sollen. Dabei bleibt aber offen, in welche rechtliche Aufgabenkategorie die Rechtsdurchsetzung im Sinne des NetzDG einzuordnen und was ihr Gegenstand ist und insbesondere, ob es sich bei der Rechtsdurchsetzung im Sinne des NetzDG um eine staatliche Aufgabe handelt.

(1) Begriff der Rechtsdurchsetzung

Der Begriff der Rechtsdurchsetzung ist nicht legaldefiniert. Allerdings lassen sich in der Wissenschaft Ansätze für eine Definition finden. So wird Rechtsdurchsetzung z.B. als die „traditionell als öffentliche Aufgabe verstandene Sicherstellung und Gewährleistung rechtmäßigen Verhaltens"[158] beschrieben. An anderer Stelle wird Rechtsdurchsetzung als „Rechtsverwirklichung durch materielles Recht und Verfahrensrecht"[159] definiert. Der englische Begriff der Rechtsdurchsetzung „law enforcement"[160] macht zudem deutlich, dass für die Durchsetzung des Rechts auch Zwang erforderlich sein kann.

Der Staat setzt Recht in unterschiedlicher Weise durch. In der Praxis wird Recht zum einen durch gerichtliche Rechtsprechung durchgesetzt, die sich dabei an bestimmte Verfahrensordnungen zu halten hat. Auf dem Gebiet des Strafrechts erfolgt die Rechtsdurchsetzung im Rahmen des Strafverfahrens.[161] Die Aufgabe der Rechtsprechung wird den staatlichen Gerichten in Art. 92 GG übertragen. Auch die Verwaltung sorgt für die Durchsetzung von Recht und Gesetz, indem sie in erster Linie durch Verwaltungsakte für den Einzelfall bestimmte Pflichten entsprechend den Vorgaben der Gesetze festsetzt.[162] Der Verwaltungsakt wird in diesem Zusammenhang als „Standardinstrument für den Gesetzesvollzug"[163] bezeichnet. Kommen die Adressaten ihren jeweiligen Pflichten nicht

---

157 Dazu *Spindler*, GRUR 2018, 365 (365).
158 *Koch*, Gedächtnisschrift Wolf, S. 459.
159 So der Titel der Festschrift für Hans-Jürgen Ahrens zum 70. Geburtstag.
160 Nach der Übersetzung im Pons Wörterbuch, https://de.pons.com/%C3%BCbersetzung?q=Rechtsdurchsetzung&l=deen&in=&lf=de [19.09.2020].
161 *Kindhäuser*, § 1 Rn. 10.
162 BeckOK VwVfG/*von Alemann/Scheffczyk*, VwVfG, § 35 Rn. 57.
163 Ebd.

freiwillig nach, hat die Verwaltung durch das Instrument der Verwaltungsvollstreckung die Möglichkeit zur Anwendung von Zwang nach den Vorschriften der Verwaltungsvollstreckungsgesetze. Im Zivilrecht entscheiden Gerichte z.B. über das Bestehen von Ansprüchen und erzwingen deren Erfüllung notfalls im Wege der Zwangsvollstreckung, da die private Durchsetzung von Ansprüchen in der Regel nicht erlaubt ist.[164] Lediglich in gesetzlich geregelten Ausnahmefällen können u.a. zivilrechtliche Ansprüche auch durch Private selbst durchgesetzt werden.[165] Im Bereich des Gesellschaftsrechts werden zudem Unternehmen und damit juristische Personen des Privatrechts über das Instrument der Corporate Compliance in die Rechtsdurchsetzung eingebunden, auf deren Grundlage sie u.a. dafür Sorge zu tragen haben, dass die gesetzlichen Vorschriften eingehalten werden, die für sie als Gesellschaft und ihre Tätigkeit relevant sind.[166]

Mit diesem Überblick wird deutlich, dass die Rechtsdurchsetzung alle Rechtsgebiete betrifft und neben dem Staat auch Private an dieser Aufgabe beteiligt sein können.

(2) Gesetzesvollzug durch Rechtsprechung

Mit Rechtsdurchsetzung im Sinne des NetzDG könnte der Gesetzesvollzug durch Rechtsprechung gemeint sein. Rechtsprechung ist dadurch gekennzeichnet, dass im Rahmen eines besonders geregelten Verfahrens ein Sachverhalt durch ein unbeteiligtes Organ letztverbindlich rechtlich beurteilt wird.[167] Damit erfolgt durch die Rechtsprechung eine verbindliche Feststellung in Form eines Tenors. Netzwerkanbieter handeln allerdings lediglich auf Grundlage des NetzDG und befolgen dabei gesetzliche Vorschriften, werden aber nicht feststellend tätig, wenn sie entweder Inhalte löschen bzw. sperren oder diese an das BKA weiterleiten. Damit sind die Netzwerkanbieter auf Grundlage des NetzDG nicht an der staatlichen Aufgabe der Rechtsprechung im Sinne des Art. 92 GG beteiligt. Die Kritik, dass durch das NetzDG unzulässigerweise die Staatsaufgabe der Rechtsprechung privatisiert werde, geht daher fehl.

---

164 Jauernig/*Mansel*, BGB, §§ 229-231 Rn. 1.
165 Ebd.
166 So für das Beispiel der GmbH in MüKoGmbHG/*Stephan/Tieves*, GmbHG, § 37 Rn. 25.
167 Stern/*Stern*, StR II, § 43 S. 898.

(3) Rechtsdurchsetzung durch Gesetzesvollzug

Im Anwendungsbereich des NetzDG kommt aber eine Rechtsdurchsetzung durch Gesetzesvollzug in Betracht, indem die Netzwerkanbieter die Vorschriften des NetzDG ausführen.

Der Vollzug von Gesetzen obliegt, wie es in diesem Begriff schon anklingt, zunächst der vollziehenden Gewalt, also der Exekutiven[168], zu der Regierung und Verwaltung gehören[169]. Ein Blick in das Grundgesetz macht deutlich, dass es sich bei dem Gesetzesvollzug um eine der Hauptaufgaben der Exekutiven handelt. Dies ergibt sich aus dem Wortlaut der entsprechenden Normen in Art. 1 Abs. 3, 20 Abs. 2 S. 2, Abs. 3 GG, die von der vollziehenden Gewalt sprechen.[170] Dabei gehört der Gesetzesvollzug vor allem zum Aufgabenbereich der Verwaltung, die daneben aber auch „gesetzesfreie" Verwaltungsaufgaben[171] wahrnimmt, die nicht den Vollzug von Gesetzen zum Gegenstand haben[172].

Unter Gesetzesvollzug im Allgemeinen ist die „Vollziehung der Gesetze im Einzelfall" zu verstehen.[173] Der Vollzug von Gesetzen umfasst insbesondere die Anwendung eines Gesetzes auf den Einzelfall im Wege der Subsumtion.[174] Zu diesem Zweck macht die Verwaltung in erster Linie von der Möglichkeit zum Erlass von Verwaltungsakten nach § 35 VwVfG Gebrauch.[175] Daneben werden Gesetze auch durch tatsächliches Verwaltungshandeln vollzogen, so z.B. in dem Fall, dass die Polizei einen verdeckten Ermittler einsetzt.[176] Nach umstrittener Ansicht ist zudem kein förmliches Tätigwerden der Verwaltung zum Vollzug von Gesetzen erforderlich, sondern der Bürger kann auch durch nicht förmliches Handeln wie z.B. durch die Erreichung einer Übereinstimmung zur Einhaltung des Rechts bewegt werden.[177] Ein Vorgehen dieser Art ist dann als Vollzug von Gesetzen anzusehen, „wenn eine Stelle öffentlicher Gewalt zielgerichtet und unmittelbar auf Privatrechtssubjekte einwirkt, um diese zu einem durch den

---

168 BVerfG, Beschl. v. 17.07.1996 – 2 BvF 2/93 = BVerfGE 95, 1 (16).
169 Maunz/Dürig/*Grzeszick*, GG, Art. 20 Rn. 136.
170 *Kloepfer*, VerfR I, § 22 Rn. 2.
171 BVerfG, Urt. v. 28.02.1961 – 2 BvG 1, 2/60 = BVerfGE 12, 205 (246).
172 *Kloepfer*, VerfR I, § 22 Rn. 3.
173 Isensee/Kirchhof/*Schmidt-Aßmann*, HStR II, § 26 Rn. 52.
174 Ebd.
175 BeckOK VwVfG/*von Alemann/Scheffczyk*, VwVfG, § 35 Rn. 57.
176 Stelkens/Bonk/Sachs/*Stelkens*, VwVfG, § 35 Rn. 91.
177 Maunz/Dürig/*Kirchhof*, GG, Art. 85 Rn. 64; a.A. BVerfG, Urt. v. 19.02.2002 – 2 BvG 2/00 = BVerfGE 104, 249 (267): Gesetzesvollzug erfordert ein rechtsverbindliches Handeln des Staates.

Zweck oder einzelne Vorschriften des jeweiligen Gesetzes erfassten Verhalten zu bewegen".[178] Somit wird deutlich, dass sich der Gesetzesvollzug nicht in eine bestimmte Form zwängen lässt, sondern geltendes Recht auf unterschiedliche Weise durchgesetzt werden kann. Dass die Verwaltung zur Vollziehung von Gesetzen auch Gewalt einsetzen darf, wird deutlich an der polizeilichen Aufgabe des Schutzes der Rechtsordnung nach § 1 Abs. 1 PolG BW, wofür der Polizei unterschiedliche Zwangsmittel zur Verfügung stehen, die speziell z.B. in den §§ 26 ff. PolG BW geregelt sind.

Die Verwaltung vollzieht ein Gesetz im Einzelfall insbesondere durch die „Anwendung juristischer Subsumtionstechniken".[179] Sie subsumiert einen Sachverhalt z.B. dadurch, dass sie einen Verwaltungsakt erlässt: Auf Grundlage des ermittelten Lebenssachverhalts stellt die zuständige Behörde für den Einzelfall fest, wie das geltende Recht angewendet werden soll und ordnet eine entsprechende Rechtsfolge an.[180] Als Ergebnis des Subsumtionsvorgangs steht eine für den konkreten Fall verbindliche, wenn auch nicht letztverbindliche Umsetzung des im Einzelfall anzuwendenden Gesetzes.[181]

d) Rechtsdurchsetzung auf Grundlage des NetzDG

Unter Berücksichtigung dieser Grundsätze ist zu untersuchen, ob Netzwerkanbieter durch die Regelungen des NetzDG als juristische Personen des Privatrechts an der Durchsetzung des staatlichen Rechts beteiligt sind. In Anbetracht der Regelung des § 1 Abs. 3 NetzDG, der die rechtswidrigen Inhalte anhand von Normen des StGB definiert, kommt als Gegenstand der Rechtsdurchsetzung Strafrecht in Betracht.

(1) Aufgabe der Netzwerkanbieter

Die Netzwerkanbieter haben gemeldete Inhalte nach § 3 Abs. 2 Nr. 1 NetzDG daraufhin zu überprüfen, „ob der in der Beschwerde gemeldete Inhalt rechtswidrig [...] ist". Die Rechtswidrigkeit bestimmt sich nach § 1 Abs. 3 NetzDG. Rechtswidrig sind danach Inhalte, die den Tatbestand der dort aufgezählten Strafnormen erfüllen. Somit wenden die Netzwerkanbieter auf die einzelnen gemeldeten Inhalte Strafnormen des StGB an und setzen die Normen im

---

178 BVerfG, Urt. v. 19.02.2002 – 2 BvG 2/00 = BVerfGE 104, 249 (276): abweichende Meinung der Richter Di Fabio und Mellinghoff.
179 Isensee/Kirchhof/*Schmidt-Aßmann*, HStR II, § 26 Rn. 52.
180 Stelkens/Bonk/Sachs/*Stelkens*, VwVfG, § 35 Rn. 31.
181 Ebd.

Einzelfall um, indem sie einen Inhalt als rechtswidrig oder rechtmäßig im Sinne des NetzDG beurteilen. Ihrer Beurteilung verleihen sie Ausdruck, indem sie einen Inhalt entsprechend den Vorgaben des § 3 Abs. 2 Nr. 1 NetzDG entfernen oder den Zugang zu dem Inhalt sperren oder nach § 3a NetzDG einen Inhalt beim BKA melden. Die Entfernung oder Sperrung des Inhalts bzw. die Meldung an das BKA sind dabei die Rechtsfolge der Gesetzesanwendung im Einzelfall.

Auch wenn Verwaltung und Netzwerkanbieter abweichende Vorgehensweisen und unterschiedliche Mittel bei der Anwendung von Gesetzen haben, werden dennoch die Ähnlichkeiten sichtbar: In beiden Fällen geht es um die Gesetzesanwendung im Einzelfall, in dessen Rahmen die entscheidenden Organe einseitig und jedenfalls so lange verbindlich die Folgen der Gesetzesanwendung beschließen, bis ein Gericht die letztverbindliche Entscheidung trifft. Zudem wenden die Netzwerkanbieter im Anwendungsbereich des NetzDG mit den Normen des StGB wie auch die Verwaltung staatliches Recht an. Darin besteht der wesentliche Unterschied zur Entfernung von Inhalten oder der Sperrung des Zugangs bei Verstößen gegen die privatrechtlich ausgestalteten Nutzungsbedingungen bzw. Gemeinschaftsstandards sozialer Netzwerke. Netzwerkanbieter werden durch das NetzDG deshalb vergleichbar mit der Tätigkeit der vollziehenden Gewalt im Bereich der gesetzesakzessorischen Verwaltung in die Durchsetzung von staatlichen Rechtsvorschriften einbezogen.

(2) Vollzug von Strafrecht im eigentlichen Sinn

Es steht nun fest, dass die Anbieter sozialer Netzwerke durch das NetzDG grundsätzlich an der Durchsetzung von staatlichem Recht beteiligt werden und dies mit der Anwendung von Strafnormen jedenfalls im Zusammenhang steht. Diesbezüglich ist als nächstes zu erörtern, ob die Netzwerkanbieter dadurch tatsächlich Strafrecht im eigentlichen Sinn vollziehen. Diese Frage stellt sich, weil den Verboten und Geboten des Strafrechts grundsätzlich durch die staatliche Strafverfolgung zur Durchsetzung verholfen wird, die im Fall der Strafbarkeit eines Verhaltens mit einer Entscheidung des Strafrichters endet, die im Anschluss vollstreckt wird. Dieser Vorgang kann als der eigentliche Vollzug des Strafrechts bezeichnet werden, wie er entsprechend den Vorgaben in der StPO bzw. im GVG durchzuführen ist. Dabei handelt es sich um eine Aufgabe der rechtsprechenden Gewalt unter Beteiligung der Staatsanwaltschaft als Teil der Exekutiven. Fraglich ist, wie vor diesem Hintergrund die Anwendung der Strafnormen durch Netzwerkanbieter qualifiziert werden kann.

(a) Rechtswidrige Inhalte

Dagegen, dass tatsächlich Strafrecht im eigentlichen Sinn durch die Netzwerkanbieter durchgesetzt wird, spricht, dass das NetzDG selbst nicht von der „Strafbarkeit" von Inhalten spricht, sondern von deren „Rechtswidrigkeit" in § 4 Abs. 5 S. 1 NetzDG oder von „rechtswidrigen Inhalten" in den §§ 1 Abs. 3, 2 Abs. 1, 3 Abs. 1, 2 NetzDG. Dies deutet darauf hin, dass es nicht um die Strafbarkeit einer Handlung geht, die für die Verurteilung durch einen Strafrichter mit entsprechender Bestrafung Voraussetzung wäre. Wie auch der Begriff des „rechtswidrigen Inhalts" im deutschen Recht bis jetzt unbekannt war[182], geht mit den Regelungen des NetzDG insgesamt eine neue Art der Durchsetzung des Strafrechts einher. Grund dafür ist, dass die Netzwerkanbieter nicht die gesamten Voraussetzungen einer Strafbarkeit, sondern nach § 1 Abs. 3 NetzDG lediglich den Tatbestand einer der dort genannten Normen und die fehlende Rechtfertigung prüfen. Von der Schuld als Voraussetzung ist nicht die Rede. Aus der Begründung zum Gesetzentwurf ergeben sich darüber hinaus Zweifel daran, ob neben dem objektiven Tatbestand der subjektive Tatbestand überhaupt eine Rolle spielt.[183] Vor diesem Hintergrund verliert insbesondere die Kritik am NetzDG an Berechtigung, die der Ansicht ist, dass Netzwerkanbieter wie Strafrichter über die „Strafbarkeit einer Handlung" zu entscheiden hätten.[184]

(b) Unmittelbar Zivilrecht, mittelbar Strafrecht

Gegen einen Vollzug des Strafrechts im Sinne der unmittelbaren Anwendung und Durchsetzung der Strafnormen spricht auch, dass die Löschpflichten der Netzwerkanbieter, die jedenfalls teilweise bereits vor Erlass des NetzDG bestanden[185], in der Regel unmittelbar auf zivilrechtlichen Regelungen beruhen und nicht auf den Vorschriften des NetzDG als Anspruchsgrundlage.[186] Denn die Netzwerkanbieter kommen durch die Löschung und Sperrung von Inhalten ihrer Pflicht zur Abwehr von Verletzungen des Persönlichkeitsrechts aufgrund ihrer Stellung als Host-Provider nach, aufgrund der sie als mittelbare Störer unter bestimmten Voraussetzungen für die verbreiteten Inhalte auch dann verantwortlich sind, wenn die Inhalte nicht von ihnen stammen.[187] Ein in seinem

---

182 *Holznagel*, ZUM 2017, 615 (620).
183 Gesetzentwurf der Fraktionen CDU/CSU und SPD, BT-Drs. 18/12356, S. 11.
184 *Wimmers/Heymann*, AfP 2017, 93 (97).
185 Zur Frage der Löschansprüche auf Grundlage des NetzDG *Pfeifer*, AfP 2018, 14 (17).
186 Zur Störerhaftung nach der Rspr. des BGH siehe u.a. Urteil vom 25.10.2011, VI ZR 93/10, GRUR 2012, 311 ff.
187 Ebd.

Persönlichkeitsrecht Verletzter kann daher Ansprüche aus § 1004 Abs. 1 analog i.V.m. § 823 Abs. 1 bzw. § 823 Abs. 2 BGB mit dem Ziel der Unterlassung und Beseitigung von Störungen nicht nur gegenüber dem Autor des Inhalts geltend machen, sondern auch gegenüber dem Netzwerkanbieter als Host-Provider.[188] Strafrecht kann in diesem Zusammenhang im Rahmen des § 823 Abs. 2 BGB Anwendung finden, da es sich bei bestimmten Strafnormen um Schutzgesetze in diesem Sinne handelt.[189] Aus diesen Gründen wenden Netzwerkanbieter durch das Löschen und Sperren von rechtswidrigen Inhalten zuvorderst Zivilrecht an bzw. befolgen dieses, auch wenn im Rahmen des NetzDG bestimmte Strafnormen als Anknüpfungspunkt dienen. In diesen Fällen kann die Vorgehensweise der Netzwerkanbieter daher als mittelbarer Vollzug des Strafrechts bezeichnet werden.

Wie bereits erläutert, beschränkt sich die Tätigkeit der Netzwerkanbieter im Anwendungsbereich des NetzDG allerdings nicht auf die Löschung von Inhalten, die Nutzer oder auch andere Betroffene in ihren eigenen Rechten verletzen mit der Folge, dass eine zivilrechtliche Pflicht zur Unterlassung der Veröffentlichung dieser Inhalte entsteht. Da Inhalte nach § 1 Abs. 3 NetzDG auch dann rechtswidrig sein können, wenn sie gegen Strafnormen verstoßen, die nicht dem Schutz von Individualinteressen dienen und ein rechtswidriger Inhalt zudem nicht zwingend strafbar im Sinne der Strafrechtsdogmatik sein muss, wurde die Löschpflicht der Netzwerkanbieter durch das NetzDG erweitert. Ist rechtliche Grundlage für die Löschung eines Inhalts in diesen Fällen keine Norm des Zivilrechts, sondern ist die Löschung auf das NetzDG zu stützen, in dessen Rahmen als Tatbestandsvoraussetzung die Erfüllung von Normen des StGB zu prüfen ist, wird nicht mehr Zivilrecht befolgt. Rechtliche Grundlage für die Löschpflicht ist dann aber auch nicht unmittelbar das Strafrecht, sondern die Strafnormen finden in abgewandelter Form vermittelt durch das NetzDG Anwendung. Auch hier kann man daher lediglich von einem mittelbaren Vollzug des Strafrechts durch die Netzwerkanbieter sprechen.

(c) Sanktionscharakter von Entfernung und Sperrung

Ein weiterer Aspekt des staatlichen Vollzugs von Strafnormen ist die Verhängung von Geld- bzw. Freiheitsstrafen. Das NetzDG enthält als einzige ausdrückliche „Sanktion" eines rechtswidrigen Inhalts dessen Entfernung oder die Sperrung des Zugangs zum Inhalt. Netzwerkanbieter werden durch das NetzDG nicht

---

188 Ebd.
189 MüKoBGB/*Wagner*, BGB, § 823 Rn. 596.

dazu ermächtigt, Geld- oder Freiheitsstrafen und damit die von den jeweiligen Strafnormen vorgesehen Kriminalstrafen zu verhängen, was ebenfalls gegen den Vollzug von Strafrecht im eigentlichen Sinn spricht. Diese Aufgabe bleibt nach wie vor den Strafrichtern vorbehalten.

Fraglich ist daher, wie die Entfernung und Sperrung von Inhalten durch die Netzwerkanbieter im Anwendungsbereich des NetzDG rechtlich einzuordnen sind, wenn es sich dabei nicht um Kriminalstrafen im Sinne des Strafrechts handelt. Es könnte sich trotzdem um eine Art Sanktion handeln, die für Nutzer verhängt wird, deren Inhalte rechtswidrig sind. Die Löschung von Inhalten auf Grundlage des NetzDG ist dabei zu unterscheiden von der Löschung von Inhalten, wenn Nutzer gegen die Gemeinschaftsstandards und damit gegen die Nutzungsbedingungen verstoßen. Im zweiten Fall werden Inhalte aus vertragsrechtlichen Gründen gelöscht, so dass es sich um vertragliche Sanktionen handelt. Im Anwendungsbereich des NetzDG kommen die Netzwerkanbieter mit der Entfernung und Sperrung von Inhalten dagegen ihrer Unterlassungs- und Beseitigungspflicht aufgrund der Störerhaftung gem. § 1004 Abs. 2 S. 1 BGB analog nach, wenn durch rechtswidrige Inhalte entweder ein absolutes Recht im Sinne des § 823 Abs. 1 BGB verletzt wird oder ein Verstoß gegen ein Schutzgesetz im Sinne des § 823 Abs. 2 BGB in Form einer Strafnorm vorliegt. Es handelt sich dabei also um eine zivilrechtliche Rechtsfolge. Auch in den Fällen, in denen sich die Löschpflicht der Netzwerkanbieter nicht aus dem Zivilrecht, sondern unmittelbar aus dem NetzDG ergibt, ist die Löschung von Inhalten rechtlich gesehen nicht als Sanktion einzuordnen, sondern als Rechtsfolge, die das NetzDG anordnet.

Durch die Entfernung von Inhalten oder die Sperrung des Zugangs zu ihnen verhängen die Netzwerke somit keine Strafen im Sinne von strafrechtlichen Sanktionen, wie sie das StGB anordnet.

e) Weiterleitung von Inhalten an das BKA

Die Netzwerkanbieter müssen seit der Änderung des NetzDG durch das Gesetz zur Bekämpfung des Rechtsextremismus und der Hasskriminalität nicht nur gemeldete rechtswidrige Inhalte entfernen bzw. löschen, sondern solche Inhalte an eine neue Zentralstelle beim BKA melden, bei denen konkrete Anhaltspunkte dafür bestehen, dass sie bestimmte Tatbestände erfüllen, um ggf. eine Strafverfolgung zu ermöglichen.[190] Auch in diesem Fall obliegt zunächst zwar den

---

190 Gesetz zur Bekämpfung des Rechtsextremismus und der Hasskriminalität, BGBl. I Nr. 13 S. 441 ff.

Netzwerkanbietern die Überprüfung von Inhalten auf ihre Rechtswidrigkeit im Sinne des § 1 Abs. 3 NetzDG und dahingehend, ob ein Inhalt einen der Tatbestände im Sinne des § 3a Abs. 2 NetzDG erfüllt. Anders als bei der Löschung oder Sperrung von Inhalten werden die Netzwerkanbieter auf diese Weise aber intensiver als nur durch die Löschung oder Sperrung eines Inhalts an der Strafverfolgung beteiligt.[191] Diese neue Pflicht der Netzwerkanbieter ändert zwar nichts an der Tatsache, dass die Aufgaben der Strafverfolgung und insbesondere der rechtsverbindlichen Entscheidung bei der Staatsanwaltschaft bzw. den Gerichten bleiben. Dennoch wirken die Netzwerkanbieter durch die Meldung von strafrechtlich relevanten Inhalten an das BKA an der staatlichen Strafverfolgung mit. Dadurch setzen sie nicht mehr nur mittelbar Strafrecht durch, sondern tun dies unmittelbar, da sie einen direkten Beitrag zur Strafverfolgung leisten.

f) Fazit

Auch wenn sich der Prüfungsmaßstab im Anwendungsbereich des NetzDG an Strafnormen ausrichtet und die Netzwerkanbieter mit der Umsetzung des Gesetzes der Strafrechtsordnung zur Durchsetzung verhelfen, wird deutlich, dass sie dies nicht auf dieselbe Art und schon gar nicht mit derselben Autorität wie ein Strafrichter tun. Die Aufgabe der Netzwerkanbieter nach dem NetzDG lässt sich vielmehr mit der Tätigkeit der gesetzesvollziehenden Verwaltung vergleichen. Die Netzwerkanbieter kommen im Rahmen des Verfahrens nach § 3 NetzDG ihren zivilrechtlichen Löschpflichten und den Löschpflichten auf Grundlage des NetzDG nach. Im Hinblick auf die Anwendung des Strafrechts geht es dabei in erster Linie um den Schutz der einzelnen in den Straftatbeständen enthaltenen Rechtsgüter.[192] Allgemeiner lässt sich die Tätigkeit der Netzwerkanbieter deshalb als Durchsetzung der öffentlichen Sicherheit in sozialen Netzwerken beschreiben.[193] Durchsetzung des Rechts im Sinne des § 3 NetzDG bedeutet daher nicht, dass die Netzwerkanbieter die anwendbaren Normen des StGB im eigentlichen Sinn vollziehen, sondern, dass sie die konkret anwendbaren Normen des StGB auf der Grundlage von zivilrechtlichen Normen und solchen des NetzDG befolgen und ausführen. Etwas anderes gilt für die neu eingeführte Meldepflicht nach § 3a NetzDG. Hier wirken die Netzwerkanbieter auf einer

---

191 Hierzu kritisch z.B. die Stellungnahme von Bitkom zum Referentenentwurf vom 18.12.2019, https://www.bitkom.org/sites/default/files/2020-01/20200120_bitkom_stellungnahme_gbrh.pdf [13.08.2020].
192 *Pfeifer*, AfP 2018, 14 (17).
193 *Müller-Franken*, AfP 2018, 1 (7).

Vorstufe der Strafverfolgung mit, indem sie bestimmte strafrechtlich relevante Inhalte an das BKA zu melden haben, um ggf. eine Weiterleitung der Inhalte an die Strafverfolgungsbehörden zu ermöglichen.

g) Staatsaufgabe im Anwendungsbereich des NetzDG

(1) Staatsaufgabe der Rechtsprechung

Durch das NetzDG ist die Aufgabe der Rechtsprechung im Sinne des Art. 92 GG nicht betroffen, da die Netzwerkanbieter keine letztverbindlichen Entscheidungen durch ein unabhängiges Organ treffen. Diesbezüglich kommt die Privatisierung einer Staatsaufgabe daher nicht in Betracht, so dass die von manchen Kritikern behauptete „Privatisierung der Justiz"[194] durch das NetzDG zu verneinen ist. Die Entscheidungen der Netzwerkanbieter treten in rechtlicher Hinsicht nicht an die Stelle der Entscheidungen von Richtern, die nach wie vor zuständig sind für die rechtsverbindliche Beurteilung der Strafbarkeit von Handlungen im Netz und der Verhängung von strafrechtlichen Sanktionen. Etwas anderes gilt auch nicht hinsichtlich der Meldung von rechtswidrigen Inhalten an das BKA. Zwar werden sie auf gewisse Weise an der Strafverfolgung beteiligt. Die Entscheidung über die Durchführung einer Strafverfolgung liegt aber nach wie vor bei den hierfür zuständigen Behörden. Damit gilt auch im Bereich der Straftaten im Netz nach wie vor der sich aus Art. 20 Abs. 3 GG ergebende Justizgewährleistungsanspruch und es besteht der Anspruch auf rechtliches Gehör nach Art. 103 Abs. 1 GG.[195]

(2) Staatsaufgabe des Gesetzesvollzugs

Das Regelungsmodell des NetzDG kommt, wie aufgezeigt, zwar dem Gesetzesvollzug durch die Verwaltung nahe. Anders als die Verwaltung, die durch Verwaltungsakte oder auch durch tatsächliches Handeln Gesetze – falls erforderlich auch mit Zwang – vollzieht, befolgen die Netzwerkanbieter lediglich staatliches Recht, indem sie unter Berücksichtigung von strafrechtlichen Vorschriften als Maßstab nach den Vorgaben des NetzDG Einzelfallentscheidungen über die Rechtswidrigkeit von Inhalten auf ihren Plattformen und deren Löschung bzw. Meldung treffen.

---

194 *Wimmers/Heymann*, AfP 2017, 93 (97).
195 Für eine Umgehung dieser Vorschriften durch die Regelungen des NetzDG aber *Wimmers/Heymann*, AfP 2018, 93 (98).

Die beschriebenen und zum Teil neu durch das NetzDG eingeführten Pflichten der Netzwerkanbieter führen aber nicht dazu, dass der Staat einen Teil seiner Aufgaben ausgliedert. Es hat sich gezeigt, dass die jeweils betroffenen staatlichen Stellen in gleichem Maß wie vor Erlass des NetzDG dafür verantwortlich sind, dass das geltende Recht auf den Plattformen sozialer Netzwerke, wenn erforderlich auch mit Hilfe der Strafverfolgungsbehörden oder eines Gerichts, durchgesetzt wird. Die Netzwerkanbieter übernehmen keine dieser staatlichen Aufgaben anstelle des Staates.

h) Zwischenergebnis

Den Netzwerkanbietern wurden durch das NetzDG damit keine Staatsaufgaben übertragen. Die Netzwerkanbieter waren schon vor Erlass des NetzDG aufgrund ihrer potentiellen Haftung als mittelbare Störer bzw. Zweckveranlasser zur Löschung bestimmter gesetzeswidriger Inhalte verpflichtet.[196] Durch das NetzDG sind vor allem neue Vorgaben in verfahrensrechtlicher Hinsicht hinzugetreten. So gab es davor zum einen noch keine Vorschriften zur Einführung eines Beschwerdeverfahrens, wie es jetzt in § 3 NetzDG der Fall ist. Dies betrifft auch die Pflicht zu Einhaltung konkreter Fristen. Zudem drohten den Netzwerkanbietern vor Inkrafttreten des NetzDG keine Bußgelder bei systematischen Verstößen gegen die Prüf- und Löschpflichten. Die Pflichten der Netzwerkanbieter wurden durch das NetzDG außerdem dahingehend erweitert, dass Inhalte nicht mehr nur dann gelöscht werden müssen, wenn ein subjektiver Anspruch auf Unterlassung der Veröffentlichung besteht. Nach der Regelung des § 1 Abs. 3 NetzDG reicht es aus, wenn ein Inhalt rechtswidrig im Sinne dieser Norm ist. Da es sich dabei nicht zwingend gleichzeitig um einen Inhalt handeln muss, zu dessen Löschung die Netzwerkanbieter schon nach den allgemeinen Vorschriften verpflichtet waren, wurden die Prüf- und Löschpflichten erweitert. Dabei handelt sich aber nicht um ursprünglich dem Staat obliegende Aufgaben, sondern sie sind dadurch entstanden, dass die Netzwerkanbieter mit den Plattformen eine Gefahrenquelle für die Rechte anderer geschaffen haben und für deren Beherrschung verantwortlich sind. Auch durch die Erweiterung dieser Pflichten zur Löschung, Entfernung und Meldung erfolgte keine Privatisierung.

---

196 Zur Störerhaftung von Internet-Providern: ständige Rspr. des BGH, Urt. v. 11.03.2004 – I ZR 304/01 = GRUR 2004, 860 (862); BGH, Urt. v. 12.07.2007 – I ZR 18/04 = GRUR 2007, 890 (892); BGH, Urt. v 19.04.2007 – I ZR 35/04 = GRUR 2007, 708 (710); BGH, Urt. v. 30.04.2008 – I ZR 73/05 = GRUR 2008, 702 (705); BGH, Versäumnisurt. v. 25.10.2011 – VI ZR 93/10 = NJW 2012, 148 (150).

Denn eine Privatisierung im rechtlichen Sinn ist in solchen Fällen zu verneinen, in denen Private dadurch zu einer intensiveren Wahrnehmung von öffentlichen Aufgaben verpflichtet werden, dass der Staat den Privaten für ihren Tätigkeitsbereich in der Gesellschaft eine größere Verantwortung als bisher auferlegt.[197] Dann bleiben die staatlichen Rechtsdurchsetzungsaufgaben unverändert bestehen. Ein solcher Fall liegt hier vor.

3. Ergebnis

Durch das NetzDG ist damit keine Privatisierung von Staatsaufgaben erfolgt. Auch aus einer Privatisierung kann sich deshalb keine unmittelbare Bindung der Netzwerkanbieter an Grundrechte ergeben.

II. Mittelbare Bindung an Grundrechte

Die Netzwerkanbieter sind nicht unmittelbar an Grundrechte gebunden. Eine Pflicht zum Schutz der Nutzer sozialer Netzwerke ergibt sich aber aus der mittelbaren Bindung der Netzwerkanbieter an Grundrechte.

1. Mittelbare Drittwirkung

Grundlage der Wirkung von Grundrechten zwischen Privaten ist die Auffassung, dass Grundrechte nicht nur Abwehrrechte gegen den Staat sind, sondern auch eine „objektive Wertordnung" bilden, die Auswirkungen auf privatrechtliche Beziehungen hat.[198] Nach den Vorgaben der mittelbaren Drittwirkung sind Private mittelbar an Grundrechte gebunden, indem diese über Normen des Privatrechts Eingang in privatrechtliche Beziehungen finden.[199] Die Lehre von der mittelbaren Drittwirkung ergibt sich dabei nicht unmittelbar aus dem Text des Grundgesetzes, sondern wurde in der Rechtswissenschaft und durch die Rechtsprechung des Bundesverfassungsgerichts entwickelt.[200]

a) Lehre von der mittelbaren Drittwirkung

Nachdem man zunächst davon ausging, dass die Grundrechte in ihrer Funktion als Abwehrrechte den erforderlichen Grundrechtsschutz ausreichend gewährten,

---

197 *Isensee*/Kirchhof, HStR IV, § 75 Rn. 5.
198 BVerfG, Urt. v. 05.01.1958 – 1 BvR 400/51 = BVerfGE 7, 198 (205).
199 Ebd.
200 Dazu *Kulick*, NJW 2016, 2236 (2236).

stellte sich im Lauf der Zeit die Frage, ob diese Grundrechtsfunktion alleine die Grundrechte noch genügend zu schützen vermag.[201] Hintergrund dieser Bedenken war die Erkenntnis, dass Grundrechtsträger nicht nur Schutz vor staatlichen Eingriffen bedürfen, sondern darauf angewiesen sind, dass der Staat ihnen auch in rechtlicher und tatsächlicher Hinsicht die Möglichkeit zur Ausübung der durch die Grundrechte gewährten Freiheiten sicherstellt.[202] Daneben wurde deutlich, dass Gefahren für die Grundrechte nicht nur vom Staat, sondern auch von privater Seite ausgehen können, die Grundrechte in ihrer Funktion als Abwehrrechte gegen den Staat in dieser Hinsicht aber nicht einschlägig sind.[203] Der Anstoß für die Lehre von der mittelbaren Drittwirkung der Grundrechte zwischen Privaten kam von Dürig[204]. Seiner Ansicht nach war eine unmittelbare Grundrechtswirkung zwischen Privaten insbesondere nicht mit der aus Art. 2 Abs. 1 GG folgenden Handlungsfreiheit vereinbar, die Private grundsätzlich dazu berechtigt, autonome Entscheidungen über ihre rechtlichen Beziehungen zu anderen Privaten zu treffen.[205] Werde diese grundrechtlich gewährte Freiheit vom Staat bedroht, könne sich der Einzelne unter Berufung auf die Abwehrfunktion der Grundrechte im Sinne des Art. 1 Abs. 3 GG gegen den staatlichen Eingriff wehren.[206] Nach Dürig bedeutet dies, dass der gleiche Anspruch auf Abwehr eines Eingriffs nicht auch gegenüber anderen Privaten gegeben sein kann, da für diese genauso die Handlungsfreiheit aus Art. 2 Abs. 1 GG gilt.[207] Somit ist „in der *Dritt*richtung [Hervorhebung im Original, Anm. d. Verf.] die 'absolute Wirkung' der Grundrechte durch ein Grundrecht zugunsten der Individualautonomie und der Eigenverantwortung relativiert".[208] Daraus folgt, dass die Grundrechte zwischen Privaten nur eine relative und damit schwächere Wirkung haben im Vergleich zu ihrer unmittelbaren Wirkung gegenüber staatlichen Organen.[209] Ansprüche zur Abwehr von Eingriffen Privater ergeben sich deshalb nicht aus den Grundrechten, sondern aus Vorschriften des Privatrechts

---

201 Zu dieser Entwicklung im Überblick *Poscher*, Grundrechte als Abwehrrechte, 48 ff.; *Möstl*, Grundrechtsbindung öffentlicher Wirtschaftstätigkeit, S. 41.
202 *Möstl*, Grundrechtsbindung öffentlicher Wirtschaftstätigkeit, S. 41.
203 *Möstl*, Grundrechtsbindung öffentlicher Wirtschaftstätigkeit, S. 41; zu dieser Entwicklung auch Stern/*Stern*, StR III/1, § 76 S. 1528 ff.
204 Dazu Merten/*Papier*, HGR II, § 55 Rn. 23.
205 *Dürig,* FS-Nawiasky, S. 176.
206 Ebd.
207 Ebd.
208 Ebd.
209 Merten/*Papier*, HGR II, § 55 Rn. 18, 23.

und damit des einfachen Rechts, wobei neben Spezialvorschriften auch privatrechtliche Generalklauseln eine große Rolle spielen, durch die im Wege der Auslegung unbestimmter Rechtsbegriffe die grundrechtlichen Wertentscheidungen Berücksichtigung finden.[210]

Der Lehre von der mittelbaren Drittwirkung folgt die überwiegende Anzahl der Stimmen in der Literatur.[211]

b) Rechtsprechung

In der Rechtsprechung des Bundesverfassungsgerichts wurde die nur mittelbare Wirkung der Grundrechte zwischen Privaten das erste Mal in der Lüth-Entscheidung[212] bestätigt. Das Bundesverfassungsgericht betonte in dieser Entscheidung, dass die Grundrechte zuvorderst als Abwehrrechte gegen staatliche Eingriffe dienten.[213] Dies ändere aber nichts daran, dass die Grundrechte neben ihrer Bedeutung als Abwehrrechte eine „objektive Wertordnung" bildeten, die die Auslegung privatrechtlicher Normen beeinflusse.[214] Die Wertordnung der Grundrechte sei dabei besonders bedeutsam für die Auslegung von zivilrechtlichen „Generalklauseln", die verbindliche Vorgaben für privatrechtliche Beziehungen machten.[215] Danach begründen diese Normen Maßstäbe für Privatrechtsbeziehungen, die dabei aber keine konkreten rechtlichen Anforderungen für das Verhältnis zwischen Privaten festlegen, sondern außerrechtliche Gebote aufstellen, deren Inhalt sich nach den in der Verfassung festgelegten Wertvorstellungen richten.[216] Das Bundesverfassungsgericht bezeichnete die Wirkweise der mittelbaren Drittwirkung in dieser Entscheidung daher auch als die „Ausstrahlungswirkung" der Grundrechte auf das Privatrecht.[217] Konkret ging es im Lüth-Fall um einen Unterlassungsanspruch aus § 826 BGB, in dessen Rahmen das Tatbestandsmerkmal der „guten Sitten" anhand der grundrechtlichen Wertordnung, hier am Maßstab des Art. 5 Abs. 1 S. 1 GG, ausgelegt werden musste.[218]

---

210 *Dürig*, FS-Nawiasky, S. 176 f.
211 Für alle Merten/*Papier*, HGR II, § 55 Rn. 24, Fn. 50 mwN.
212 BVerfG, Urt. v. 05.01.1958 – 1 BvR 400/51 = BVerfGE 7, 198 ff.
213 BVerfG, Urt. v. 05.01.1958 – 1 BvR 400/51 = BVerfGE 7, 198 (204).
214 BVerfG, Urt. v. 05.01.1958 – 1 BvR 400/51 = BVerfGE 7, 198 (205).
215 BVerfG, Urt. v. 05.01.1958 – 1 BvR 400/51 = BVerfGE 7, 198 (206).
216 Ebd.
217 BVerfG, Urt. v. 05.01.1958 – 1 BvR 400/51 = BVerfGE 7, 198 (207).
218 BVerfG, Urt. v. 05.01.1958 – 1 BvR 400/51 = BVerfGE 7, 198 (224 f.).

Die Rechtsprechung zur Wirkung von Grundrechten im Privatrecht wurde in der Blinkfüer-Entscheidung[219] des Bundesverfassungsgerichts bestätigt. Gegenstand der Entscheidung war in diesem Fall die Auslegung des Begriffs der Rechtswidrigkeit im Rahmen der Prüfung eines Schadensersatzanspruchs aus § 823 Abs. 1 BGB.[220] Wie in der Lüth-Entscheidung ging es auch hier um die Bedeutung der Meinungsfreiheit, die das zur Entscheidung berufene Gericht in seinem Urteil bei der Bestimmung der Widerrechtlichkeit verkannt hatte.[221] Der unmittelbaren Wirkung von Grundrechten zwischen Privaten widersprach das Bundesverfassungsgericht ausdrücklich im Wallraff-Beschluss, der sich ebenfalls mit Art. 5 GG auseinandersetzte.[222] Auch in den Entscheidungen Benetton I und II bekannte sich das Bundesverfassungsgericht zur mittelbaren Drittwirkung, indem es auf das Lüth-Urteil verwies.[223] In diesen beiden Entscheidungen stellte das Bundesverfassungsgericht fest, dass das Grundrecht der Meinungsfreiheit über den Begriff der gegen die guten Sitten verstoßenden Handlungen nach § 1 UWG Berücksichtigung finden muss.[224] An der Lehre der mittelbaren Drittwirkung der Grundrechte hält das Bundesverfassungsgericht auch in der Fraport-Entscheidung fest[225] und bestätigte sie zuletzt in einem Beschluss über die Rechtmäßigkeit eines Stadionverbots[226], so dass es sich um ständige Rechtsprechung handelt.[227]

2. Schutzpflichtenlehre

Im unmittelbaren Zusammenhang mit der Lehre von der mittelbaren Drittwirkung steht auch die Schutzpflichtenlehre.

---

219 BVerfG, Beschl. v. 26.02.1969 – 1 BvR 619/63 = BVerfGE 25, 256 ff.
220 BVerfG, Beschl. v. 26.02.1969 – 1 BvR 619/63 = BVerfGE 25, 256 (263).
221 BVerfG, Beschl. v. 26.02.1969 – 1 BvR 619/63 = BVerfGE 25, 256 (263).
222 BVerfG, Beschl. v. 25.01.1984 – 1 BvR 272/81 = BVerfGE 66, 116 (135).
223 BVerfG, Urt. v. 12.12.2000 – 1 BvR 1762/95, 1 BvR 1787/95 = BVerfGE 102, 347 (362); BVerfG, Beschl. v. 01.03.2003 – 1 BvR 426/02 = E 107, 275 (280).
224 BVerfG, Urt. v. 12.12.2000 – 1 BvR 1762/95, 1 BvR 1787/95 =BVerfGE 102, 347 (362 f.); BVerfG, Beschl. v. 01.03.2003 – 1 BvR 426/02 = BverfGE 107, 275 (280 f.).
225 BVerfG, Urt. v. 22.02.2011 – 1 BvR 699/06 = BVerfGE 128, 226 (252).
226 BVerfG, Beschl. v. 11.04.2018 - 1 BvR 3080/09 = NJW 2018, 1667 ff.
227 BVerfG, Urt. v. 22.02.2011 – 1 BvR 699/06 = BVerfGE 128, 226 (266).

a) Inhalt der Schutzpflichtenlehre

Nach dieser Lehre gebieten die Grundrechte dem Staat nicht nur die Unterlassung von Grundrechtseingriffen, sondern auch den Schutz der Grundrechte vor Beeinträchtigungen durch Dritte.[228] Die Schutzpflichten des Staates wirken dabei in einem Dreiecksverhältnis zwischen Staat, Störer und dem Betroffenen und können den Staat zu einem Handeln verpflichten, während die Grundrechte als Abwehrrechte den Staat zu einem Unterlassen zwingen.[229] Eine staatliche Schutzpflicht kann daneben aber auch bestehen, wenn ein Bürger aus anderen Gründen in seinen Grundrechten gefährdet wird wie z.b. durch Naturereignisse[230] oder wenn die Gefahr einer Verletzung des Grundrechtsträgers durch sich selbst besteht[231].

Die dogmatische Begründung der Schutzpflichtenlehre ist umstritten.[232] Nach überzeugender, auch vom Bundesverfassungsgericht vertretener Auffassung, ergibt sich die Funktion der Grundrechte als Schutzpflichten aus der Einordnung der Grundrechte als objektive Wertentscheidungen.[233] Der Staat ist dazu verpflichtet, diese Werteordnung durchzusetzen und hat die Grundrechte deshalb auch vor Gefährdungen zu schützen, die nicht von ihm selbst ausgehen.[234] In der Rechtsprechung des Bundesverfassungsgerichts wurde die Schutzpflichtenlehre im Zusammenhang mit dem Schutz des menschlichen Lebens entwickelt, für das sich die Schutzpflicht aus Art. 2 Abs. 2 S. 1 i.V.m. Art. 1 Abs. 1 S. 2 GG ergibt.[235] In weiteren Entscheidungen des Bundesverfassungsgerichts wurde eine

---

228 Schmidt-Bleibtreu/Hofmann/Henneke/*Müller-Franken*, GG, Vorb. v. Art. 1 Rn. 23.
229 Dreier/*Dreier*, GG, Band I, Vorb. Rn. 101; zu diesem Dreiecksverhältnis auch Stern/*Stern*, StR BRD, III/1 § 69 S. 946.
230 *Epping*, Grundrechte, Rn. 123.
231 BeckOK GG/*Lang*, GG, Art. 2 Rn. 75.
232 Zusammenfassung der unterschiedlichen Ansätze bei Kirchhof/*Isensee*, HStR IX, § 191 Rn. 158-161.
233 BVerfG, Urt. v. 25.02.1975 – 1 BvF 1, 2, 3, 4, 5, 6/74 = BVerfGE 39, 1 (41 f.); BVerfG, Beschl. v. 08.08.1978 – 2 BvL 8/77 = BVerfGE 49, 89 (142); BVerfG, Beschl. v. 20.12.1979 – 1 BvR 385/77 = BVerfGE 53, 30 (57); BVerfG, Beschl. v. 07.02.1990 – 1 BvR 26/84 = BVerfGE 81, 242 (255); BVerfG, Urt. v. 28.05.1992 – 2 BvF 2/90, 4, 5/92 = BVerfGE 88, 203 (251); BVerfG, Urt. v. 10.01.1995 – 1 BvF 1/90, 1 BvR 342, 348/90 = BVerfGE 92, 26 (46); BVerfG, Beschl. v. 06.05.1997 – 1 BvR 409/90 = BVerfGE 96, 56 (64); Stern/*Stern*, StR BRD, III/1 § 76 S. 1572 mwN in Fn. 332.
234 *Epping*, Grundrechte, Rn. 123.
235 BVerfG, Urt. v. 25.02.1975 – 1 BvF 1, 2, 3, 4, 5, 6/74 = BVerfGE 39, 1 (42); BVerfG, Urt. v. 16.10.1977 – 1 BvQ 5/77 = BVerfGE 46, 160 (164).

Schutzpflicht bezogen auf Leib und Leben auch allein aus Art. 2 Abs. 2 S. 1 GG hergeleitet.[236]

Eine grundrechtliche Schutzpflicht verpflichtet den Staat dann zum Handeln, wenn er gegen das Untermaßverbot verstößt.[237] Ein solcher Verstoß liegt vor, wenn der Staat nicht ein Mindestmaß an Schutz gewährt.[238] Dies ist der Fall, „wenn die öffentliche Gewalt Schutzvorkehrungen entweder überhaupt nicht getroffen hat oder die getroffenen Regelungen und Maßnahmen gänzlich ungeeignet oder völlig unzulänglich sind, das gebotene Schutzziel zu erreichen oder erheblich dahinter zurückbleiben".[239] Damit wird dem Staat bei der Erfüllung seiner Schutzpflichten ein „weiter Einschätzungs-, Wertungs- und Gestaltungsbereich"[240] gewährt. Aus den jeweiligen Grundrechten ergibt sich deshalb lediglich, ob grundsätzlich eine Schutzpflicht besteht.[241] Auf welche Weise und mit welchen Mitteln die Schutzpflicht ausgeübt werden muss, steht aufgrund des Prinzips der Gewaltenteilung dagegen im Ermessen des Gesetzgebers, der regelmäßig für die Erfüllung von Schutzpflichten durch den Erlass von entsprechenden Rechtsnormen zuständig ist.[242]

b) Zusammenhang zwischen Schutzpflichten und mittelbarer Drittwirkung

Auch wenn die Schutzpflichtenlehre und die Lehre von der mittelbaren Drittwirkung oftmals als unterschiedliche Theorien dargestellt und verstanden werden, ist zu beobachten, dass die Trennung zwischen diesen Lehren schrittweise aufgegeben wird.

Dafür wird vor allem vorgebracht, dass in beiden Fällen eine Dreieckskonstellation vorliegt, in der zwei Private mit entgegengesetzten Interessen aufeinandertreffen und der Staat dazu verpflichtet ist, einen Ausgleich zwischen den

---

236 BVerfG, Beschl. v. 20.12.1979 – 1 BvR 385/77 = BVerfGE 53, 30 (57); BVerfG, Beschl. v. 14.01.1981 – 1 BvR 612/72 = BVerfGE 56, 54 (73); BVerfG, Beschl. v. 30.11.1988 – 1 BvR 1301/84 = BVerfGE 79, 174 (201).
237 BVerfG, Urt. v. 28.05.1992 – 2 BvF 2/90, 4, 5/92 = BVerfGE 88, 203 (254); Kirchhof/Isensee/*Isensee*, HStR IX, § 191 Rn. 165.
238 BVerfG, Urt. v. 28.05.1993 – 2 BvF 2/90, 4, 5/92 = BVerfGE 88, 203 (254 f.).
239 BVerfG, Beschl. v. 29.10.1987 – 1 BvR 624, 1080, 2029/83 = BVerfGE 77, 170 (215).
240 BVerfG, Beschl. v. 29.10.1987 – 1 BvR 624, 1080, 2029/83 = BVerfGE 77, 170 (214).
241 Dreier/*Dreier*, GG, Band I, Vorb. Rn. 103.
242 *Epping*, Grundrechte, Rn. 127.

widerstreitenden Grundrechten zu schaffen.[243] Ein solcher Interessenausgleich erfolgt z.b., wenn sich ein Grundrechtsträger gegen den privaten Betreiber einer immissionsschutzrechtlich relevanten Anlage wehrt und dabei die Verletzung des Grundrechts auf körperliche Unversehrtheit geltend macht.[244] Hier hat der Richter in einer Abwägung zwischen den Rechten des Anlagenbetreibers und denen des Betroffenen zu entscheiden, ob der Staat zum Schutz des Betroffenen tätig werden muss oder ob dies bereits ausreichend geschehen ist. Dennoch bleibt allein der Staat Adressat der Grundrechte, während die beteiligten Privaten nicht unmittelbar an Grundrechte gebunden sind und sich gegenüber anderen Grundrechtsträgern deshalb nicht unmittelbar auf ihre Grundrechte berufen können.[245]

Durch die grundrechtliche Schutzpflicht wird in erster Linie der Gesetzgeber in die Pflicht genommen, Vorschriften zum Schutz vor Eingriffen durch Private zu schaffen[246], wodurch aber weder die Exekutive noch die Rechtsprechung von der Schutzverpflichtung ausgenommen werden[247]. So erfüllt z.B. ein Richter im Rahmen eines Zivilrechtsstreits seine Schutzpflicht, wenn er die jeweils anzuwendenden Privatrechtsnormen unter Berücksichtigung der Grundrechte auslegt, so dass sie auf diesem Weg ihre Wirkung zwischen den Parteien entfalten können.[248] In solchen Fällen lässt sich das Wirksamwerden der Grundrechte gleichzeitig mit dem Begriff der „Ausstrahlungswirkung" bzw. der „mittelbaren Drittwirkung" beschreiben, so dass sich die Anwendungsfälle der mittelbaren Drittwirkung und der Schutzpflichten an dieser Stelle überschneiden.[249] Die grundrechtlichen Schutzpflichten fordern somit vor allem ein Tätigwerden des Gesetzgebers[250], gelten in Gestalt der mittelbaren Drittwirkung aber auch für die Rechtsprechungsorgane[251].

---

243 *Prothmann*, Die Wahl des Versammlungsortes, S. 215 mit Verweis auf die Ausführungen bei *Isensee*/Kirchhof, HStR IX, § 191 Rn. 4 ff. und Merten/Papier/*Calliess*, HGR II, § 44 Rn. 18.
244 Z.B. OLG Frankfurt/M., Urt. v. 18.06.2003 – 23 U 137/02 = MMR 2003, 671 ff.
245 *Isensee*/Kirchhof, HStR IX, § 191 Rn. 4; *Guckelberger*, JuS 2003, 1151 (1154).
246 BVerfG, Beschl. v. 14.01.1981 – 1 BvR 612/72 = BVerfGE 56, 54 (81).
247 BVerfG, Beschl. v. 26.06.1991 – 1 BvR 779/85 = BVerfGE 84, 212 (226 f.); BVerfG, Beschl. v. 06.05.1997 – 1 BvR 409/90 = BVerfGE 96, 56 (64); BVerfG, Urt. v. 06.02.2011 – 1 BvR 12/92 = BVerfGE 103, 89 (100).
248 *de Wall*/*Wagner*, JA 2011, 734 (737).
249 *Prothmann*, Die Wahl des Versammlungsortes, S. 218.
250 *Guckelberger*, JuS 2003, 1151 (1156).
251 *Poscher*, Grundrechte als Abwehrrechte, S. 267.

Während die mittelbare Drittwirkung damit eine spezifische Art der Grundrechtsbindung der Rechtsprechung nach Art. 1 Abs. 3 GG beschreibt, geht die Bedeutung der Schutzpflichtenlehre darüber hinaus, die jegliche staatliche Gewalt zum Schutz der Grundrechte verpflichtet.[252] Die Schutzpflicht gilt somit allgemein für alle Staatsgewalten nach Art. 1 Abs. 3 GG, während die Lehre von der Ausstrahlungswirkung der Grundrechte die Tätigkeit des Richters beschreibt, der seiner Schutzpflicht nachkommt.[253] Die Schutzpflichtenfunktion kann daher als Oberbegriff für die Wirkung von Grundrechten zwischen Privaten eingeordnet werden.[254]

3. Auswirkungen der mittelbaren Grundrechtsbindung

a) Wirkungsweise der mittelbaren Bindung

Wie schon die Bezeichnung als mittelbare Grundrechtsbindung andeutet, entfalten die Grundrechte ihre Wirkung zwischen Privaten erst durch eine Vermittlungsleistung des Staates. Dies spiegelt sich auch in der Grundkonstellation der mittelbaren Drittwirkung wider, bei der ein Grundrechtsträger in die Rechte eines anderen Grundrechtsträgers eingreift, der deshalb wiederum Schutz durch den Staat und damit dessen Tätigwerden begehrt. Mittler der Grundrechtswirkungen ist dabei das Privatrecht, das das Verhältnis zwischen Grundrechtsträgern regelt und unter Berücksichtigung der Bedeutung der Grundrechte angewendet bzw. ausgelegt werden muss.[255] Grund dafür ist, dass auch Normen des Privatrechts die Wertungen des Grundgesetzes widerspiegeln müssen, da der Gesetzgeber nach Art. 1 Abs. 3 GG an die Grundrechte gebunden ist und diese somit beim Erlass von Gesetzen zu beachten hat.[256] In der Regel kommt der Staat auf diesem Weg seinen grundrechtlichen Schutzpflichten nach.[257] Auch ein Richter ist unmittelbar an die Grundrechte gebunden und hat dementsprechend bei der Anwendung und Auslegung des Privatrechts die Wertentscheidungen des Grundgesetzes zu beachten.[258] Grundrechtsträger haben deshalb einen Anspruch darauf, dass die Gerichte die durch die Grundrechte aufgestellte Werteordnung bei ihrer Rechtsprechungstätigkeit beachten.[259] Diesen Anspruch

---

252 Merten/*Papier*, HGR II, § 55 Rn. 10.
253 *Möstl*, Grundrechtsbindung öffentlicher Wirtschaftstätigkeit, S. 49.
254 *Prothmann*, Die Wahl des Versammlungsortes, S. 219.
255 *Kloepfer*, VerfR II, § 50 Rn. 57 ff.
256 *Kloepfer*, VerfR II, § 50 Rn. 55.
257 *Epping*, Grundrechte, Rn. 127.
258 *Kloepfer*, VerfR II, § 50 Rn. 56.
259 BVerfG, Urt. v. 05.01.1958 – 1 BvR 400/51 = BVerfGE 7, 198 (207).

können sie nach Erschöpfung des Rechtswegs mit Hilfe einer Verfassungsbeschwerde vor dem Bundesverfassungsgericht durchsetzen.[260] Wichtig ist an dieser Stelle das Verständnis, dass die Grundrechtswirkung zwischen Privaten nicht deshalb eintritt, weil Gesetzgeber und Rechtsprechung als Organe des Staates bei Erlass bzw. Anwendung der Gesetze unmittelbar an die Grundrechte gebunden sind.[261] Ausgangspunkt für die mittelbare Drittwirkung ist vielmehr die Ausstrahlung der Wertentscheidungen des Grundgesetzes auf die gesamte Rechtsordnung.[262] Daraus folgt, dass die in einer Norm des Privatrechts enthaltenen Wertungen der Verfassung nicht erst dann Beachtung finden, wenn ein Richter und damit ein staatliches Organ an einem Streit zwischen Privatrechtssubjekten beteiligt wird. Private sind schon vorher vermittelt durch die Bindung an die einfache Rechtsordnung an die grundrechtlichen Wertungen gebunden, die in der jeweiligen Norm enthalten sind.[263]

b) Unterschiede zur unmittelbaren Grundrechtsbindung

Der entscheidende Unterschied zwischen der mittelbaren und unmittelbaren Grundrechtsbindung besteht darin, dass die Grundrechte ihre Wirkung zwischen Privaten erst über die Geltung einfacher Gesetze entfalten.[264] Dass ein vermittelndes Gesetz erforderlich ist, um den Grundrechten zwischen Privaten Wirkung zu verschaffen, ergibt sich schon daraus, dass ein Tätigwerden des Staates zum Schutz des einen in der Regel gleichzeitig einen Eingriff in die grundrechtlich geschützten Positionen des anderen Grundrechtsträgers bedeutet und ein solcher Eingriff eine gesetzliche Grundlage erfordert, um gerechtfertigt werden zu können.

Aus der mittelbaren Drittwirkung folgt zudem, dass sich der Betroffene gegenüber einem Eingreifenden nicht unmittelbar auf seine Grundrechte berufen kann und damit kein Abwehrrecht auf Grundlage eines Grundrechts besteht, sondern er unmittelbar lediglich Ansprüche aus dem einfachen Recht geltend

---

260 *Krebs*, Jura 1988, 617 (624).
261 *Hesse*, VerfR, § 11 Rn. 353 mit Verweis auf BVerfG, Urt. v. 05.01.1958 – 1 BvR 400/51 = BVerfGE 7, 198 (206 f.); *Luch*, Das Medienpersönlichkeitsrecht, S. 287 f., mwN in Fn. 1491.
262 Ebd.
263 *Schliesky/Hoffmann/Luch/Schulz/Borchers*, Schutzpflichten und Drittwirkung im Internet, S. 154 Fn. 589.
264 Zu diesem Unterschied *Möstl*, Grundrechtsbindung öffentlicher Wirtschaftstätigkeit, S. 52.

machen kann.²⁶⁵ Die Grundrechte haben deshalb in der Regel auch nicht die gleiche Wirkungsstärke, wie es bei einer Auseinandersetzung zwischen Staat und Bürger der Fall wäre, da sich zwei Grundrechtsträger gegenüberstehen, die sich beide auf ihre Grundrechte berufen können.²⁶⁶ Die schwächere Wirkung der Grundrechte beruht auf der anderen Zielrichtung der mittelbaren Grundrechtsbindung. Nicht der Staat soll mit Hilfe der Grundrechte in seine Schranken verwiesen werden, sondern die Grundrechtspositionen zweier Privater sollen in einen Ausgleich gebracht werden.²⁶⁷ Die abgeschwächte Wirkung der mittelbaren Drittwirkung der Grundrechte entsteht außerdem dadurch, dass das Bundesverfassungsgericht Gerichtsurteile nur auf evidente Grundrechtsverstöße überprüft, also darauf, ob das Gericht die Bedeutung und Reichweite von Grundrechten bei seiner Entscheidung hinreichend erkannt und berücksichtigt hat.²⁶⁸ Ähnliches gilt bei der Prüfung von Verstößen des Gesetzgebers gegen die ihn im Besonderen treffenden grundrechtlichen Schutzpflichten. Auch hier hat das Bundesverfassungsgericht nur eine beschränkte Prüfungsbefugnis dahingehend, ob ein evidenter Verstoß gegen Schutzpflichten vorliegt.²⁶⁹ Dies ist der Fall, wenn der Gesetzgeber entweder überhaupt nicht tätig geworden ist oder die ergriffenen Maßnahmen nicht ausreichen, um den erforderlichen Schutz zu gewährleisten.²⁷⁰ Der Gesetzgeber hat bei der Wahl der Schutzmaßnahmen daher einen erheblichen Einschätzungsspielraum, den das Bundesverfassungsgericht bei seinen Entscheidungen zu respektieren hat.²⁷¹

Die Wirkungsweise der mittelbaren Grundrechtsbindung unterscheidet sich somit grundsätzlich von der der unmittelbaren Grundrechtsbindung.

c) Schutzniveau und Weite der mittelbaren Grundrechtsbindung

Auch wenn ein Fall theoretisch denkbar ist, in dem mittelbare und unmittelbare Grundrechtsbindung im Ergebnis dasselbe Schutzniveau gewähren²⁷², ändert

---

265 *Gornik*, NZA 2012, 1399 (1400).
266 *Prothmann*, Die Wahl des Versammlungsortes, S. 222; *Möstl*, Grundrechtsbindung öffentlicher Wirtschaftstätigkeit, S. 52 f.
267 *Prothmann*, Die Wahl des Versammlungsortes, S. 222.
268 Z.B. in BVerfG, Beschl. v. 23.04.1986 – 2 BvR 487/80 = BVerfGE 73, 261 (269).
269 Dazu BVerfG, Beschl. v. 26.07.2016 – 1 BvL 8/15 = NJW 2017, 53 Rn. 72.
270 Ebd.
271 *Möstl*, Grundrechtsbindung öffentlicher Wirtschaftstätigkeit, S. 53.
272 Dazu insbesondere BVerfG, Urt. v. 22.02.2011 – 1 BvR 699/06 = BVerfGE 128, 226 (249).

dies nichts an den grundsätzlichen Unterschieden im Hinblick auf Wirkungsweise und Wirkungskraft der Grundrechtsbindungen[273]. Für eine geringere Wirkungskraft der mittelbaren Grundrechtsbindung spricht zunächst, dass ein geringerer Schutz zur Gewährung der Privatautonomie gerade gewollt ist. Private dürfen im Rahmen des geltenden Rechts willkürlich und nach eigenem Gutdünken darüber entscheiden, mit wem und in welcher Ausgestaltung sie mit anderen Privaten in Beziehung treten.[274] Entsprechend dieser Zielsetzung ist auch die Privatrechtsordnung ausgestaltet. Zudem erfordert es einen erheblich größeren Begründungsaufwand, das Vorliegen einer konkreten Schutzpflicht geltend zu machen, während sich Abwehrrechte unmittelbar aus den Grundrechten ergeben.[275] Dieser Begründungsaufwand für verfassungsrechtliche Schutzpflichten wird auch in der Rechtsprechung des Bundesverfassungsgerichts deutlich: „Ob, wann und mit welchem Inhalt sich eine solche Ausgestaltung [gemeint sind die verfassungsrechtlichen Schutzpflichten, Anm. d. Verf.] von Verfassungswegen gebietet, hängt von der Art, der Nähe und dem Ausmaß möglicher Gefahren, der Art und dem Rang des verfassungsrechtlich geschützten Rechtsguts sowie von den schon vorhandenen Regelungen ab".[276] Das geringere Schutzniveau ergibt sich auch aus dem begrenzten Prüfungsmaßstab des Untermaßverbotes, das in Fällen einer mittelbaren Grundrechtsbindung Anwendung findet.[277] Betrachtet man die Rechtsprechung des Bundesverfassungsgerichts zu den grundrechtlichen Schutzpflichten, wurde ein Verstoß des Gesetzgebers gegen die grundrechtlichen Schutzpflichten aufgrund seines weiten Ermessens lediglich in einem Fall festgestellt: Nur in seiner zweiten Entscheidung zum Schwangerschaftsabbruch beurteilte das Bundesverfassungsgericht die Schutzmaßnahmen des Gesetzgebers, hier für das ungeborene Leben, als ungenügend.[278]

Die unmittelbare Grundrechtsbindung bietet somit in der Regel ein höheres Schutzniveau als die mittelbare Grundrechtsbindung.[279] In Fällen der Privatisierung, in denen Aufgaben auf Private zur selbständigen Wahrnehmung übertragen

---

273 Zu diesem Schluss kommt auch *Prothmann*, Die Wahl des Versammlungsortes, S. 222.
274 *De Wall/Wagner*, JA 2011, 734 (736); *Guckelberger*, JuS 2003, 1151 (1153).
275 *Möstl*, Grundrechtsbindung öffentlicher Wirtschaftstätigkeit, S. 53.
276 BVerfG, Beschl. v. 08.08.1978 – 2 BvL 8/77 = BVerfGE 49, 89 (142).
277 *Möstl*, Grundrechtsbindung öffentlicher Wirtschaftstätigkeit, S. 53.
278 BVerfG, Urt. v. 28.05.1995 – 2 BvF 2/90 und 4, 5/92 = BVerfGE 88, 203 (299 ff.); verwaltungsgerichtliche Entscheidung zur Verletzung von Schutzpflichten z.B. VGH Hessen, Beschl. v, 06.11.1989 – 8 TH 685/89 = NVwZ 1990, 276 ff.
279 So auch *Kloepfer*, VerfR II, § 50 Rn. 60; *Prothmann*, Die Wahl des Versammlungsortes, S. 222 mwN in Fn. 142.

werden, ohne dass die Privaten hoheitlich tätig werden, besteht für die davon betroffenen Dritten daher regelmäßig ein geminderter Grundrechtsschutz.[280]

d) Schutzlücke aufgrund nur mittelbarer Grundrechtsbindung

Auch wenn feststeht, dass die verschiedenen Arten der Grundrechtsbindungen zu einem unterschiedlichen Schutzniveau führen, ist damit noch nicht die Frage beantwortet, ob in der Folge auch eine Lücke im Grundrechtsschutz entsteht. Denn allein die Tatsache, dass es sich um unterschiedliche Schutzmechanismen handelt, muss nicht zu negativen Konsequenzen für den Grundrechtsschutz führen.

Das Entstehen einer Schutzlücke kommt aber dann in Betracht, wenn sich das grundrechtliche Schutzbedürfnis infolge der Wahrnehmung von öffentlichen Aufgaben durch Private nicht im Verhältnis zu dem gewährten Schutzniveau verringert.[281] Übernehmen Private öffentliche Aufgaben und nehmen in der Folge gegenüber anderen Privaten eine Position ein, die der des Staates ähnelt, ändern sich die sonst im Wesentlichen ausgeglichenen Grundrechtsbeziehungen zwischen Privaten. In diesem Fall ist ein Privater nicht mehr mit dem Staat als Eingreifenden konfrontiert, gegenüber dem sich ein Grundrechtsträger auf die Grundrechte als Abwehrrechte berufen kann. Erlangen Private in bestimmten Bereichen auch ohne Privatisierung faktisch mehr Macht und verlieren staatliche Organe gleichzeitig an Einfluss, stehen den Grundrechtsträgern vermehrt Private gegenüber, die sich ebenso auf ihre Grundrechte berufen können. Damit geht eine Veränderung der Intensität des Grundrechtsschutzes einher.

Ob dadurch gleichzeitig eine Schutzlücke im Grundrechtsschutz entsteht, hängt von verschiedenen Faktoren ab. Dabei kommt es vor allem darauf an, ob sich das Schutzbedürfnis der Betroffenen dadurch verringert hat, dass nicht mehr der Staat in Ausübung seiner Hoheitsmacht tätig wird, sondern sich nun zwei Private gegenüberstehen, deren Machtpositionen im Wesentlichen ausgeglichen sind. Dann handeln beide Seiten auf Grundlage ihrer Privatautonomie und ein Eingreifen des Staates ist in der Regel nicht erforderlich.[282] Mit Lücken im Grundrechtsschutz ist in diesen Fällen daher nicht zu rechnen.

Allerdings stellt sich die Realität häufig anders dar. Nehmen Private Aufgaben wahr, die zuvor dem Staat oblagen oder zieht sich der Staat aus Bereichen zurück, nehmen Private dessen Platz ein und erlangen damit regelmäßig auch

---

280 *Kämmerer*, JZ 1996, 1042 (1049).
281 *Möstl*, Grundrechtsbindung öffentlicher Wirtschaftstätigkeit, S. 190.
282 *Kämmerer*, Privatisierung, S. 453.

eine gewisse Machtposition.[283] Im Bereich der sozialen Netzwerke ist dabei auch die Informationsmacht der Netzwerkanbieter von Bedeutung, die kontrollieren können, wer welche Informationen erhält und nutzen kann. Dies hat zur Folge, dass sich unausgewogene Machtpositionen gegenüberstehen, die zwischen den beteiligten Privaten zu einem Ungleichgewicht führen und ein selbstbestimmtes Handeln der einen Seite oftmals ausschließen.[284] Das Bedürfnis nach Grundrechtsschutz bleibt in solchen Fällen entweder unverändert oder erhöht sich sogar, weil für Private mangels unmittelbarer Grundrechtsbindung weniger strenge Handlungsgrenzen gegenüber anderen Privaten gelten. In diesen Konstellationen ist die Wahrscheinlichkeit hoch, dass eine Schutzlücke vorliegt.

4. Zwischenergebnis

Es lässt sich festhalten, dass der Grundrechtsschutz zwischen Privaten von grundsätzlich anderer Natur ist als der Grundrechtsschutz, wie er im Verhältnis zwischen Privaten und dem Staat gewährt wird. Die Unterschiede in der Wirkungsweise von unmittelbarer und mittelbarer Grundrechtsbindung führen zu einem abweichenden Schutzniveau der jeweils Betroffenen. Überlässt der Staat Privaten bestimmte Aufgaben- und Machtbereiche, ohne dass dies eine Grundrechtsbindung nach Art. 1 Abs. 3 GG zur Folge hat, kann dies dazu führen, dass einem gleichbleibenden Gefährdungsgrad für die Grundrechte ein geringeres Schutzniveau gegenübersteht und dies zu einer Lücke im Grundrechtsschutz führt.

III. Ergebnis

Die Nutzer sozialer Netzwerke werden in ihren Grundrechten von den Netzwerkanbietern nicht unmittelbar auf Grundlage von Verfassungsrecht geschützt. Eine Bindung an die Grundrechte besteht aber mittelbar über die Geltung von Vorschriften des einfachen Rechts, an die Private unmittelbar gebunden sind. Im Folgenden ist daher zu untersuchen, welche einfachgesetzlichen Vorschriften die Netzwerkanbieter unter Berücksichtigung der mittelbaren Drittwirkung zum Schutz der Grundrechte der Nutzer von sozialen Netzwerken verpflichten und wie effektiv dieser Schutz ist.

---

283 Ebd.
284 Mangoldt/Klein/Starck/*Gusy*, GG, 5. Aufl., Art. 10 Rn. 61.

§ 4 Grundrechtsschutz durch Private: Einfaches Recht

I. NetzDG

1. Einleitung

Das NetzDG verdeutlicht auf anschauliche Weise, wie sich der Wandel der Gesellschaft hin zu einer „Informationsgesellschaft"[285] auf die Aufgaben- und Verantwortungsverteilung zwischen Staat und Gesellschaft auswirkt. Durch die Entwicklung des Internets zu einem der wichtigsten Medien haben sich insbesondere die Bedingungen für Kommunikation und Informationsbeschaffung verändert. Nicht nur ein Großteil der persönlichen Kommunikation findet unter Verwendung des Internets statt, sondern auch öffentliche Kommunikation und Meinungsbildung konzentrieren sich mehr und mehr auf dieses Medium. Von erheblicher Bedeutung sind dabei die sozialen Netzwerke, die mit ihren Plattformen die Infrastruktur und damit bereits die Voraussetzungen zur Kommunikation bereitstellen. Betrieben werden diese Netzwerke ausschließlich von juristischen Personen des Privatrechts. Auch dies stellt ein typisches Merkmal der Informationsgesellschaft dar: Die Leistungen im Bereich der neuen Medien werden mehr und mehr von Privaten angeboten, während sich der Staat von seiner Aufgabe als „Infrastruktur- und Diensteanbieter"[286] zurückzieht. Grund dafür ist, dass der Staat diese Aufgaben entweder auf Private überträgt oder der Gesellschaft die Schaffung neuer Mediendienste überlässt. Im Bereich der sozialen Netzwerke führt dies, gepaart mit weiteren Umständen wie den fehlenden Grenzen bei der Nutzung des Internets[287], dazu, dass der Staat auf die Kommunikation in sozialen Netzwerken kaum Einfluss hat. Als negative Folge des fehlenden staatlichen Einflusses wird insbesondere die mangelnde Durchsetzbarkeit von persönlichen Rechten bei deren Verletzung im Internet beklagt.[288]

---

285 Zum Begriff der Informationsgesellschaft *Hoffmann-Riem*, Verwaltungsrecht in der Informationsgesellschaft, S. 10 f.
286 *Schoch*, Die Rolle des Staates in der Informationsgesellschaft, in: Leipold (Hrsg.), Rechtsfragen des Internets und der Informationsgesellschaft, S. 83 (84).
287 *Schoch*, Die Rolle des Staates in der Informationsgesellschaft, in: Leipold (Hrsg.), Rechtsfragen des Internets und der Informationsgesellschaft, S. 83 (85).
288 *Heckmann*, NJW 2012, 2631 (2632).

An diesem Punkt setzen die Regelungen des NetzDG an. Aus Sicht des Gesetzgebers fehlt es dort an einer wirksamen Durchsetzung der Rechtsordnung, so dass die Kommunikation in sozialen Netzwerken nicht wie bisher der selbständigen Regulierung durch private Kräfte überlassen werden konnte.[289] Dahinter steht weiter die Annahme, dass der Staat auch dann nicht von sämtlicher Verantwortung befreit ist, wenn die Aufgaben im Bereich der neuen Medien fast ausschließlich durch Private wahrgenommen werden, sondern er auch in diesen Fällen verpflichtet ist, seine womöglich veränderte Verantwortung in diesem Bereich wahrzunehmen.[290]

Die Begründung des NetzDG geht davon aus, dass Hasskriminalität und andere Straftaten ohne die auf Grundlage des NetzDG zur Verfügung stehenden Mittel nicht wirksam bekämpft und verhindert werden können. Dabei werden sog. „Fake News" (strafbare Falschnachrichten) und „Hassrede" als eines der Hauptprobleme identifiziert. Nachdem es nach Ansicht des Gesetzgebers nicht gelungen war, Straftaten im Netz durch ein freiwilliges Engagement der Anbieter sozialer Netzwerke wirksam zu bekämpfen, wurden gesetzliche Verpflichtungen als erforderlich angesehen. Im Zentrum der Begründung des NetzDG steht somit eine Verbesserung der Rechtsdurchsetzung in sozialen Netzwerken durch die Einbindung der Netzwerkanbieter in diese Aufgabe. Da die Netzwerkanbieter für die gesellschaftliche „Debattenkultur" in ihren Netzwerken verantwortlich sind, sollen sie durch das NetzDG gesetzlich dazu verpflichtet werden, zur Verbesserung der Rechtsdurchsetzung auf ihren Plattformen beizutragen.[291]

2. Schutzvorschriften im Rahmen des NetzDG

a) *Schutz des Art. 2 Abs. 1 i.V.m. Art. 1 Abs. 1 GG durch Löschpflichten nach § 3 Abs. 2 NetzDG*

Pflichten der Netzwerkanbieter zum Schutz der Grundrechte der Nutzer ergeben sich zunächst aus den Vorgaben zum Umgang mit Beschwerden über rechtswidrige Inhalte.

---

289 Gesetzesentwurf der Fraktionen CDU/CSU und SPD, BT-Drs. 18/12356, S. 1 f.; den gleichen Inhalt hat der Gesetzentwurf der Bundesregierung vom 14.06.2017, BT-Drs. 18/12727.
290 Dazu Isensee/Kirchhof/*Kube*, HStR IV, § 91 Rn. 11.
291 Zum ganzen Abschnitt der Gesetzentwurf der Fraktionen CDU/CSU und SPD, BT-Drs. 18/12356, S. 11; zur Begrenztheit der staatlichen Handlungsmöglichkeiten im Netz schon *Boehme-Neßler*, MMR 2009, 439 (442).

§ 3 NetzDG verpflichtet die Netzwerkanbieter im Anwendungsbereich des NetzDG zur Einführung eines nach bestimmten Vorgaben ausgestalteten Beschwerdeverfahrens. Dieses Verfahren muss insbesondere gewährleisten, dass gemeldete Inhalte zeitnah überprüft und rechtswidrige Inhalte gelöscht werden oder der Zugang zu ihnen gesperrt wird. Durch das Beschwerdeverfahren soll sichergestellt werden, dass rechtswidrige Inhalte nach ihrer Meldung und Prüfung auch tatsächlich nicht mehr auf den Plattformen auffindbar sind.[292] Durch die Entfernung eines Inhalts wird dieser vollständig von der jeweiligen Plattform des Netzwerkanbieters gelöscht. Wird dagegen der Zugang zu einem Inhalt gesperrt, ist der betroffene Inhalt nicht vollständig gelöscht, sondern ist auf Grund eines Verstoßes gegen die rechtlichen Vorgaben eines bestimmten Landes nur für die Nutzer in dem entsprechenden Land nicht mehr sichtbar. Im Fall des NetzDG bedeutet dies, dass die Netzwerkanbieter den Zugang zu einem Inhalt für Nutzer in Deutschland sperren, wenn der Inhalt gegen die im NetzDG genannten deutschen Strafrechtsnormen verstößt. Für andere Nutzer bleibt der nach deutschem Recht rechtswidrige Inhalt aber noch abrufbar. Entscheidend ist, dass Nutzer in Deutschland einen rechtswidrigen Inhalt nicht mehr abrufen können.[293] Ein Inhalt wird dagegen vollständig gelöscht, wenn er gegen die Nutzungsbedingungen der Netzwerkanbieter verstößt.[294]

Neu hinzugekommen ist zudem die Pflicht zur Meldung bestimmter rechtswidriger Inhalte an das BKA nach § 3a NetzDG zur Ermöglichung einer effektiven Strafverfolgung. Diese wurde eingeführt, damit die zuständigen Strafverfolgungsbehörden zügig über gemeldete und gelöschte Inhalte informiert werden, die das Netzwerk als strafbar bewertet hat.[295]

(1) Begriff der rechtswidrigen Inhalte
Der Begriff der rechtswidrigen Inhalte wird in § 1 Abs. 3 NetzDG definiert. Danach ist ein Inhalt rechtswidrig, wenn er einen der dort genannten strafrechtlichen Tatbestände erfüllt und nicht gerechtfertigt ist. Die aufgezählten

---

292 *Guggenberger*, NJW 2017, 2577 (2578).
293 Spindler/Schmitz/*Liesching*, NetzDG, § 3 Rn. 8.
294 Insgesamt zu dieser Vorgehensweise beispielshaft der NetzDG-Transparenzbericht von Facebook unter „2. Meldemechanismen und Entscheidungskriterien", https://about.fb.com/wp-content/uploads/2020/07/facebook_netzdg_July_2020_German.pdf [19.09.2020].
295 Gesetzentwurf der Fraktionen der CDU/CSU und SPD, Entwurf eines Gesetzes zur Bekämpfung des Rechtsextremismus und der Hasskriminalität, BT-Drs. 19/17741, S. 16.

Tatbestände stammen aus den verschiedensten Abschnitten des StGB. Neben Beleidigungsdelikten, Volksverhetzung und Bedrohung wird z.b. auch das Zugänglichmachen kinderpornografischer Inhalte erfasst. Dabei bezwecken die Beleidigungsdelikte der §§ 185 bis 187 StGB den Schutz der persönlichen Ehre, die Teil des grundrechtlich geschützten allgemeinen Persönlichkeitsrechts ist.[296] Der ebenfalls in § 1 Abs. 3 NetzDG genannte § 201a StGB schützt eine andere Facette des allgemeinen Persönlichkeitsrechts, nämlich das Recht auf Schutz des höchstpersönlichen Lebensbereichs und das Recht am eigenen Bild.[297] § 201a StGB stellt die Verbreitung von bestimmten Bildaufnahmen unter Strafe, durch die der höchstpersönliche Lebensbereich der abgebildeten Person verletzt wird.

Trotz der Legaldefinition der rechtswidrigen Inhalte und dem Verweis auf einzelne Normen des StGB in § 1 Abs. 3 NetzDG ist jedoch zunächst unklar, was unter diesem Begriff zu verstehen ist. Zwar sind die einzelnen Straftatbestände aufgeführt, bei deren Erfüllung ein Inhalt rechtswidrig im Sinne des NetzDG ist. Es bleibt aber offen, wann ein Inhalt einen der genannten Straftatbestände „erfüllt". Denn bis zum Erlass des NetzDG war der Begriff der „rechtswidrigen Inhalte" in deutschen Gesetzen nicht vorzufinden.[298] In der Gesetzesbegründung ist im Zusammenhang mit diesem Begriff von „objektiv strafbaren Inhalten"[299] die Rede. Auch diese Beschreibung des Begriffs der rechtswidrigen Inhalte entspricht allerdings nicht dem Verständnis der geltenden Dogmatik des Strafrechts, nach der für die Frage der Strafbarkeit stets an ein bestimmtes menschliches Handeln anzuknüpfen ist.[300] Auch für die Frage der Rechtswidrigkeit ist nach § 32 StGB der Anknüpfungspunkt ein bestimmtes Verhalten.[301] Das gleiche gilt für die Schuld, die gem. § 17 StGB an die „Begehung der Tat" anknüpft. Ein in einem sozialen Netzwerk gespeicherter Inhalt selbst kann als Objekt einer Tat nach dem Verständnis des StGB daher nicht rechtswidrig sein.[302]

An anderer Stelle enthält die Gesetzesbegründung wiederum Ausführungen, die in Übereinstimmung mit der geltenden Strafrechtsdogmatik stehen. So wird z.B. in Bezug auf die rechtswidrigen Inhalte ausgeführt: „Erfasst werden

---

296 Lackner/*Kühl*, StGB, vor § 185 Rn. 1.
297 HH-KoMedienR/*Keller*, 87. Abschnitt Rn. 16.
298 *Holznagel*, ZUM 2017, 616 (620).
299 Gesetzentwurf der Fraktionen CDU/CSU und SPD, BT-Drs. 18/12356, S. 11.
300 *Liesching*, ZUM 2017, 809 (810).
301 Schönke/Schröder/Lencker/*Sternberg-Lieben*, StGB, vor § 32 Rn. 4.
302 *Liesching*, ZUM 2017, 809 (810).

also ausschließlich Handlungen, die den Tatbestand eines oder mehrerer der in Absatz 3 genannten Strafgesetze erfüllen und rechtswidrig, aber nicht notwendigerweise schuldhaft begangen werden".[303] Diese Beschreibung knüpft entsprechend der geltenden Dogmatik für die Frage der Erfüllung des Tatbestands bzw. das Vorliegen der Rechtswidrigkeit an eine Tathandlung an. Ein solches Verständnis widerspricht allerdings dem Wortlaut des § 1 Abs. 3 NetzDG, nach dem im Hinblick auf die genannten Straftatbestände nur zu prüfen ist, ob der jeweils gemeldete Inhalt den in diesen Delikten beschriebenen Tatobjekten entspricht. Dieses Verständnis ist vergleichbar mit den Anforderungen an eine Überprüfung von Inhalten im Anwendungsbereich des § 4 Abs. 1 JMStV.[304] Diese Norm definiert für den Jugendmedienschutz, welche Angebote aufgrund ihres Inhalts als unzulässig zu beurteilen sind. Dabei ist nicht die Erfüllung eines Straftatbestands in objektiver und subjektiver Hinsicht erforderlich, was sich daraus ergibt, dass § 4 JMStV nicht allgemein auf die anzuwendenden Strafnormen verweist, sondern im Einzelnen unter Heranziehung von Straftatbeständen beschreibt, welcher Inhalt ein Angebot unzulässig macht.[305] Dass § 1 Abs. 3 NetzDG für die Bestimmung der rechtswidrigen Inhalte unmittelbar auf die Strafnormen des StGB verweist und damit nicht wie § 4 JMStV nur einzelne deskriptive Tatbestandsmerkmale aus den entsprechenden Strafnormen in die Vorschrift übernimmt, spricht deshalb dafür, dass im Rahmen des NetzDG für die Bestimmung der Rechtswidrigkeit eines Inhalts sowohl der Tatbestand der jeweiligen Strafnorm als auch eine mögliche Rechtfertigung zu überprüfen sind.

Damit entsteht ein Widerspruch zwischen Gesetzeswortlaut und Gesetzesbegründung. Es kann aber kaum gewollt sein, dass ein Inhalt als rechtswidrig gilt, weil er objektiv den Tatbestand einer Strafnorm erfüllt, auch wenn ein Rechtfertigungsgrund greift. Ansonsten müssten auch solche Inhalte von Netzwerkanbietern gelöscht werden, die von der Meinungsfreiheit geschützt werden. Es kommt daher neben der Erfüllung des Tatbestands auch auf die Rechtswidrigkeit einer Äußerung im Sinne des § 32 StGB an.

Für den Schutz des allgemeinen Persönlichkeitsrechts sind die §§ 185 bis 187 StGB sowie § 201a StGB relevant.[306] Erfüllen Inhalte den Tatbestand dieser Normen und sind nicht gerechtfertigt, handelt es sich um rechtswidrige Inhalte im Sinne des § 1 Abs. 3 NetzDG, die die Netzwerkanbieter zu löschen haben.

---

303 Gesetzentwurf der Fraktionen CDU/CSU und SPD, BT-Drs. 18/12356, S. 19 f.
304 *Liesching*, ZUM 2017, 809 (810).
305 Spindler/Schuster/*Erdemir*, JMStV, § 4 Rn. 1.
306 Hierzu ausführlich schon unter § 2 III 7.

(2) Erfüllung des objektiven bzw. subjektiven Tatbestands

Geht man wie die hier vertretene Auffassung davon aus, dass mit einem „rechtswidrigen Inhalt" die in der jeweiligen Norm unter Strafe gestellte Handlung gemeint ist, als deren Ergebnis der gemeldete Inhalt zu sehen ist, bleiben zwei Auslegungsvarianten für diesen Begriff. Entweder reicht es aus, dass ein Inhalt als Ergebnis einer entsprechenden Handlung nur den objektiven Tatbestand einer der in § 1 Abs. 3 NetzDG genannten Strafnormen erfüllt und ein Rechtfertigungsgrund nicht vorliegt oder es ist erforderlich, dass auch der subjektive Tatbestand erfüllt ist, da die aufgezählten Strafnormen das Vorliegen eines Vorsatzes erfordern.[307]

Die Ausführungen in der Gesetzesbegründung deuten darauf hin, dass die Erfüllung der objektiven Tatbestandsmerkmale ausreicht. So ist im Zusammenhang mit „Fake News" die Rede davon, dass entsprechende Inhalte nur dann als rechtswidrig einzustufen sind, „soweit sie objektiv den Tatbestand einer oder mehrerer der in § 1 Abs. 3 genannten Strafrechtsnormen erfüllen".[308] Die durch das Gesetz neu eingeführten Verfahrensregeln „beziehen sich daher [...] allein auf rechtswidrige Inhalte, die den objektiven Tatbestand einer der in Absatz 3 genannten Normen erfüllen".[309] An anderer Stelle der Gesetzesbegründung ist dagegen die Rede davon, dass Handlungen den „Tatbestand" eines oder mehrerer Strafgesetze erfüllen müssen.[310] Dem entsprechen die Ausführungen des Bundesamtes für Justiz, das auf die Frage nach rechtswidrigen Inhalten angibt, dass neben dem objektiven auch der subjektive Tatbestand der Strafnorm erfüllt sein muss und keine Rechtfertigungsgründe gegeben sein dürfen.[311] Für die Prüfung nur des objektiven Tatbestands einer Strafnorm sprechen wiederum die Ausführungen in der Gesetzesbegründung zur Regelung des § 4 Abs. 5 NetzDG. Nach dieser Regelung soll das Bundesamt für Justiz vor Erlass eines Bußgeldbescheids, wenn es dabei auf die Rechtswidrigkeit eines Inhalts ankommt, eine gerichtliche Entscheidung darüber einholen. Bezüglich dieser gerichtlichen Entscheidung soll die Prüfung der „objektiven Strafbarkeit" durch das Gericht ausreichen.[312] Was genau unter der „objektiven Strafbarkeit" zu verstehen ist,

---

307 So auch *Holznagel*, ZUM 2017, 615 (620).
308 Gesetzentwurf der Fraktionen CDU/CSU und SPD, BT-Drs. 18/12356, S. 12.
309 Gesetzentwurf der Fraktionen CDU/CSU und SPD, BT-Drs. 18/12356, S. 18.
310 Gesetzentwurf der Fraktionen CDU/CSU und SPD, BT-Drs. 18/12356, S. 19 f.
311 FAQ zum NetzDG, Frage Nr. 5, https://www.bundesjustizamt.de/DE/Themen/Buergerdienste/NetzDG/Fragen/FAQ_node.html#faq10018912 [19.09.2020].
312 Gesetzentwurf der Fraktionen CDU/CSU und SPD, BT-Drs. 18/12356, S. 26.

bleibt erneut unklar. Der Umkehrschluss zu der Anweisung, dass die Schuldfrage nicht beantwortet werden muss, könnte dafür sprechen, dass für die objektive Strafbarkeit sowohl objektiver und subjektiver Tatbestand als auch die Rechtswidrigkeit überprüft werden müssen. Da das Gericht in den Fällen des § 4 Abs. 5 NetzDG überprüft, ob die Netzwerkanbieter einen Inhalt zu Recht als nicht rechtswidrig eingeschätzt haben, sprechen gute Gründe dafür, dass der gerichtliche Prüfungsmaßstab mit den Voraussetzungen für Entfernung bzw. Sperrung übereinstimmt.

Allerdings ist dabei zu beachten, dass Netzwerkanbieter bei der Überprüfung von Inhalten auf ihren Plattformen kaum die Ermittlungen anstellen können und werden, die erforderlich sind für die Feststellung, mit welcher Intention eine Äußerung getätigt wurde und ob deshalb Vorsatz vorliegt. Im Regelfall wird die Ermittlung des Netzwerkes maximal soweit gehen, den unmittelbaren Zusammenhang einer veröffentlichten Äußerung zu berücksichtigen. In Anbetracht der kurzen Überprüfungs- und Löschfristen wird eine darüberhinausgehende Ermittlung nicht erwartet werden können. Vor dem Hintergrund der Ausführungen in der Gesetzesbegründung und dem Aspekt der Praktikabilität überwiegen daher die Argumente dafür, dass es für die Rechtswidrigkeit eines Inhalts ausreicht, wenn dieser den Vorgaben des objektiven Tatbestandes einer Strafnorm entspricht.[313] Dies erklärt auch, warum das NetzDG anders als für eine Verurteilung gerade keine Strafbarkeit verlangt, sondern mit dem Begriff der Rechtswidrigkeit einen neuen Rechtsbegriff schafft.

(3) Offensichtlich rechtswidrige Inhalte

Ebenso wie die Definition der „rechtswidrigen Inhalte" bereitet auch die Bestimmung des Begriffs der „offensichtlichen Rechtswidrigkeit" zunächst Schwierigkeiten. Von Bedeutung ist die Unterscheidung zwischen rechtswidrigen und offensichtlich rechtswidrigen Inhalten gem. § 3 Abs. 2 Nr. 2 und 3 NetzDG für die Anwendung der entsprechenden Sperr- bzw. Entfernungsfrist von 24 Stunden bei offensichtlich rechtswidrigen Inhalten und sieben Tagen bei rechtswidrigen Inhalten.

Nach der Begründung des Gesetzentwurfs sind Inhalte dann offensichtlich rechtswidrig, „wenn zur Feststellung der Rechtswidrigkeit im Sinne von § 1 Abs. 3

---

[313] Hierfür sprechen auch die Ausführungen des OLG München in seinem Beschluss vom 17.09.2018 – 18 W 1383/18 = NJW 2018, 3119 ff.; für ein anderes Verständnis z.B. *Pfeifer*, AfP 2018, 14 (17); *Guggenberger*, ZRP 2017, 98 (98).

keine vertiefte Prüfung erforderlich ist".[314] Als Beispiele werden dafür „evidente Fälle von Hasskriminalität und Gewaltverherrlichung" genannt.[315] Ein solcher evidenter Fall liegt insbesondere vor, wenn auf den ersten Blick deutlich wird, dass der fragliche Inhalt nicht einer sachlichen Auseindersetzung dienen soll, sondern der Herabsetzung anderer Personen. Um diese Fälle zukünftig schnell identifizieren zu können, bietet sich eine Fallgruppenbildung für offensichtlich rechtswidrige Äußerungen an. Ein solcher Katalog kann sich im Lauf der Zeit insbesondere mit Hilfe der Rechtsprechung entwickeln. Allerdings darf auch in den offensichtlichen Fällen die Bedeutung der Meinungsfreiheit nicht vollständig außer Acht gelassen werden. Im Rahmen der in § 1 Abs. 3 NetzDG aufgezählten Straftatbestände ist regelmäßig eine Abwägung zwischen den durch die Äußerung betroffenen Schutzgütern und der Meinungsfreiheit erforderlich.[316]

(4) Sozialadäquanzklauseln

Nicht geregelt ist im NetzDG, ob bei der Einordnung eines Inhalts als rechtswidrig die in manchen der genannten Normen enthaltenen Sozialadäquanzklauseln zu beachten sind.[317] Eine solche Klausel enthält z.B. § 131 Abs. 2 StGB, wonach eine Gewaltdarstellung nicht strafbar ist, „wenn die Handlung der Berichterstattung über Vorgänge des Zeitgeschehens oder der Geschichte dient". Da das NetzDG zu dieser Frage keine Ausführungen enthält, ist davon auszugehen, dass die Sozialadäquanzklauseln bei der Einordnung eines Inhalts als rechtswidrig nicht relevant sind.

(5) Erweiterte Löschpflichten durch das NetzDG

Mit § 3 Abs. 2 Nr. 2 und 3 NetzDG wurde nicht nur ein neues Beschwerdeverfahren eingeführt, sondern diese Vorschrift enthält auch Vorgaben hinsichtlich der Löschpflichten der Netzwerkanbieter. Dabei wurden Löschpflichten geschaffen, die über die bereits bestehenden Pflichten hinausgehen.[318] Dafür spricht, dass es sich bei dem Begriff der „rechtswidrigen Inhalte" um einen neuen Rechtsbegriff handelt und damit mehr Inhalte von der Löschpflicht erfasst sind als vor Erlass des NetzDG.[319] Denn bisher existierte eine Anspruchsgrundlage für die

---

314 Gesetzentwurf der Fraktionen CDU/CSU und SPD, BT-Drs. 18/12356, S. 22.
315 Ebd.
316 *Holznagel*, ZUM 2017, 615 (622).
317 Zu diesem Kritikpunkt *Liesching*, ZUM 2017, 809 (811).
318 *Spindler*, GRUR 2018, 365 (369); dazu auch *Paal/Hennemann*, JZ 2017, 641 (651).
319 Spindler/Schmitz/*Liesching*, NetzDG, § 1 Rn. 23.

Löschung von „rechtswidrigen Inhalten" nicht. Daraus könnte man schließen, dass mit dem NetzDG eine neue Löschpflicht geschaffen wurde. Denkbar ist aber auch, dass durch diesen Begriff lediglich definiert werden sollte, welche Inhalte von dem neu eingeführten Beschwerdeverfahren erfasst werden und für welche Inhalte die siebentägige bzw. vierundzwanzigstündige Frist zur Entfernung oder Sperrung gilt, dabei aber an den bereits vorhandenen Anspruchsgrundlagen für die Löschung von Inhalten festgehalten werden sollte. Diese Auffassung entspricht den Ausführungen in der Gesetzesbegründung.[320] Gleichzeitig ergibt sich aus den Ausführungen zur Definition des Begriffs der rechtswidrigen Inhalte aber auch, dass jedenfalls das Vorliegen von Schuld nicht geprüft werden muss, so dass es sich bei einem rechtswidrigen Inhalt nicht immer auch um einen strafbaren Inhalt im Sinne des StGB handeln muss. Es ist jedoch zu beachten, dass es sich das NetzDG zum Ziel gesetzt hat, ein effektives Instrument zur Entfernung von strafbaren Inhalten aus den sozialen Netzwerken zu schaffen und dafür in § 1 Abs. 3 NetzDG an den Normen des StGB anknüpft. Es wird deshalb deutlich, dass mit dem NetzDG keine neue materiell-rechtliche Grundlage für die Löschung von Inhalten geschaffen werden sollte. Es lässt sich daher festhalten, dass Anbieter sozialer Netzwerke schon vor Erlass des NetzDG unter den Voraussetzungen der Störerhaftung zur Entfernung bzw. Sperrung von bestimmten Inhalten verpflichtet waren. Damit ist eine materielle Löschpflicht jedenfalls im Hinblick auf strafbare Inhalte, die subjektive Rechte anderer verletzen und deshalb einen Anspruch auf Unterlassung der Veröffentlichung gegenüber dem Netzwerkanbieter begründen, nicht neu entstanden.

Möglicherweise werden die bestehenden Löschpflichten durch das NetzDG dennoch erweitert. Für diese Einschätzung spricht, dass der Begriff der „rechtswidrigen Inhalte" der deutschen Rechtsordnung außerhalb des NetzDG unbekannt ist.[321] Es ist aber auch möglich, dass dem neuen Begriff der rechtswidrigen Inhalte trotzdem zumindest ein dem deutschen Recht geläufiges Verständnis zugrunde liegt. Denn auch wenn ein Inhalt nicht das Ergebnis einer tatbestandsmäßigen, rechtswidrigen und schuldhaften Handlung ist, sondern der Inhalt nur in objektiver Hinsicht mit dem in einer Strafnorm beschriebenen Tatobjekt übereinstimmt, kann dies dazu führen, dass ein geschütztes Rechtsgut verletzt

---

320 Gesetzentwurf der Fraktionen CDU/CSU und SPD, BT-Drs. 18/12356, S. 2, 21.
321 Dieser Ansicht ist jedenfalls *Liesching*, Das Bundesverfassungsgericht wird das Netzwerkdurchsetzungsgesetz kippen, beck-community, 27.04.2017: https://community.beck.de/2017/04/27/das-bundesverfassungsgericht-wird-das-netzwerkdurchsetzungsgesetz-kippen [19.09.2020].

wird. Und obwohl in diesem Fall keine strafbare Handlung des Nutzers vorliegt, handelt es sich dennoch um eine Störung der öffentlichen Sicherheit. Zweck des NetzDG ist damit nicht nur, strafbare Inhalte im Sinne des StGB von den Plattformen zu entfernen, sondern auch Störungen für die öffentliche Sicherheit zu beseitigen.[322] Der Begriff der öffentlichen Sicherheit ist der deutschen Rechtsordnung aus dem Polizeirecht und allgemein dem Sicherheitsrecht bekannt. Von der öffentlichen Sicherheit werden nicht nur die objektive Rechtsordnung und damit die Normen des StGB erfasst, sondern auch die subjektiven Rechte und Rechtsgüter des Einzelnen.[323] Werden daher durch einen Inhalt in einem sozialen Netzwerk entsprechende Rechte oder Rechtsgüter verletzt und ist in der Folge die öffentliche Sicherheit berührt, kann es sich auch dabei schon um einen rechtswidrigen Inhalt im Sinne des § 1 Abs. 3 NetzDG handeln, der eine Handlungspflicht der Netzwerkanbieter auslöst. Zur Entfernung von Inhalten, die die absolut geschützten Rechte eines Einzelnen verletzen, waren die Netzwerkanbieter aber schon vor Inkrafttreten des NetzDG verpflichtet, so dass diesbezüglich keine neuen Löschpflichten entstanden sind. Wie für die Löschung eines rechtswidrigen Inhalts nach dem NetzDG, ist auch für das Bestehen eines Beseitigungssanspruchs nach §§ 1004, 823 BGB analog[324] ein Verschulden des Netzwerkanbieters nicht erforderlich.

Etwas anderes kommt aber für die Fälle in Betracht, in denen ein Inhalt den objektiven Tatbestand einer Strafnorm erfüllt, die keine subjektiven Rechte, sondern öffentliche Interessen schützt und der einzelne Nutzer die Löschung des Inhalts deshalb nicht unter Berufung auf die Verletzung von persönlichen Rechten nach §§ 1004 Abs. 2 S. 1 BGB analog, § 823 BGB verlangen kann. Da Inhalte nach § 1 Abs. 3 NetzDG auch dann rechtswidrig sein können, wenn sie gegen Strafnormen verstoßen, die nicht dem Schutz von Rechtsgütern Einzelner dienen, reichen die bisher bestehenden Anspruchsgrundlagen zur Löschung von Inhalten womöglich nicht aus, um den Pflichten aus dem NetzDG nachzukommen. Denn bisher konnte ein Anspruch auf die Löschung von Inhalten nur dann geltend gemacht werden, wenn durch den Inhalt ein subjektives Recht verletzt wurde und der Netzwerkanbieter deshalb als Störer verantwortlich gemacht werden konnte. Dies gilt auch im Rahmen des

---

322 *Müller-Franken*, AfP 2018, 1 (1); Ausarbeitung der wissenschaftlichen Dienste des Bundestags v. 12.06.2017, WD 10 – 3000 – 037/17, S. 10 f.
323 Maunz/Dürig/*Depenheuer*, GG, Art. 8 Rn. 154.
324 Zum Verschulden im Rahmen des Beseitigungsanspruchs BeckOK BGB/*Förster*, BGB, § 823 Rn. 54.

§ 823 Abs. 2 BGB i.V.m. Schutzgesetzen aus dem StGB, da die jeweilige Schutznorm auf den Schutz von Interessen Einzelner gerichtet sein muss.[325] Nicht alle der in § 1 Abs. 3 NetzDG genannten Normen dienen jedoch dem Schutz von Individualinteressen. Dies gilt z.B. für § 86 StGB. Aus der Legaldefinition der Propagandamittel in § 86 Abs. 2 StGB lässt sich schließen, dass diese Norm dem Schutz der freiheitlich demokratischen Grundordnung und dem Gedanken der Völkerverständigung dient.[326] Auch § 100a StGB schützt keine Individualinteressen, sondern dient dem Schutz von Interessen der Bundesrepublik Deutschland, namentlich ihrer äußeren Sicherheit und außenpolitischen Handlungsfähigkeit.[327] In diesen Fällen besteht daher kein Anspruch auf Unterlassung der Störung nach § 1004 Abs. 2 S. 1 BGB analog, § 823 Abs. 2 BGB, sondern die Pflicht zur Löschung des Inhalts ergibt sich aus den Vorschriften des NetzDG. Denn nach Inhalt und Zweckrichtung des NetzDG sollen die Netzwerkanbieter sämtliche Inhalte im Sinne des § 1 Abs. 3 NetzDG entfernen, ohne dass es darauf ankommt, dass die Inhalte Individualinteressen verletzen. Insoweit hat sich der Pflichtenkreis der Netzwerkanbieter erweitert, so dass das NetzDG jedenfalls zum Teil neue Löschpflichten geschaffen hat.

Da sich nicht für alle rechtswidrigen Inhalte im Sinne des § 1 Abs. 3 NetzDG unter Berufung auf die allgemeinen Vorschriften eine Löschpflicht der Netzwerkanbieter ergibt, sind durch das NetzDG jedenfalls zum Teil neue Löschpflichten entstanden.

(6) Ergebnis

Netzwerkanbieter werden durch § 3 Abs. 1, 2 NetzDG zur Ein- und Durchführung eines Beschwerdeverfahrens verpflichtet, in dessen Rahmen sie einen Inhalt nach dessen Meldung auf seine (offensichtliche) Rechtswidrigkeit hin zu überprüfen haben. Ist ein Inhalt rechtswidrig in diesem Sinne, ist er von ihnen zu löschen bzw. zu entfernen. Zum Teil sind dabei durch das NetzDG neue Löschpflichten entstanden. Durch die Lösch- und Meldepflicht nach §§ 3 Abs. 1, 2, 3a NetzDG werden die Netzwerkanbieter zum Schutz des Art. 2 Abs. 1 i.V.m. Art. 1 Abs. 1 GG verpflichtet, da die neben anderen Strafnormen in § 1 Abs. 3 NetzDG aufgezählten §§ 185-187 StGB und § 201a StGB dem Schutz des allgemeinen Persönlichkeitsrechts dienen.

---

325 MüKo BGB/*Wagner*, BGB, § 823 Rn. 562.
326 BeckOK StGB/*Ellbogen*, StGB, § 86 Rn. 1.
327 Kindhäuser/Neumann/*Paeffgen*, StGB, § 100a Rn. 2.

b) Schutz des Art. 2 Abs. 1 i.V.m. Art. 1 Abs. 1 GG durch Schulungspflicht nach § 3 Abs. 4 NetzDG

Nach § 3 Abs. 4 NetzDG muss die Leitung des sozialen Netzwerks ein regelmäßiges Betreuungs- und Schulungsangebot für die Personen anbieten, die für die Bearbeitung von Beschwerden zuständig sind. Im Rahmen solcher Schulungen werden die für die Überprüfung und Löschung von Inhalten zuständigen Personen eines Netzwerkanbieters durch Juristen hinsichtlich der Vorgaben des NetzDG und des deutschen Strafrechts unterrichtet.[328] Auf diese Weise soll die Durchführung des Beschwerdeverfahrens optimiert werden, indem die zuständigen Personen dahingehend ausgebildet werden, um zu erkennen, welche Inhalte rechtswidrig im Sinne des § 1 Abs. 3 NetzDG sind und u.a. das Persönlichkeitsrecht anderer Nutzer oder auch Außenstehender verletzen. Durch die Schulungen soll eine effektive Durchführung des Beschwerde- und Löschverfahrens sichergestellt werden. Auch die Vorschrift des § 3 Abs. 4 NetzDG verpflichtet daher die Netzwerkanbieter zum Schutz des allgemeinen Persönlichkeitsrechts der Nutzer und anderer Betroffener.

c) Schutz des Art. 5 Abs. 1 GG durch Übertragung von Entscheidungen auf Einrichtungen der Regulierten Selbstregulierung

Für die Anbieter sozialer Netzwerke besteht gem. § 3 Abs. 2 Nr. 3b, Abs. 6 bis 8 NetzDG zudem die Möglichkeit, die Entscheidung über die Entfernung oder Sperrung von rechtswidrigen Inhalten auf eine anerkannte Einrichtung der Regulierten Selbstregulierung zu übertragen. Auf diese Weise kann die Gefährdung der Meinungsfreiheit reduziert werden, die dadurch entsteht, dass die Entscheidung der Netzwerkanbieter über die Rechtswidrigkeit eines Inhalts auch von eigenen Interessen bestimmt wird. Denn aufgrund der Bußgeldandrohung des § 4 NetzDG bei systematischen Verstößen gegen die Löschpflicht liegt es im Interesse der Netzwerkanbieter, einen Inhalt im Zweifel eher zu löschen als ihn auf der Plattform stehen zu lassen.

(1) Grundlagen der Selbstregulierung

Die Übertragung von Entscheidungen über die Zulässigkeit von Inhalten in Medien auf Einrichtungen der Regulierten Selbstregulierung zur Durchsetzung von staatlichen Vorschriften ist bereits aus dem Bereich des Jugendmedienschutzes bekannt.[329] Dort überprüfen anerkannte Einrichtungen der Regulierten

---

328 So z.B. von Facebook im Transparenzbericht vom Januar 2020 angegeben.
329 Details dazu in HHKo MedienR/*Liesching*, 84. Abschnitt Rn. 1 ff.

Selbstregulierung zunächst eigenständig und damit in der Regel ohne Mitwirkung der staatlichen Medienaufsicht, ob Medienangebote mit den Vorschriften des Jugendmedienschutz-Staatsvertrags (JMStV) vereinbar sind.[330] Nur in Ausnahmefällen dürfen sich die Landesmedienanstalten in die Überprüfung einschalten.[331] Die Regulierung der Selbstregulierung findet zum einen dadurch statt, dass eine solche Einrichtung nur dann tätig werden darf, wenn sie von der Kommission für Jugendmedienschutz (KJM) als solche anerkannt wurde.[332] Bei dieser Kommission handelt es sich um das gemeinsame Organ der Landesmedienanstalten.[333] Zum anderen werden die anerkannten Einrichtungen auch während ihrer Tätigkeit als Selbstkontrolleinrichtungen von der jeweils zuständigen Aufsicht überprüft.[334] Hinter diesem Konzept steht das Ziel, sowohl eine wirksame Durchsetzung des verfassungsrechtlich geforderten Jugendschutzes zu erreichen als auch die grundrechtlich geschützte Meinungs- und Informationsfreiheit von Medienanbietern und den Nutzern der Medienangebote zu wahren.[335] Zu den anerkannten Einrichtungen der Regulierten Selbstregulierung gehören z.B. die „Freiwillige Selbstkontrolle Fernsehen e.V. (FSF)" und die „Freiwillige Selbstkontrolle Multimedia-Diensteanbieter (FSM)".[336]

(2) Regulierte Selbstregulierung im Anwendungsbereich des NetzDG

Die Rechtsdurchsetzung mit Hilfe von anerkannten Einrichtungen der Regulierten Selbstregulierung im Bereich des Jugendmedienschutzes diente als Leitbild bei der Ausgestaltung dieses Modells im Anwendungsbereich des NetzDG.[337] Die Zuständigkeit für die Anerkennung einer Einrichtung der Regulierten Selbstregulierung liegt gem. §§ 3 Abs. 7, 4 Abs. 4 NetzDG beim Bundesamt für Justiz. Dabei ist für die Anerkennung einer Einrichtung u.a. von Bedeutung, dass die Unabhängigkeit und Sachkunde der Prüfer gewährleistet wird. Die Einschaltung unabhängiger Prüfer führt dazu, dass bei der Entscheidung über die Löschung von Inhalten nicht mehr die Interessen der Netzwerkanbieter maßgeblich sind. Den anerkannten Einrichtungen drohen keine Bußgelder, so dass

---

330 Beck RundfunkR/*Schulz/Held*, JMStV, § 1 Rn. 26, 29.
331 Beck RundfunkR/*Schulz/Held*, JMStV, § 1 Rn. 27.
332 Beck RundfunkR/*Schulz/Held*, JMStV, § 1 Rn. 29.
333 *Bornemann*, NJW 2003, 787 (790).
334 Beck RundfunkR/*Schulz/Held*, JMStV, § 1 Rn. 26.
335 Beck RundfunkR/*Schulz/Held*, JMStV, § 1 Rn. 21.
336 HHKo MedienR/*Liesching*, 84. Abschnitt Rn. 8.
337 Dazu Beschlussempfehlung und Bericht des Ausschusses für Recht und Verbraucherschutz, BT-Drs. 18/13013, S. 21 f.

die Wahrscheinlichkeit höher ist, dass die Entscheidung über die Rechtswidrigkeit eines Inhalts auf sachgerechten Erwägungen beruht und neben den möglichen Verstößen gegen eine Strafrechtsnorm im Sinne des § 1 Abs. 3 NetzDG auch die Wertungen des Grundrechts auf Meinungsfreiheit Eingang in die Entscheidung finden. Für eine transparentere Entscheidung sorgt dabei die Vorgabe des § 3 Abs. 6 Nr. 3 NetzDG, nach der eine Einrichtung der Regulierten Selbstregulierung eine Verfahrensordnung besitzen muss, die insbesondere Umfang und Ablauf der Prüfung vorgibt und die Möglichkeit der Überprüfung von Entscheidungen vorsieht. Bei einer solchen Einrichtung muss zudem eine Beschwerdestelle eingerichtet sein.

Überträgt ein Netzwerkanbieter daher die Entscheidung über die Rechtswidrigkeit eines Inhalts auf eine Einrichtung der Regulierten Selbstregulierung und unterwirft sich dieser Entscheidung, führen die für eine solche Einrichtung vorgegebenen Strukturen zu einem besseren Schutz der Meinungsfreiheit bei der Durchführung des vorgegebenen Beschwerdeverfahrens.

(3) Ergebnis
Die Vorschrift des § 3 Abs. 2 Nr. 3b, Abs. 6 NetzDG, die eine Übertragung der Entscheidung über die Rechtswidrigkeit eines Inhalts auf Einrichtungen der regulierten Selbstregulierung ermöglicht, dient daher dem Schutz der Meinungsfreiheit der Nutzer.

d) Schutz des Art. 2 Abs. 1 i.V.m. Art. 1 Abs. 1 GG durch Änderung der §§ 14 ff. TMG und des § 3a Abs. 5 NetzDG

Im Zusammenhang mit der Einführung des Beschwerdeverfahrens ist die Änderung der §§ 14 ff. TMG relevant, die insbesondere die Möglichkeit zur Erhebung und zur Auskunft über Bestandsdaten erweitern. Dadurch soll zum einen die Durchsetzung von zivilrechtlichen Ansprüchen bei Verletzungen des allgemeinen Persönlichkeitsrechts oder anderer absolut geschützter Rechte erleichtert werden, die durch rechtswidrige Inhalte im Sinne des § 1 Abs. 3 NetzDG verursacht werden können.[338] Wer durch rechtswidrige Inhalte in einem seiner absoluten Rechte verletzt wird, kann diesen Anspruch auf Auskunft über die Bestandsdaten des Nutzers geltend machen, wobei ein Gericht darüber zu entscheiden hat, ob diese Auskunft erteilt werden darf.

---

338 Dazu Gesetzentwurf der Fraktionen CDU/CSU und SPD, BT-Drs. 18/12356, S. 28.

Durch den Anspruch auf Auskunft von Nutzerdaten gegenüber von Netzwerkanbietern wird die Durchsetzung von zivilrechtlichen Ansprüchen bei Verletzungen des allgemeinen Persönlichkeitsrechts oder von anderen absolut geschützten Rechten erleichtert. Dies führt gleichzeitig zu einem effektiveren Schutz des allgemeinen Persönlichkeitsrechts.

Gleichzeitig soll eine effektivere Strafverfolgung dadurch ermöglicht werden, dass die Netzwerkanbieter nach § 3a Abs. 4 NetzDG dazu verpflichtet sind, bei der Meldung von ihrer Auffassung nach strafbaren Inhalten die IP-Adresse einschließlich der Portnummer mitzuteilen, die als letztes dem Nutzer, der den Inhalt mit anderen Nutzern geteilt oder der Öffentlichkeit zugänglich gemacht hat, zugeteilt war. Auch hierdurch kann der Schutz des allgemeinen Persönlichkeitsrechts verbessert werden, soweit die Strafverfolgung Straftaten nach §§ 185 bis 187, 201a StGB betrifft.

e) Schutz des Art. 2 Abs. 1 i.V.m. Art. 1 Abs. 1 GG durch § 5 NetzDG

Ein weiterer Schritt zur Verbesserung der Rechtsdurchsetzung soll nach § 5 NetzDG durch die Benennung eines Zustellungsbevollmächtigten im Inland erfolgen. Auch wenn diese Pflicht sowohl inländische als auch ausländische Netzwerkanbieter trifft, ist diese Neuerung insbesondere für Netzwerkanbieter aus dem Ausland von Bedeutung, damit auch diese mit Schriftsätzen oder gerichtlichen Schreiben erreicht werden können.[339] An diese Person können Zustellungen bewirkt werden, die im Rahmen eines Ordnungswidrigkeitenverfahrens nach § 4 NetzDG oder eines gerichtlichen Verfahrens wegen der Verbreitung von rechtswidrigen Inhalten erforderlich werden. Nach § 5 Abs. 2 NetzDG ist der Zustellungsbevollmächtigte auch Ansprechpartner der deutschen Strafverfolgungsbehörden, die auf diesen mit einem Auskunftsersuchen zukommen können.

Wie die Änderung des § 14 TMG trägt auch die Pflicht zur Benennung eines Zustellungsbevollmächtigten zu einer effektiveren Durchsetzung des Schutzes des allgemeinen Persönlichkeitsrechts bei. Kann eine erfolgreiche Zustellung von Schriftstücken sichergestellt werden, ist eine Beteiligung der Netzwerkanbieter an gerichtlichen Verfahren in Deutschland möglich. Damit werden insbesondere die Möglichkeiten geschaffen, an Informationen im Zusammenhang mit dem veröffentlichten Inhalt zu gelangen, die für die Durchführung eines

---

339 Gesetzentwurf der Fraktionen der CDU/CSU und SPD, BT-Drs. 18/12356, S. 27.

Gerichtsverfahrens erforderlich sind und zu denen ohne Mitwirkung des Netzwerkanbieters kein Zugang besteht.

f) Zwischenergebnis

Das NetzDG enthält mehrere Vorschriften, über die Netzwerkanbieter zum Schutz der Grundrechte der Nutzer verpflichtet werden. Dies gilt insbesondere für die Vorschriften zur Einführung eines Beschwerdeverfahrens, die den Netzwerkanbietern Vorgaben zum Schutz des allgemeinen Persönlichkeitsrechts und des Rechts auf Meinungsfreiheit machen.

3. Gefährdung der Grundrechte von Nutzern durch Vorschriften des NetzDG

Neben der Frage nach den Schutzvorschriften des NetzDG ist auch zu untersuchen, durch welche Vorschriften die Grundrechte der Nutzer eventuell gefährdet werden. Im Mittelpunkt der Betrachtung steht dabei § 3 Abs. 2 NetzDG. Auf der einen Seite wirkt sich die Einführung des Beschwerdeverfahrens zwar positiv auf den Schutz des allgemeinen Persönlichkeitsrechts aus. Auf der anderen Seite ruft die Art und Weise der Ausgestaltung der Löschpflichten aber Bedenken im Hinblick auf den Schutz der Meinungsfreiheit durch die Netzwerkanbieter hervor. Zu befürchten sind vorschnelle Löschungen auch in den Fällen, in denen ein Inhalt eigentlich noch von der Meinungsfreiheit geschützt wird.

a) § 3 Abs. 2 Nr. 3a NetzDG: Keine Beteiligung der Betroffenen

Negativ im Hinblick auf den Grundrechtsschutz durch die Netzwerkanbieter ist zunächst die fehlende Beteiligung der betroffenen Personen an dem Verfahren zur Überprüfung von gemeldeten Inhalten.[340] Das NetzDG enthält keine Verpflichtung der Netzwerkanbieter, im Rahmen der Überprüfung von Inhalten Stellungnahmen der Betroffenen einzuholen. Dies ist lediglich optional, wie sich aus § 3 Abs. 2 Nr. 3a NetzDG ergibt. Diese Regelung entspricht nicht den Vorgaben der Rechtsprechung des BGH zur Überprüfung von Äußerungen auf einem Internetportal, wonach die Host-Provider dazu verpflichtet sind, nach einer fundierten Beschwerde über einen Inhalt zunächst eine Stellungnahme von dessen Urheber einzuholen und diese wiederum dem Betroffenen weiterzuleiten.[341]

---

340 Dazu auch *Schiff*, MMR 2018, 366 (368).
341 BGH, Urt. v. 25.10.2011 – VI ZR 93/10 = GRUR 2012, 311 Rn. 25 ff.; dazu auch Spindler/Schmitz/*Liesching*, NetzDG, § 3 Rn. 17.

Durch dieses sog. „notice and take down-Verfahren"[342] wird sichergestellt, dass in die rechtliche Bewertung einer Äußerung durch die Host-Provider auch die Umstände einfließen können, unter denen die Äußerung getätigt wurde. Ob die Netzwerkanbieter im Rahmen eines Beschwerdeverfahrens eine Stellungnahme einholen, bleibt ihnen im Rahmen des NetzDG dagegen selbst überlassen. Es lässt sich aber kein Grund dafür erkennen, dass im Anwendungsbereich des NetzDG weniger strenge Vorgaben gelten sollten als in den vom BGH entschiedenen Fällen, in denen es ebenfalls um Verstöße gegen die deutsche Rechtsordnung im Rahmen der Nutzung von Internetdiensten geht. Wirft man einen Blick auf die Meldeformulare, die die Netzwerkanbieter für eine Beschwerde nach den Vorgaben des NetzDG auf ihrer Seite bereitstellen, wird auch dort lediglich darauf hingewiesen, dass sich das Netzwerk nach einer Beschwerde ggf. mit der Bitte um weitere Informationen melden werde.[343] Dass in der Praxis regelmäßig keine weiteren Stellungnahmen bei den verantwortlichen Nutzern eingeholt werden, bestätigen die Auswertungen der Transparenzberichte der Netzwerkanbieter: Nur in seltenen Fällen wird eine Beschwerde an den Ersteller des Inhalts weitergeleitet, um diesem eine Stellungnahme zu ermöglichen.[344]

Als Folge dieser Vorgehensweise bzw. dieser Regelung des NetzDG ist davon auszugehen, dass sich dies auf die Fähigkeit der Netzwerkanbieter auswirkt, einen Inhalt in angemessener Weise und unter Berücksichtigung beider Seiten rechtlich beurteilen zu können. Denn die Prüfung erfolgt mangels weiterer Stellungnahmen regelmäßig allein auf der Grundlage der Angaben des Beschwerdeführers in seiner Meldung, so dass es in der Folge an ausreichenden Erkenntnissen über den Kontext der Äußerung fehlt. Dies wird dadurch verstärkt, dass auch die Anforderungen an die Begründung einer Beschwerde nicht sehr hoch sind. Der Beschwerdeführer muss lediglich einige Masken ausfüllen. Überprüft dagegen ein Gericht, ob eine Äußerung gegen Gesetze verstößt, gelten bezüglich der Beteiligung der Betroffenen andere Grundsätze. Um die Grundrechte zu sichern, müssen die Betroffenen eine Möglichkeit zur Beteiligung am Verfahren haben.[345] Ein solcher „Grundrechtsschutz durch Verfahren"[346] und

---

342 BGH, Urt. v. 27.02.2018 – VI ZR 489/16 = GRUR 2018, 642 Rn. 35.
343 Z.B. für Facebook: https://help.instagram.com/130785144276082 und https://de-de.facebook.com/help/285230728652028, [03.10.2020].
344 Siehe dazu beispielhaft den Transparenzbericht von YouTube für den Zeitraum Juli 2019 bis Dezember 2019, S. 6.
345 *Hoffmann-Riem*, Der Staat 42 (2003), 193 (221); *Wimmers/Heymann*, AfP 2017, 93 (98).
346 BVerfG, Beschl. v. 20.12.1979 – 1 BvR 385/77 = BVerfGE 53, 30 (65).

damit gleichzeitig ein Mittel zur Begrenzung der Macht der Netzwerkanbieter bei der rechtlichen Überprüfung von Inhalten anhand der Normen des StGB fehlt im Rahmen des Beschwerdeverfahrens nach § 3 NetzDG.

Problematisch für den Schutz der Meinungsfreiheit ist auch das Fehlen eines Einspruchssystems bei einer Löschung oder Sperrung. Während für die Fälle, in denen ein Inhalt wegen des Verstoßes gegen die Gemeinschaftsstandards entfernt wurde, ein Einspruchssystem existiert, mit dem ein Nutzer auf unkomplizierte Weise die Überprüfung der Entfernung verlangen kann[347], steht ein solches Widerspruchsrecht als eine Art Rechtsmittel gegen die Netzwerkanbieter in der Regel nicht zur Verfügung, wenn ein Inhalt auf Grundlage des NetzDG entfernt wird.[348] Lediglich bei Twitter erhält der Autor eines gesperrten oder entfernten Inhalts in der Mitteilung über die Löschung den Hinweis, dass er sich mit der Bitte um Aufhebung der Sperrung an das Support-Team wenden kann.[349]

b) Kurze Prüffristen des § 3 Abs. 2 Nr. 2 und 3 NetzDG

Problematisch im Hinblick auf den Schutz der Meinungsfreiheit durch Netzwerkanbieter sind auch die kurzen Prüffristen, die das NetzDG vorgibt. Diese stehen in einem unmittelbaren Zusammenhang mit der fehlenden Beteiligung der Betroffenen. Gem. § 3 Abs. 2 Nr. 2, 3 NetzDG dürfen zwischen der Meldung einer Beschwerde und der Entfernung bzw. Sperrung eines Inhalts bei offensichtlich rechtswidrigen Inhalten nicht mehr als 24 Stunden und bei allen sonstigen rechtswidrigen Inhalten nicht mehr als sieben Tage vergehen.

Mit Blick auf die offensichtlich rechtswidrigen Inhalte könnte man zu der Ansicht kommen, dass für deren Bewertung die Frist von 24 Stunden ausreicht – was offensichtlich rechtswidrig ist, kann eigentlich keine differenzierte Überprüfung mehr erfordern. Gegen diese Annahme spricht jedoch eine Aussage des BGH in seiner Blogpost-Entscheidung. Danach wird die Prüfpflicht des Host-Providers ausgelöst, „wenn der Hinweis so konkret gefasst ist, dass der Rechtsverstoß auf der Grundlage der Behauptungen des Betroffenen unschwer – d.h. ohne eingehende rechtliche und tatsächliche Überprüfung – bejaht werden kann".[350] Diese Beschreibung klingt nach einer Definition dessen, was mit einem offensichtlich rechtswidrigen Inhalt im Sinne des NetzDG gemeint ist, da der

---

347 https://de.newsroom.fb.com/news/2018/04/richtlinien-zur-durchsetzung-der-gemeinschaftsstandards-einspruchmoeglichkeit/ [03.10.2020].
348 Dazu *Krüger*, ITRB 2018, 114.
349 Transparenzbericht Twitter für die zweite Jahreshälfte 2019, letzte Seite.
350 BGH, Urt. v. 25.10.2011 – VI ZR 93/10 = GRUR 2012, 311 Rn. 26.

Inhalt „ohne eingehende rechtliche und tatsächliche Überprüfung" als rechtswidrig eingestuft werden kann. Anders als erwartet, entfällt nach der Rechtsprechung des BGH allerdings auch in diesem Fall nicht die Pflicht zur Einholung einer Stellungnahme, sondern bleibt nach wie vor die Regel.[351]

Dass Sachverhaltsermittlungen auch in Fällen „offensichtlicher Rechtswidrigkeit" noch erforderlich sein können, wird deutlich am Beispiel von Äußerungen, bei denen die Einordnung als Schmähkritik in Betracht kommt. Schmähkritik liegt vor, wenn nicht mehr die „Auseinandersetzung in der Sache (…) im Vordergrund steht", sondern die „Diffamierung der Person".[352] Weil das Ziel solcher Äußerungen ist, einen anderen Menschen herabzusetzen, könnte man zu dem Schluss gelangen, dass es sich dabei stets um offensichtlich rechtswidrige Inhalte handelt, die den Tatbestand des § 185 StGB erfüllen. Solche Äußerungen werden nicht durch die Meinungsfreiheit geschützt und treten aus diesem Grund in der Regel hinter das Persönlichkeitsrecht zurück, so dass eine Abwägung entbehrlich wird.[353] Um der Meinungsfreiheit möglichst große Wirkung zu verschaffen, ist der Tatbestand der Schmähkritik jedoch eng auszulegen.[354] Daher müssen für die Einordnung einer Äußerung als Schmähkritik sowohl Hintergrund als auch Kontext der Äußerung erforscht werden, um ihre Bedeutung im Licht des Art. 5 Abs. 1 GG ermitteln zu können. Nur unter diesen Voraussetzungen darf eine Äußerung als Schmähkritik eingeordnet werden.[355] Dass für eine solche Prüfung 24 Stunden ausreichen, ist zweifelhaft. Ausreichend könnte aber der im NetzDG festgelegte Zeitraum von sieben Tagen für die Überprüfung von nicht offensichtlich rechtswidrigen Inhalten sein. Allerdings ändert sich auch durch die Verlängerung des Prüfungszeitraums nichts daran, dass auch für diesen Fall nach der gesetzlichen Regelung nicht zwingend eine Stellungnahme des Nutzers vorgesehen ist. Auch wenn die Netzwerkanbieter sieben Tage Zeit haben für die Überprüfung eines Inhalts, bleibt es dabei, dass der Ersteller eines Inhalts grundsätzlich nicht am Prüfverfahren beteiligt wird.

---

351 BGH, Urt. v. 25.10.2011 – VI ZR 93/10 = GRUR 2012, 311 Rn. 26 f.
352 BVerfG, Beschl. v. 26.06.1990 – 1 BvR 1165/89 = BVerfGE 82, 272 (283 f.); BVerfG, Beschl. v. 09.10.1991 – 1 BvR 1555/88 = BVerfGE 85, 1 (16); BVerfG, Beschl. v. 10.10.1995 – 1 BvR 1476, 1980/91 und 102, 221/92 = BVerfGE 93, 266 (294, 303).
353 BVerfG, Beschl. v. 10.10.1995 – 1 BvR 1476, 1980/91 und 102, 221/92 = BVerfGE 93, 266 (294, 303).
354 BVerfG, Beschl. v. 26.06.1990 – 1 BvR 1165/89 = BVerfGE 82, 272 (283 f.); BVerfG, Beschl. v. 10.10.1995 – 1 BvR 1476, 1980/91 und 102, 221/92 = BVerfGE 93, 266 (294).
355 BVerfG, Beschl. v. 10.10.1995 – 1 BvR 1476, 1980/91 und 102, 221/92 = BVerfGE 93, 266 (303).

Haben die Netzwerkanbieter somit in der Theorie mindestens 24 Stunden bzw. sieben Tage Zeit, um die Rechtswidrigkeit eines Inhalts zu beurteilen, stellt sich als nächstes die Frage, ob sie diese Zeit überhaupt in Anspruch nehmen. In Anbetracht der Masse von Inhalten, die täglich in den sozialen Netzwerken veröffentlicht werden und zu zahlreichen Beschwerden führen, ist dies unwahrscheinlich. Zu diesem Ergebnis kam auch ein Selbstversuch, bei dem Facebook auf rechtswidrige Inhalte nach dem NetzDG hingewiesen wurde und diese Inhalte in der Mehrheit der Fälle schon innerhalb weniger Minuten entfernte.[356] Das Ergebnis dieses Selbstversuchs bestätigen auch die Transparenzberichte der Netzwerkanbieter. Nach diesen wird die Mehrzahl der Inhalte innerhalb von 24 Stunden entfernt.[357] Geht man davon aus, dass es sich nicht bei allen dieser Fälle um offensichtlich rechtswidrige Inhalte handelt, schöpfen die Netzwerkanbieter den zur Verfügung stehenden Zeitrahmen in der Regel nicht aus. Wenn man bedenkt, wie ausführlich in strafgerichtlichen Urteilen die Begründung der Strafbarkeit wegen Beleidigung oder Verleumdung ausfällt und dass auch unter Juristen hinsichtlich der rechtlichen Beurteilung eines Inhalts regelmäßig Uneinigkeit besteht, scheint die Überprüfung in so knappen Zeiträumen kaum angemessen, um eine ausgewogene Entscheidung treffen zu können und der Bedeutung der Meinungsfreiheit gerecht zu werden. Die geltenden Fristen dürfen zudem gem. § 3 Abs. 2 Nr. 3 NetzDG nur dann verlängert werden, wenn die Frage der Rechtswidrigkeit davon abhängig ist, ob die behaupteten Tatsachen unwahr sind, für die Bewertung Kenntnisse über tatsächliche Umstände erforderlich sind oder das Netzwerk die Entscheidung über die Rechtswidrigkeit einer Einrichtung der regulierten Selbstregulierung übertragen hat.

Dass die geltenden Fristen und das vorgegebene Prüfverfahren ungenügend sind, wird besonders deutlich, wenn für die Beurteilung der Rechtswidrigkeit eines Inhalts entscheidend ist, ob es sich um eine wahre oder unwahre Äußerung handelt, wie es für die §§ 186, 187 StGB erforderlich ist.[358] Im Rahmen des strafrechtlichen Verfahrens findet zu diesem Zweck ein Ermittlungsverfahren und eine Beweisaufnahme statt, um die Wahrheit zu erforschen, nicht aber bei der Überprüfung von Inhalten im Anwendungsbereich des NetzDG.[359] Den

---

356 https://www.ndr.de/fernsehen/sendungen/zapp/medienpolitik/NetzDG-Beschwerden-Facebook-faellt-im-Test-durch,netzdgl108.html [13.08.2020].
357 Transparenzbericht von YouTube für die zweite Jahreshälfte 2019, S. 8; Transparenzbericht von Facebook für die zweite Jahreshälfte 2019, S. 13 f.
358 *Warg*, DÖV 2018, 473 (481).
359 *Nolte*, ZUM 2017, 552 (558).

Netzwerkanbietern wird es daher kaum möglich sein, die Erfüllung des Tatbestands dieser Normen zu überprüfen.[360]

Die Ausgestaltung der Prüffristen im NetzDG gewährt somit nur einen unzureichenden Schutz für die Meinungsfreiheit der Nutzer durch die Netzwerkanbieter.

c) Prüfung durch juristische Laien

Die rechtliche Überprüfung von Inhalten durch die Netzwerkanbieter im Anwendungsbereich des NetzDG wirft zudem ein grundsätzliches Problem für den Schutz der Grundrechte der Nutzer auf. Dieses besteht darin, dass es im Regelfall nicht Juristen sind, die die gemeldeten Inhalte auf ihre Rechtswidrigkeit hin überprüfen.[361] Dies ergibt sich schon daraus, dass die Netzwerkanbieter in ihren Transparenzberichten selbst darauf hinweisen, dass die Prüfteams juristisch geschult werden und ihnen lediglich in problematischen Fällen unternehmensinterne Juristen zur Beratung zur Verfügung stehen bzw. Einzelfälle zum Teil an eine Anwaltskanzlei abgegeben werden. Damit wird die rechtlich komplexe Entscheidung der Beurteilung der Rechtswidrigkeit eines Inhalts in der Regel juristischen Laien überlassen. In Anbetracht der ausdifferenzierten Rechtsprechung zur Abwägung zwischen Meinungsfreiheit und dem allgemeinen Persönlichkeitsrecht und der unterschiedlichen Rechtsansichten, die es im Hinblick auf die Erfüllung von Straftatbeständen im Zusammenhang mit Meinungsäußerungen gibt, scheint diese Vorgehensweise nicht mit dem Stellenwert der Meinungsfreiheit vereinbar zu sein, den das Bundesverfassungsgericht diesem Grundrecht zumisst. Diese Zweifel liegen insbesondere darin begründet, dass dabei der Kontext einer Äußerung außer Acht gelassen wird, obwohl dieser in jedem Fall Eingang in eine Entscheidung über die Zulässigkeit einer Meinungsäußerung finden muss.[362]

Die Überprüfung von angeblich rechtswidrigen Inhalten durch Laien wäre weniger erheblich, wenn es sich dabei regelmäßig nur um eine Vorentscheidung handeln würde, auf die noch eine Prüfung durch Staatsanwälte bzw. Richter folgt. Dies gilt z.B. für Fälle aus dem Bereich des Wirtschaftsstrafrechts, in denen

---

360 Zu diesem Schluss kommen auch *Warg*, DÖV 2018, 473 (481), *Wimmers/Heymann*, AfP 2017, 93 (99) und *Feldmann*, K&R 2017, 292 (296).
361 Diesen Kritikpunkt erwähnt auch *Spindler*, GRUR 2018, 365 (373).
362 BVerfG, Beschl. v. 07.12.1976 – 1 BvR 460/72 = BVerfGE 43, 130 (136 f.); BVerfG, Beschl. v. 19.04.1990 – 1 BvR 40/86, 42/86 = NJW 1990, 1980 (1981); BVerfG, Beschl. v. 26.06.1990 – 1 BvR 1165/89 = BVerfGE 82, 272 (280 f.).

ein Unternehmen im Rahmen der „Criminal Compliance" zur Vorbereitung der Verfolgung einer Straftat zunächst selbst Ermittlungen durchführt und dazu den Sachverhalt aufklärt. Auf diese Weise werden Unternehmen in die Aufgaben der Strafverfolgungsbehörden eingebunden[363] und wirken dadurch an der Rechtsdurchsetzung mit. Die eigentliche Strafverfolgung und insbesondere die Entscheidung über die Frage der Strafbarkeit obliegen aber nach wie vor staatlichen Organen. Auf Private wird daher eine Art Vorarbeit übertragen, nicht aber die Letztentscheidung. Grundsätzlich bleibt es auch im Anwendungsbereich des NetzDG dabei, dass staatliche Organe die verbindliche Entscheidung über die Anwendung von Recht und Gesetz treffen. Nach wie vor kann nur ein Richter eine Verurteilung wegen einer im Internet begangenen Straftat aussprechen oder den Ersteller eines rechtswidrigen Inhalts zur Zahlung von Schadensersatz verurteilen. Rechtlich gesehen kann auch die Löschpflicht eines Netzwerkanbieters nur ein staatliches Gericht auf rechtskräftige Weise feststellen. In der Wirklichkeit sind es aber nicht die Richter, die im Anwendungsbereich des NetzDG die letzten Entscheidungen treffen. Diese Feststellung lässt sich schon damit begründen, dass bisher kein Fall bekannt ist, in dem ein Gericht zur Überprüfung der Löschung eines Inhalts auf Grundlage des NetzDG angerufen wurde. Dies liegt mit Sicherheit vor allem an der Prüfungsreihenfolge der Netzwerkanbieter, die auch dann zunächst eine Überprüfung anhand ihrer Nutzungsbedingungen vornehmen, wenn ein Verstoß i.S.d. NetzDG gemeldet wurde. Entsprechend sind nur Verfahren bekannt, in denen es zu einer gerichtlichen Überprüfung von Löschungen aufgrund eines Verstoßes gegen Nutzungsbedingungen kam.[364] Eine weitere Ursache für fehlende gerichtliche Entscheidungen im Anwendungsbereich des NetzDG könnte auch bei den einzelnen Nutzern zu suchen sein, die sich gegen eine ihrer Ansicht nach rechtswidrige Löschung in der Regel nicht gerichtlich wehren.[365] Dies ist in Anbetracht der Schnelllebigkeit der Online-Kommunikation und des zeitlichen und finanziellen Aufwandes eines gerichtlichen Verfahrens allerdings auch verständlich.

---

363 *Rotsch*, ZSTW 2013 (125), 481 (488).
364 Z.B. OLG Dresden, Beschl. v. 08.08.2018 – 4 W 577/18; OLG Karlsruhe, Beschl. v. 25.06.2018 – 15 W 86/18; zugunsten der Nutzer gingen folgende Verfahren aus: OLG München, Beschl. v. 17.07.2018 – 18 W 858/18 = BeckRS 2018, 17447; LG Frankfurt/M., Beschl. v. 14.05.2018 – 2-03 O 182/18 = BeckRS 2018, 14915; LG Berlin, Beschl. v. 23.03.2018 – 31 O 21/18; OLG Stuttgart, Beschl. v. 06.09.2018 – 4 W 63/18; LG Bamberg, Urt. v. 18.10.2018 – 2 O 248/18.
365 Dazu auch *Guggenberger*, ZRP 2017, 98 (100).

Unabhängig von den Gründen für die fehlenden gerichtlichen Entscheidungen über die Rechtmäßigkeit einer Löschung nach dem NetzDG lässt sich festhalten, dass die Netzwerkanbieter tatsächlich nicht nur eine vorläufige Entscheidung über die Einordnung eines Inhalts als rechtswidrig im Sinne des § 1 Abs. 3 NetzDG treffen, sondern den juristischen Laien in der Regel auch die faktische Letztentscheidung über die Rechtswidrigkeit obliegt.[366] Auch wenn bereits vor Erlass des NetzDG im Hinblick auf die Notwendigkeit von Maßnahmen zur Verbesserung der Rechtsdurchsetzung in sozialen Netzwerken explizit darauf hingewiesen wurde, dass die Netzwerkanbieter zwar in die Rechtsdurchsetzung einbezogen werden sollen, die Abwägung von Meinungsfreiheit und dem allgemeinen Persönlichkeitsrecht im Streitfall aber Aufgabe der Gerichte bleibt[367], geht dies an der Wirklichkeit vorbei. In Anbetracht der nur geringen Schutzvorkehrungen für die Meinungsfreiheit im Rahmen des Prüfverfahrens der Netzwerkanbieter bedeutet dies eine erhebliche Gefährdung für die Meinungsfreiheit der Nutzer.

d) Aufspüren von Inhalten durch Algorithmen und Künstliche Intelligenz

Daneben wirft auch der Einsatz von Künstlicher Intelligenz zum automatischen Auffinden von rechtswidrigen Inhalten Fragen im Hinblick auf den Grundrechtsschutz durch Netzwerkanbieter auf. Damit will z.B. Facebook insbesondere gegen Terrorpropaganda vorgehen.[368] Der Einsatz dieser Technologien zum Auffinden von unangemessenen Inhalten ist zwar verständlich bei der kaum überschaubaren Menge von Inhalten, die täglich auf den Plattformen veröffentlicht werden. Trotzdem stellt sich die Frage, inwiefern Algorithmen tatsächlich erlernen können, wann ein Inhalt rechtswidrig im Sinne des NetzDG ist. Zweifelhaft ist dabei insbesondere, ob sie dabei auch auf solche Umstände Rücksicht zu nehmen wissen, die sich nicht unmittelbar aus dem streitigen Inhalt ergeben, aber zum Kontext gehören und deshalb für die Bewertung eines Inhalts von entscheidender Bedeutung sind. Zu Recht wird daher die Verwendung solcher Algorithmen als Gefahr für die Meinungsfreiheit angeprangert.[369]

---

366 Dazu auch *Eifert*, NJW 2017, 1450 (1451).
367 Antrag von Abgeordneten der Partei Bündnis 90/Die Grünen und derselben Fraktion, BT-Drs. 18/11856, S. 2.
368 https://de.newsroom.fb.com/news/2018/07/facebook-veroeffentlicht-netzdg-transparenzbericht/ [13.08.2020]
369 *Krüger*, ITRB 2018, 114 (115).

e) Selbstzensur der Nutzer

Ein weiterer negativer Effekt des NetzDG im Hinblick auf die Meinungsfreiheit könnte darin bestehen, dass sich ein Nutzer durch die Beurteilung seines Inhalts als rechtswidrig und die darauffolgende Entfernung einschüchtern lässt, weil er davon ausgeht, dass er tatsächlich gegen ein Strafgesetz verstoßen hat und deshalb in Zukunft vorsichtiger vorgehen wird bei seinen Äußerungen. Dies kann zu einer Art Selbstzensur der Nutzer führen, die sich aus Angst vor weiteren Löschungen und Sperrungen oder auch strafrechtlichen Konsequenzen selbst in ihrer Meinungsfreiheit beschränken.[370] Eine solche Reaktion ist nachvollziehbar vor dem Hintergrund, dass den meisten Nutzern als juristischen Laien nicht bekannt sein wird, welche strengen Maßstäbe eigentlich für das Verbot einer Meinungsäußerung gelten und mit welcher Sorgfalt die widerstreitenden Interessen und Rechtsgüter im Einzelfall abzuwägen sind.

f) Keine verpflichtende Beauftragung von Einrichtungen der Regulierten Selbstregulierung

Im Zusammenhang mit dem zuvor angesprochenen Problem, dass die gemeldeten Inhalte von Laien auf ihre Rechtswidrigkeit überprüft werden, steht auch die Regelung des § 3 Abs. 2 Nr. 3b NetzDG. Danach kann ein Netzwerkanbieter die Entscheidung über die Rechtswidrigkeit eines Inhalts auf eine Einrichtung der Regulierten Selbstregulierung übertragen. Eine Regelung, wonach die Netzwerkanbieter verpflichtet sind, die Entscheidung über die Rechtswidrigkeit auf eine solche Einrichtung zu übertragen, enthält das NetzDG allerdings nicht. Wie sich aus den Transparenzberichten der sozialen Netzwerke ergibt, haben die Netzwerkanbieter von dieser Möglichkeit zum aktuellen Zeitpunkt noch keinen Gebrauch gemacht: Keine der Entscheidungen über einen rechtswidrigen Inhalt wurde von YouTube, Facebook oder Twitter im Berichtszeitraum auf eine anerkannte Einrichtung der Regulierten Selbstregulierung übertragen.[371] Die sich auf den Schutz der Meinungsfreiheit positiv auswirkende Möglichkeit der Netzwerkanbieter, die Überprüfung von Inhalten auf eine unabhängige Instanz zu übertragen, bleibt damit faktisch ohne Wirkung.

Zwar entscheiden auch in diesen Einrichtungen nicht zwingend Juristen über die rechtliche Bewertung eines Inhalts, so dass sie jedenfalls keine gerichtliche Entscheidung ersetzen können. Zudem besteht noch die grundsätzliche

---

370 *Warg*, DÖV 2018, 473 (480); *Hofmann*, MR-Int 2017, 87 (90).
371 Siehe hierzu die entsprechenden Transparenzberichte der sozialen Netzwerke.

Frage, ob das aus dem Jugendmedienschutz bekannte System der Regulierten Selbstregulierung für die Zwecke des NetzDG überhaupt geeignet ist.[372] Trotzdem handelt es sich bei diesen Einrichtungen um Organisationen, die an dem Ausgang der Entscheidung über einen Inhalt, anders als die Netzwerkanbieter selbst, kein wirtschaftliches Interesse haben.[373] Da für die Einrichtungen der Regulierten Selbstregulierung nicht dieselben Entscheidungsfristen wie für die Netzwerkanbieter bestehen, kann zudem viel eher eine übereilte Entscheidung über die Rechtswidrigkeit von Inhalten verhindert werden. Nach § 3 Abs. 2 Nr. 3b NetzDG kann die Frist von sieben Tagen überschritten werden, wenn ein Netzwerkanbieter die Entscheidung über den Inhalt innerhalb von sieben Tagen nach Eingang der Beschwerde auf die Einrichtung überträgt.

Die Regelung, nach der die Entscheidung über die Beauftragung einer solchen Einrichtung den Netzwerkanbietern überlassen wird, geht daher zu Lasten der Meinungsfreiheit der Nutzer.

g) Ungleichgewicht im Schutz der betroffenen Grundrechte

Wie sich gezeigt hat, enthält das NetzDG einige Vorschriften, die die Netzwerkanbieter zum Schutz des allgemeinen Persönlichkeitsrechts verpflichten. Weniger bzw. weniger effektive Vorschriften sind dagegen zum Schutz der Meinungsfreiheit zu finden. Im Hinblick auf die Meinungsfreiheit kommen die Wertungen der Grundrechtsordnung lediglich bei der Frage zur Geltung, ob eine tatbestandsmäßige Äußerung gerechtfertigt werden kann. Etwas anderes gilt in Bezug auf das Persönlichkeitsrecht. Dies macht ein Blick auf die in § 1 Abs. 3 NetzDG genannten Strafnormen deutlich. Erhalten die Anbieter z.B. eine Beschwerde über eine mutmaßliche Beleidigung und überprüfen dann deren Inhalt am Maßstab des § 185 BGB, findet das Persönlichkeitsrecht in Gestalt des Ehrenschutzes unmittelbare Anwendung, während die Wertbestimmungen der Meinungsfreiheit in § 185 StGB keinen entsprechenden Ausdruck finden.[374]

Dadurch entsteht ein Ungleichgewicht im Hinblick auf das Verhältnis zwischen dem Schutz der Meinungsfreiheit und des allgemeinen Persönlichkeitsrechts bei der Anwendung des NetzDG. In der Folge verliert das Grundrecht der Meinungsfreiheit im Vergleich zum Persönlichkeitsrecht an Durchsetzungskraft.

---

372 Dazu BR-Nomos/*Liesching*, NetzDG, § 3 Rn. 23.
373 Zur Notwendigkeit der Unabhängigkeit von den betroffenen Unternehmen *Hain/Ferreau/Brings-Wiesen*, K&R 2017, 433 (436).
374 Zum Verhältnis zwischen Meinungsfreiheit und §§ 823 Abs. 1, 1004 BGB: Isensee/Kirchhof/*Papier*, HStR II, § 55 Rn. 12.

Dieses Ungleichgewicht wird dadurch verstärkt, dass den Netzwerkanbietern hohe Bußgelder drohen, wenn sie rechtswidrige Inhalte systematisch nicht löschen, dagegen keine Rechtsfolgen vorgesehen sind, wenn systematisch rechtmäßige Inhalte gelöscht werden. Es ist daher davon auszugehen, dass sich die Netzwerkanbieter aufgrund von wirtschaftlichen Erwägungen im Zweifel für die Löschung eines Inhalts entscheiden werden, auch, um damit eine Beschwerde beim Bundesamt für Justiz zu vermeiden. Dieses als „Overblocking" bezeichnete Phänomen[375] hat sich im Anwendungsbereich des NetzDG zwar noch nicht bestätigt, wenn man zur Beurteilung dieser Frage die in den Transparenzberichten veröffentlichten Zahlen zur Löschung von Inhalten heranzieht. Danach ist die Anzahl der auf Grundlage des NetzDG gelöschten Inhalte eher niedrig. Allerdings schließt auch eine eher geringere Anzahl von Löschungen nicht zwingend ein „Overblocking" aus, da die veröffentlichten Statistiken keine Grundlage zur Beurteilung der Frage zur Verfügung stellen, ob ein Inhalt zu Unrecht gelöscht wurde. Zudem werden die meisten Inhalte schon wegen eines Verstoßes gegen die Nutzungsbedingungen entfernt, bevor es überhaupt zu einer Überprüfung am Maßstab des § 1 Abs. 3 NetzDG kommt. Die Einhaltung dieser Prüfungsreihenfolge machen die Netzwerkanbieter auch in ihren Transparenzberichten deutlich. Da die Nutzungsbedingungen nicht nur gesetzeswidrige Inhalte verbieten, sondern strengere Vorgaben machen, werden regelmäßig solche Inhalte gelöscht, die nicht gegen deutsche Gesetze verstoßen. Die Gefahr der übermäßigen Löschung von Inhalten durch die Netzwerkanbieter besteht deshalb nach wie vor.

Insgesamt ist festzuhalten, dass es für die Meinungsfreiheit im Anwendungsbereich des NetzDG nur wenig Schutzvorrichtungen gibt, während gleichzeitig das Gefahrenpotential für dieses Grundrecht insbesondere durch die Ausgestaltung des Beschwerdeverfahrens sehr hoch ist.

h) Unausgewogenes Machtverhältnis

Die Gefährdung der Meinungsfreiheit im Anwendungsbereich des NetzDG wird zudem durch das unausgewogene Machtverhältnis zwischen Nutzern und Netzwerkanbietern verstärkt.[376]

Zunächst ist zwar festzuhalten, dass die Machtverhältnisse auch in sonstigen privatrechtlichen Beziehungen nicht immer ausgeglichen sind, sondern oftmals

---

375 Für viele *Guggenberger*, NJW 2017, 2577.
376 *Nolte* bezeichnet dieses Missverhältnis als eine „starke Asymmetrie" zwischen Diensteanbieter und Nutzern, ZUM 2017, 552 (558).

eine Partei der anderen überlegen ist. Dies entspricht z.B. der Ausgangslage in einem Arbeitsverhältnis, auf dessen Grundlage der Arbeitgeber dem Arbeitnehmer Weisungen erteilen kann und die Möglichkeit hat, das Arbeitsverhältnis insgesamt abzuändern oder zu beenden. Eine Vielzahl an Vorschriften, die dem Arbeitnehmer Rechte verleihen, hat diese im Grundsatz bestehende Übermacht des Arbeitgebers inzwischen aber verringert und sorgt für einen Machtausgleich in diesem Verhältnis. Auch bei sonstigen Privatrechtsverhältnissen, die nicht auf einer Über- und Unterordnung beruhen, wird auf diese Weise ein Ausgleich der Machtverhältnisse hergestellt. Das gilt z.B. bei einem Vertrag zwischen Privatpersonen, für dessen Abschluss die Beteiligten die Bedingungen aushandeln und dabei freiwillig auf Rechte verzichten können. In diesen Fällen besteht sowohl in rechtlicher als auch in faktischer Hinsicht ein Gleichordnungsverhältnis. Folglich droht den Grundrechten der Parteien auch keine Gefahr, wie sie in den Fällen besteht, in denen der Staat aus seiner auf Hoheitsmacht beruhenden Position der Übermacht in die Rechte des Einzelnen eingreift, da die Positionen im Wesentlichen ausgeglichen sind.

Bei dem Verhältnis zwischen Netzwerkanbietern und ihren Nutzern kann von einem im Wesentlichen ausgeglichenen Rechtsverhältnis dagegen nicht die Rede sein. Auch wenn die Nutzer mit dem Anbieter einen Plattformvertrag abgeschlossen haben und es sich dabei um ein privatrechtliches Rechtsverhältnis handelt, sind die Netzwerkanbieter den Nutzern in ihren Einwirkungsmöglichkeiten deutlich überlegen. Ursache für die Übermacht ist zwar nicht alleine das NetzDG, was sich insbesondere am Beispiel der Nutzungsbedingungen zeigt, die die Netzwerkanbieter von Anfang an nach ihren eigenen Vorstellungen ausgestaltet und auch durchgesetzt haben. Sie wird aber durch die Vorschriften des NetzDG verstärkt, die den Netzwerkanbietern strikte Vorgaben zur Überprüfung von Inhalten machen und in diesem Zusammenhang hohe Bußgelder androhen.

Entfernen oder Sperren die Netzwerkanbieter die Inhalte, handelt es sich dabei um einseitige Maßnahmen zu Lasten der Meinungsfreiheit der Nutzer. Auch wenn die Netzwerkanbieter als Konsequenz der Einordnung eines Inhalts als rechtswidrig weder Freiheits- noch Geldstrafen verhängen dürfen, stellt schon die Entfernung eines Inhalts eine erhebliche Beeinträchtigung dar und verdeutlicht die Übermacht der Netzwerkanbieter. Die besondere Machtstellung der Netzwerkanbieter ergibt sich weiterhin daraus, dass sich die Nutzerzahlen auf wenige soziale Netzwerke konzentrieren und damit eine Art Monopol dieser Netzwerke entsteht. Dies gilt insbesondere für Facebook, das mit 32 Millionen deutschen monatlich aktiven Nutzern mit Abstand das größte soziale Netzwerk ist und Instagram mit 17 Millionen deutschen Nutzern dabei weit hinter sich lässt.³⁷⁷ Wird daher ein Inhalt entfernt oder sogar ein Account gesperrt, stellt dies für den betroffenen Nutzer eine erhebliche Einschränkung der Teilnahme an den aktuell wichtigsten Kommunikationsräumen dar.

4. Ergebnis

Das NetzDG enthält einige Vorschriften, die den Netzwerkbetreibern Vorgaben zum Schutz des allgemeinen Persönlichkeitsrechts der Nutzer auferlegen. Viel weniger Vorschriften dienen dagegen dem Schutz anderer Grundrechte. Im Gegenteil gefährden einige Regelungen des NetzDG sogar die Meinungsfreiheit der Nutzer.

II. Schutz der Grundrechte durch zivilrechtliche Vorschriften

1. §§ 823, 1004 BGB

Nicht nur das NetzDG macht Vorgaben, auf welche Weise die Netzwerkanbieter zum Schutz der Grundrechte von Nutzern verpflichtet sind. Daneben enthält auch das BGB Vorschriften, die den Netzwerkanbietern entsprechende Pflichten auferlegen.³⁷⁸

Aus dem BGB ergeben sich Anspruchsgrundlagen gegen die Netzwerkanbieter, auf deren Basis die Unterlassung der Verbreitung von Inhalten und damit ihre Entfernung von der jeweiligen Plattform gefordert werden kann. Neben einigen spezialgesetzlichen Regelungen wie z.B. § 97 Abs. 1 S. 1 UrhG, §§ 14 Abs. 5, 15 Abs. 4 MarkenG oder § 8 UWG kommen dafür insbesondere die allgemeinen zivilrechtlichen Vorschriften zur Unterlassung bzw. Beseitigung einer Störung gem. § 1004 Abs. 1 BGB analog i.V.m. §§ 823, 824, 826 in Betracht.³⁷⁹ Auch wenn Netzwerkanbieter für die Inhalte auf ihren Plattformen nicht unmittelbar selbst verantwortlich sind, können sie dennoch als mittelbare Störer in Anspruch genommen werden.³⁸⁰

---

377 Für beide Zahlen: https://www.kontor4.de/beitrag/aktuelle-social-media-nutzerzahlen.html [24.04.2020].
378 So auch der Gesetzentwurf der Fraktionen CDU/CSU und SPD, BT-Drs. 18/12356, S. 21.
379 BeckOK InfoMedienR/*Paal*, TMG, § 7 Rn. 5; HHKo MedienR/*Gerecke*, 53. Abschnitt Rn. 24 f.
380 HHKo MedienR/*Gerecke*, 53. Abschnitt Rn. 26.

a) Voraussetzung der Störerhaftung

Die Haftung als mittelbare Störung betrifft insbesondere sog. Host-Provider. Ein Host-Provider bietet die technische Infrastruktur an, die es den Nutzern des Angebots ermöglicht, eigene Inhalte zu verbreiten, die auf der Seite des Anbieters dauerhaft gespeichert werden.[381] Anbieter sozialer Netzwerke sind somit in die Kategorie der Host-Provider einzuordnen.[382] Aufgrund ihrer zunächst neutralen Tätigkeit als Vermittler von Speicherplatz werden Host- und Access-Provider auch als „Intermediäre" bezeichnet.[383]

Voraussetzung für einen Anspruch gegen den Diensteanbieter als Host-Provider auf Beseitigung eines Inhalts bzw. Unterlassung dessen Verbreitung nach diesen Vorschriften ist, dass der Betroffene durch einen Inhalt in einem seiner geschützten Rechte verletzt wird und der Host-Provider als Störer verantwortlich ist.[384] Bei ehrverletzenden Äußerungen im Internet ist als absolutes Recht z.B. das von Art. 2 Abs. 1 GG i.V.m. Art. 1 Abs. 1 GG geschützte allgemeine Persönlichkeitsrecht betroffen.[385] Dieses Recht ist zivilrechtlich als sonstiges Recht im Sinne des § 823 Abs. 1 BGB anerkannt.[386] Liegt eine solche Anspruchsgrundlage vor und sind daneben auch die weiteren Voraussetzungen der Störerhaftung erfüllt, ist der Host-Provider zur Entfernung des jeweiligen Inhalts und auf diese Weise auch mittelbar zum Schutz der Rechte des betroffenen Nutzers verpflichtet.

b) Einschränkung der Haftung

Die Störerhaftung gilt dabei nicht unbegrenzt. Einschränkungen der Verantwortlichkeit der Host-Provider und damit ihrer Haftung im Rahmen von Unterlassungs- und Beseitigungsansprüchen ergeben sich entgegen der ersten Vermutung nicht aus § 10 TMG, da diese Regelung nur für die Verantwortlichkeit im Sinne des Strafrechts und die Haftung auf Schadensersatz gilt, nicht aber im Anwendungsbereich der allgemeinen zivilrechtlichen Unterlassungs- und Beseitigungsansprüche.[387] Dies ergibt sich aus § 7 Abs. 2 S. 2 TMG, der vor dem

---

381 BeckOK StGB/*Valerius*, LexStR, Providerhaftung, Rn. 11 f.
382 Hasselblatt/*Lotze/Heinson*, MAH GewRS, Teil E § 30 Rn. 158.
383 *Ohly*, ZUM 2015, 308 (308).
384 HHKo MedienR/*Gerecke*, 53. Abschnitt Rn. 26 ff.
385 Zur Verletzung des APR bei Medienberichterstattung HHKo MedienR/*Meyer*, 40. Abschnitt Rn. 2.
386 MüKoBGB/*Wagner*, BGB, § 823 Rn. 417.
387 Ständige Rspr. des BGH, Urt. v. 11.03.2004 – I ZR 304/01 = GRUR 2004, 860 (862); BGH, Urt. v. 12.07.2007 – I ZR 18/04 = GRUR 2007, 890 (892); BGH, Urt. v

Hintergrund von Erwägungsgrund 46 der E-Commerce-Richtlinie ausgelegt werden muss.[388] Nach dem Erwägungsgrund 46 lässt diese Richtlinie „die Möglichkeit der Mitgliedstaaten unberührt, spezifische Anforderungen vorzuschreiben, die vor der Entfernung von Informationen oder der Sperrung des Zugangs unverzüglich zu erfüllen sind". Eine solche Regelung wurde in § 7 TMG erlassen. Nach § 7 Abs. 2 S. 2 TMG sind Diensteanbieter im Sinne der §§ 8-10 TMG nicht dazu verpflichtet, die von ihnen übermittelten oder gespeicherten Inhalte zu überwachen oder nach Umständen zu forschen, die auf eine rechtswidrige Tätigkeit hinweisen. Daraus und aus dem Gesamtzusammenhang der gesetzlichen Regelung ergibt sich, dass § 10 TMG nicht auf Unterlassungsansprüche anwendbar ist.[389] Für die Unterlassungsansprüche gelten die in der Rechtsprechung entwickelten Grundsätze zur Einschränkung der Störerhaftung.

Da eine Haftung der Host-Provider für fremde Inhalte ohne eine Beschränkung ausufern würde, wurden in der Rechtsprechung Voraussetzungen für die Störerhaftung entwickelt. Störer ist danach, „wer – ohne Täter oder Teilnehmer zu sein – in irgendeiner Weise willentlich und adäquat-kausal zur Verletzung des geschützten Rechtsguts beiträgt".[390] Einen solchen Beitrag zur Verletzung von absolut geschützten Rechtsgütern leisten Host-Provider bereits dadurch, dass sie ihren Nutzern den Zugang zu den jeweiligen Plattformen zum Zweck der Veröffentlichung und des Abrufens von Inhalten ermöglichen.[391] Somit ist ein Host-Provider im Grundsatz zur Entfernung eines rechtsverletzenden Inhalts von seiner Plattform verpflichtet, sobald ihm der jeweilige Inhalt bekannt wird.[392] Solange der Host-Provider dagegen keine Kenntnis von einem solchen Inhalt hat, ist zum einen seine Haftung ausgeschlossen und er muss zum anderen nach § 7 Abs. 2 TMG bzw. Art. 15 der Richtlinie 2000/31/EG über den elektronischen Geschäftsverkehr auch keine vorbeugenden Überprüfungen durchführen.[393]

Würde allein die Kenntnis von einem Inhalt für eine Haftung als Störer ausreichen, hätte die Verpflichtung zur Löschung kaum Grenzen, was in Anbetracht der Tatsache, dass es sich bei den Host-Providern nur um mittelbare Störer

---

19.04.2007 – I ZR 35/04 = GRUR 2007, 708 (710); BGH, Urt. v. 30.04.2008 – I ZR 73/05 = GRUR 2008, 702 (705); BGH, Versäumnisurt. v. 25.10.2011 – VI ZR 93/10 = NJW 2012, 148 (150).
388 Details dazu bei BeckOK InfoMedienR/*Paal*, TMG, § 7 Rn. 55.
389 BGH, Versäumnisurt. v. 25.10.2011 – VI ZR 93/10 = NJW 2012, 148 (150).
390 BGH, Urt. v. 15.08.2013 – I ZR 80/12 = GRUR 2013, 1030 (1032).
391 BGH, Versäumnisurt. v. 25.10.2011 – VI ZR 93/10 = NJW 2012, 148 (150).
392 HHKo MedienR/*Gerecke*, 53. Abschnitt Rn. 32.
393 Spindler/Schmitz/*Spindler*, TMG, § 10 Rn. 101.

handelt, unangemessen wäre.[394] Die Haftung von Host-Providern ist daher davon abhängig, ob diese zusätzlich ihre Prüfpflichten verletzt haben.[395] Wie weit diese Prüfpflichten gehen, hängt davon ab, in welchem Umfang den Host-Providern im Einzelfall eine solche Überprüfung zugemutet werden kann.[396]

Hinsichtlich der Prüfpflichten von Host-Providern bestehen verschiedene Verfahrensstufen, die Vorgaben zur Überprüfung von Inhalten ab dem Zeitpunkt der Kenntnisnahme von möglicherweise rechtsverletzenden Inhalten machen. Diese Verfahrensstufen lassen sich folgendermaßen darstellen: Zunächst wird eine Prüfpflicht des Host-Providers nur dann ausgelöst, wenn der Betroffene einen Inhalt meldet und dabei seine Beanstandung so darstellt, dass sich ein Rechtsverstoß unmittelbar daraus herleiten lässt. Nach der Anzeige eines Rechtsverstoßes beim Host-Provider wird zunächst eine Stellungnahme von dem für den Inhalt Verantwortlichen bezüglich der Beanstandung eingeholt. Diese muss innerhalb einer angemessenen Frist erfolgen. Ansonsten ist von einer berechtigten Anzeige des Inhalts als rechtswidrig auszugehen. Werden durch die Stellungnahme des Verantwortlichen Zweifel an der Rechtswidrigkeit des Inhalts hervorgerufen, ist die Stellungnahme an den Betroffenen weiterzuleiten, der sich ebenfalls innerhalb einer angemessenen Frist dazu zu äußern hat. Bleibt eine solche Äußerung aus oder kann der Betroffene die Zweifel an der Rechtswidrigkeit nicht ausräumen, wird der beanstandete Inhalt nicht entfernt. Bestätigt die Äußerung des Betroffenen dagegen die Rechtswidrigkeit des Inhalts, hat der Host-Provider diesen aufgrund seiner Eigenschaft als Störer zu entfernen. Grund für die Pflicht zur Durchführung dieser Verfahrensschritte sind die in dieser Auseinandersetzung betroffenen Grundrechte, die in einen Ausgleich zu bringen sind: Auf der einen Seite das Persönlichkeitsrecht des Betroffenen und auf der anderen Seite die Medien- und Meinungsfreiheit des Host-Providers.[397]

---

394 BGH, Versäumnisurt. v. 25.10.2011 – VI ZR 93/10 = NJW 2012, 148 (150); so auch HHKo MedienR/*Gerecke*, 53. Abschnitt Rn. 29.
395 BGH, Urt. v. 15.08.2013 – I ZR 80/12 = GRUR 2013, 1030 (1032); BGH, Urt. v. 12.07.2012 – I ZR 18/11 = ZUM 2013, 288 (289); BGH, Versäumnisurt. v. 25.10.2011 – VI ZR 93/10 = NJW 2012, 148 (150).
396 BGH, Urt. v. 15.08.2013 – I ZR 80/12 = GRUR 2013, 1030 (1032); BGH, Urt. v. 12.07.2012 – I ZR 18/11 = ZUM 2013, 288 (289); BGH, Versäumnisurt. v. 25.10.2011 – VI ZR 93/10 = NJW 2012, 148 (150).
397 Zum ganzen Abschnitt über die Prüfpflichten BGH, Versäumnisurt. v. 25.10.2011 – VI ZR 93/10 = NJW 2012, 148 (150 f.).

2. Ergebnis

Die §§ 823, 1004 BGB analog verpflichten die Netzwerkanbieter im Rahmen der Vorgaben der Störerhaftung dazu, Inhalte ab Kenntniserlangung von einer möglichen Rechtsverletzung anhand bestimmter Verfahrensschritten zu überprüfen und ggf. zu löschen oder zu entfernen. Die Störerhaftung beruht darauf, dass die Netzwerkanbieter durch das Betreiben ihrer Plattform auf kausale Weise zur Verletzung eines geschützten Rechtsguts beitragen.[398]

Durch die Pflicht der Netzwerkanbieter, im Rahmen der Störerhaftung bestimmte Inhalte zu überprüfen, die Persönlichkeitsrechte der Betroffenen verletzen könnten, wird zunächst der Schutz des allgemeinen Persönlichkeitsrechts aus Art. 2 Abs. 1 i.V.m. Art. 1 Abs. 1 GG durch die Netzwerkanbieter verbessert. Verletzt ein Inhalt das Persönlichkeitsrecht des Betroffenen, ergibt sich der Beseitigungsanspruch aus § 1004 Abs. 1 BGB analog i.V.m. § 823 Abs. 1 BGB bzw. einer speziellen Haftungsvorschrift.[399]

Die einzelnen Verfahrensschritte von der Kenntniserlangung von einem Inhalt bis zu dessen Löschung oder Sperrung, die von der Rechtsprechung vorgegeben werden, verpflichten die Netzwerkanbieter insbesondere zum Schutz der Meinungsfreiheit derjenigen Nutzer, von denen der fragliche Inhalt stammt. Dazu gehört vor allem die Verpflichtung, im Hinblick auf die Beanstandung eines bestimmten Inhalts eine Stellungnahme des Urhebers einzuholen und dessen Stellungnahme ggf. dem Beschwerdesteller zur Erwiderung vorzulegen. Indem zwingend auch der Urheber des Inhalts gehört wird, ermittelt der Netzwerkanbieter auf diese Weise zunächst den Sachverhalt. Der Urheber hat zudem die Gelegenheit, Gründe darzulegen, aus denen sich die Rechtmäßigkeit des Inhalts ergeben kann. In der Folge wird es den Netzwerkanbietern ermöglicht, die erforderliche Abwägung der dabei widerstreitenden Rechte durchzuführen. Im Vergleich dazu enthält das NetzDG weniger ausgewogene Regelungen, indem es die Netzwerkanbieter vorrangig zum Schutz des allgemeinen Persönlichkeitsrechts verpflichtet.

Auch wenn das Grundrecht der Meinungsfreiheit der Nutzer mittels der Störerhaftung von Netzwerkanbietern damit effektiver geschützt wird als auf Grundlage des NetzDG, zeigt die Störerhaftung dahingehend Schwächen, dass bis zur tatsächlichen Entfernung eines rechtsverletzenden Inhalts aufgrund

---

398 Dazu und mit Verweisen auf Rechtsprechung zu dieser Frage HHKo MedienR/*von Petersdorff-Campen*, 30. Abschnitt Rn. 10 Fn. 20.
399 HHKo MedienR/*Schmücker*, 3. Aufl., 53. Abschnitt Rn. 38.

der einzuholenden Stellungnahmen regelmäßig einige Zeit verstreichen muss. Damit besteht das Risiko, dass ein rechtsverletzender Inhalt noch längere Zeit für andere Nutzer sichtbar und auch teilbar ist. Diesbezüglich ist ein ungenügender Schutz des Art. 2 Abs. 1 i.V.m. Art. 1 Abs. 1 GG zu beklagen. Insgesamt lässt sich aber festhalten, dass die Störerhaftung nach §§ 823, 1004 BGB analog in der Ausgestaltung durch die Rechtsprechung von den Netzwerkanbietern eine ausgewogene Umgangsweise mit rechtsverletzenden Inhalten fordert und einen besseren Ausgleich der betroffenen Rechte ermöglicht.

III. Schutz der Grundrechte durch Vorschriften des StGB

Auch Vorschriften des StGB verpflichten die Netzwerkanbieter zum Schutz der Nutzer.

Dabei ist zunächst umstritten, ob sich aus strafrechtlichen Vorschriften eine Löschpflicht für die Netzwerkanbieter ergeben kann. Teilweise wird davon ausgegangen, dass Host-Provider aufgrund einer Garantenpflicht nach § 13 StGB für die auf ihren Servern gespeicherten strafbaren Inhalte verantwortlich und deshalb zu ihrer Löschung verpflichtet sind.[400] Nach dieser Ansicht ergibt sich die Garantenstellung daraus, dass der Host-Provider die Möglichkeit zur Begehung von Straftaten schafft, indem er den Nutzern Speicherplatz zur Verfügung stellt.[401] Dagegen lässt sich vorbringen, dass die Plattform eines Host-Providers vom Täter zwar zur Begehung der Tat verwendet wird, der Plattformbetreiber die dort gespeicherten Informationen aber nur aufgrund der technischen Gegebenheiten tatsächlich beherrscht und sich daraus allein noch keine Garantenstellung ergeben kann.[402] Auch aus § 10 TMG lässt sich eine Garantenstellung für Host-Provider nicht herleiten, da diese Norm ihre Haftungsprivilegierung regelt und damit keine Aussage darüber trifft, wann Host-Provider strafrechtlich verantwortlich sind.[403] Die überwiegenden Argumente sprechen daher gegen eine allgemeine Garantenpflicht der Netzwerkanbieter.

Strafrechtliche Normen spielen allerdings insofern eine Rolle, als Host-Provider bei der Veröffentlichung von strafbaren Inhalten auf ihren Plattformen im Wege der zivilrechtlichen Störerhaftung aus § 1004 Abs. 1 S. 2 BGB analog zur Löschung verpflichtet sein können, weil es sich bei bestimmten Strafnormen um

---

400 Schönke/Schröder/*Bosch*, StGB, § 13 Rn. 44.
401 *Hörnle*, NJW 2002, 1008 (1011).
402 *Ceffinato*, JuS 2017, 403 (406).
403 MüKoStGB/*Altenhain*, Vorb. §§ 7 ff. TMG Rn. 4 mwN.

Schutzgesetze im Sinne des § 823 Abs. 2 BGB handelt.[404] Ein Schutzgesetz liegt vor, wenn die Norm nicht nur Interessen der Allgemeinheit schützt, sondern auf den Schutz von Interessen Einzelner gerichtet ist.[405] Erfüllt ein Inhalt daher die Voraussetzungen einer Strafnorm, bei der es sich um ein Schutzgesetz handelt, enthält die jeweilige Strafrechtsnorm vermittelt durch die zivilrechtliche Haftung der Netzwerkanbieter Vorgaben zum Schutz der Grundrechte der Nutzer.

Wie bereits im Zusammenhang mit den Regelungen des NetzDG erläutert, dienen die §§ 185 ff. StGB dem Schutz der persönlichen Ehre. Diese ist vom sachlichen Schutzbereich des allgemeinen Persönlichkeitsrechts gem. Art. 2 Abs. 1 i.V.m. Art. 1 Abs. 1 GG erfasst. Ebenso dient auch § 201a StGB, der die Verletzung des höchstpersönlichen Lebensbereichs unter Strafe stellt, dem Schutz eines Aspektes des allgemeinen Persönlichkeitsrechts.

In diesen Fällen verpflichten auch Strafnormen die Netzwerkanbieter vermittelt durch die zivilrechtliche Störerhaftung zum Schutz von Grundrechten.

IV. Fazit

Die Netzwerkanbieter werden durch unterschiedliche Vorschriften des einfachen Rechts zum Schutz der Grundrechte der Nutzer verpflichtet. Wie im Rahmen des NetzDG steht dabei erneut der Schutz des allgemeinen Persönlichkeitsrechts im Vordergrund. Im Anwendungsbereich der Störerhaftung macht die Rechtsprechung Host-Providern verfahrenstechnische Vorgaben für die Überprüfung von gemeldeten Inhalten, die insbesondere die Möglichkeit zur Stellungnahme der Beteiligten vorschreiben. Diese wirken sich positiv auf den Schutz der Meinungsfreiheit durch die Netzwerkanbieter aus.

---

404 Übersicht bei BeckOK BGB/*Förster*, BGB, § 823 Rn. 290; Beispiele bei HHKo MedienR/*Meyer*, 40. Abschnitt Rn. 2.
405 Daurer-Lieb/Langen/*Katzenmeier*, BGB, § 823 Rn. 528.

§ 5 Grundrechtsschutz durch Private: Vertragliche Regelungen

Auch auf Grundlage von vertraglichen Regelungen erfahren Nutzer durch die Netzwerkanbieter Schutz hinsichtlich ihrer Grundrechte.

1. Nutzungsbedingungen

Zu nennen sind in diesem Zusammenhang zunächst die Nutzungsbedingungen der Netzwerkanbieter. Das Rechtsverhältnis zwischen den Netzwerkanbietern und Nutzern eines sozialen Netzwerks wird durch einen privatrechtlichen Nutzungvertrag gestaltet. Es handelt sich dabei um einen Plattformvertrag, wobei über dessen vertragstypologische Einordnung Uneinigkeit besteht.[406] Die vertraglichen Bestimmungen fordern von einem Nutzer die Zustimmung zu den Nutzungsbedingungen, bevor ihm Zugang zu dem jeweiligen Internetdienst gewährt wird. Bei den Nutzungsbedingungen der sozialen Netzwerke handelt es sich um Allgemeine Geschäftsbedingungen im Sinne der §§ 305 ff. BGB.[407]

Die Nutzungsbedingungen bestimmen insbesondere, welche Inhalte auf den jeweiligen Plattformen veröffentlicht werden dürfen und welche Konsequenzen das Veröffentlichen von Inhalten entgegen dieser Richtlinien haben kann, wie z.B. die Sperrung des Nutzerkontos für eine bestimmte Zeit oder sogar der Auschluss von der Nutzung der jeweiligen Plattform.[408] Durch diese Vertragsgestaltung haben sich die Netzwerkanbieter zum Teil selbst Vorgaben zum Schutz der Grundrechte auferlegt.

a) Nutzungsbedingungen zum Schutz des allgemeinen Persönlichkeitsrechts

Dabei knüpfen die Netzwerkanbieter, anders als das NetzDG, hinsichtlich ihrer Vorgaben für die Zulässigkeit von Inhalten nicht an Strafnormen an, sondern formulieren eigene Regelungen. Diese enthalten für die Überprüfung von

---

406 U.a. *Redeker*, IT-R, D. Rn. 1277 ff.; *Bräutigam*, MMR 2012, 635 ff.; idR offen gelassen von der Rspr. z.B. in BGH, Urt. v. 12.7.2018 – 3 ZR 183/17 = NZFam 2018, 800 Rn. 19; OLG München, Beschl. v. 24.08.2018 – 18 W 1294/18 = BeckRS 2018, 20659 Rn. 18.
407 OLG Dresden, Beschl. v. 08.08.2018 – 4 W 577/18 Ls. 1, zit. nach juris.
408 So z.B. laut den Nutzungsbedingungen von Facebook: https://de-de.facebook.com/communitystandards/ [13.08.2020].

Inhalten strengere Maßstäbe als strafrechtliche Vorschriften und können deshalb auch dann schon zu einer Löschung oder Sperrung von Inhalten führen, wenn die Grenze der Strafbarkeit noch nicht erreicht ist.[409] Die Vorgaben darüber, was Nutzern erlaubt ist und unter welchen Voraussetzungen ein Inhalt entfernt oder das Nutzerkonto gesperrt wird, beschreiben einzelne Verhaltensweisen, die untersagt sind. Dazu gehört im Schutzbereich des Art. 2 Abs. 1 i.V.m. Art. 1 Abs. 1 GG insbesondere das Verbot, Hass zu schüren, Minderheiten zu unterdrücken oder zu Gewalt aufzurufen.[410] Auf diese Weise wird im Hinblick auf das allgemeine Persönlichkeitsrecht ein hohes Schutzniveau gewährt. Diesen im Vergleich zu gesetzlichen Regelungen meist strengeren Anforderungen[411] wird in der Praxis dadurch Vorrang eingeräumt, dass die Netzwerkanbieter auch einen nach dem NetzDG gemeldeten Inhalt zunächst an den Vorgaben der eigenen Nutzungsbedingungen messen und ggf. löschen. Nur wenn ein Inhalt nicht gegen die Nutzungsbedingungen verstößt, wird geprüft, ob es sich dabei um einen rechtswidrigen Inhalt im Sinne des § 1 Abs. 3 NetzDG handelt.

Den Nutzungsbedingungen und damit vor allem dem Persönlichkeitsrecht der Betroffenen wird außerdem dadurch zur Durchsetzung verholfen, dass die Netzwerkanbieter Inhalte auch ohne eine Meldung durch andere Nutzer auf ihre Vereinbarkeit mit den Nutzungsbedingungen überprüfen. Neben Angestellten der Netzwerkbetreiber, die Plattformen auf solche Inhalte hin untersuchen, werden dafür auch Algorithmen eingesetzt. Dadurch können rechtsverletzende Inhalte unter Umständen schon früher entdeckt und gelöscht werden, als wenn auf eine Meldung der Inhalte durch Nutzer gewartet werden würde.

b) Nutzungsbedingungen zum Schutz der Meinungsfreiheit

Die Nutzungsbedingungen der Netzwerkanbieter beschäftigen sich auch mit der Bedeutung der Meinungsfreiheit für die Nutzung sozialer Netzwerke. Dabei gibt es nicht wie zum Schutz des Persönlichkeitsrechts einzelne Verbote oder Vorgaben dafür, welche Inhalte veröffentlicht werden dürfen. Freie Meinungsäußerung und faire Kommunikation werden vielmehr als Zweck und Grundlage der Nutzung von sozialen Netzwerken festgesetzt. So positiv diese grundsätzliche Ausrichtung der Plattformen ist, bestehen dennoch Zweifel hinsichtlich der

---

409 Ebd.
410 Solche Vorgaben sind z.B. in den Nutzungsbedingungen von Facebook und Twitter enthalten.
411 Dazu auch der Bundesrat in seiner Stellungnahme zum Gesetzentwurf der Bundesregierung, BT-Drs. 18/12727, S. 16 f.

Schutzwirkung solcher nur wenig konkreten Vorgaben. Während zum Schutz der Persönlichkeitsrechte von Betroffenen bestimmte Regeln und Verbote aufgestellt wurden, ist dies zum Schutz der Meinungsfreiheit nicht erfolgt. Damit ist auch nicht erkennbar, an welchem Maßstab zum Schutz der Meinungsfreiheit sich die Netzwerkanbieter bei der Entscheidung über die Löschung von Inhalten im Einzelnen orientieren. Gleichzeitig enthalten die Nutzungsbedingungen viele Regelungen, auf deren Grundlage die Netzwerkanbieter dazu berechtigt sind, Inhalte zu entfernen oder den Zugang zur Plattform zu sperren. Die Meinungsfreiheit erfährt durch die Nutzungsbedingungen selbst daher nur eingeschränkten Schutz.

c) Intensität des Schutzes der einzelnen Grundrechte vor dem Hintergrund der Löschpraxis

Im Hinblick auf die Ausgestaltung der Nutzungsbedingungen lässt sich festhalten, dass diese in erster Linie Regelungen zum Schutz des allgemeinen Persönlichkeitsrechts enthalten, hinsichtlich der Meinungsäußerungsfreiheit dagegen keine konkreten Vorgaben gemacht werden. Unter Berücksichtigung der Nutzungsbedingungen werden auch solche Inhalte gelöscht, die, gemessen an den Vorgaben des Art. 5 GG, noch vom Schutz der Meinungsfreiheit erfasst wären. Indem Netzwerkanbieter zunächst auf Grundlage der weiter gefassten Nutzungsbedingungen löschen und erst in einem zweiten Schritt eine Prüfung am Maßstab der strafrechtlichen Vorschriften erfolgt, können sie verhindern, dass rechtswidrige Inhalte übersehen und nicht gelöscht werden. Jedenfalls in der Theorie führt die Anwendung der Nutzungsbedingungen damit zu einer größeren Gefahr für die Meinungsfreiheit als die Anwendung des NetzDG durch die Netzwerkanbieter. Die mangelhaften Schutzvorschriften in den Nutzungsbedingungen zu Gunsten der Meinungsfreiheit scheinen den Vorwurf des Overblockings zu bestätigen.[412]

Im Hinblick auf die Umsetzung des NetzDG lässt der Blick auf die Löschpraxis dagegen nicht vermuten, dass das befürchtete Overblocking eingetreten ist. Die Löschquoten betragen bei Facebook ein Drittel und bei YouTube und Twitter weniger als ein Drittel der gemeldeten Inhalte.[413] Allerdings erweisen

---

412 Zur Frage des Overblockings sowohl hinsichtlich des NetzDG als auch der AGB im Detail siehe die Untersuchung von *Liesching/Funke/Hermann/Kneschke/Michnick/ Nguyen/Prüßner/Rudolph/Zschammer*, Das NetzDG in der praktischen Anwendung – eine Teilevaluation des Netzwerkdurchsetzungsgesetzes, S. 89 ff.
413 Zahlen der Auswertung der Medienanstalt Hamburg/Schleswig-Holstein, Stand Juni 2019, abrufbar unter https://www.ma-hsh.de/infothek/pressemitteilung/

sich die Zahlen in Bezug auf die Frage nach dem Overblocking als nur wenig aussagekräftig, wenn man beachtet, dass die meisten der insgesamt erfolgenden Löschungen wahrscheinlich auf den Nutzungsbedingungen beruhen. Darüber gibt zwar nur YouTube ausdrücklich Auskunft[414], es ist aber in Anbetracht des weiten Maßstabs der internen Richtlinien davon auszugehen, dass dies auch für die anderen beiden Netzwerkanbieter gilt. Dafür, dass die meisten Löschungen ihre Grundlage in den Nutzungsbedingungen haben, spricht auch, dass sich Nutzer bisher vor Gericht nur gegen die Entfernung von Inhalten auf Grundlage der Nutzungsbedingungen gewehrt haben.

Aufgrund der Tatsache, dass die Prüfung zuerst anhand der Nutzungsbedingungen erfolgt und erheblich mehr Inhalte wegen eines Verstoßes gegen die Gemeinschaftsstandards gelöscht werden, geht von der Entfernung von Inhalten auf Grundlage der Nutzungsbedingungen der Netzwerke ein mindestens ebenso großes Risiko für die Meinungsfreiheit aus wie von der Löschung auf Grundlage des NetzDG. Denn auf diese Weise werden auch Inhalte gelöscht, die nicht strafbar sind und deshalb in der Regel von der Meinungsfreiheit geschützt werden. Solche Inhalte dürften auf Grundlage des NetzDG nicht gelöscht werden. Hinzukommt, dass die Überprüfung von Inhalten am Maßstab der Nutzungsbedingungen nicht nur nach der Meldung eines entsprechenden Inhalts erfolgt, sondern die auf der Plattform gespeicherten Inhalte laufend und damit auch anlassunabhängig kontrolliert werden. Wie bereits an früherer Stelle ausgeführt, stellt dies auch eine problematische Vorgehensweise in Hinblick auf die Wertvorgaben des Zensurverbotes aus Art. 5 Abs. 1 S. 3 GG dar.

d) Fazit

Die Nutzungsbedingungen enthalten nur zum Schutz des Persönlichkeitsrechts und anderer Betroffenenrechte konkrete Regelungen. Die Meinungsfreiheit wird dagegen lediglich als Grundlage der Kommunikation auf den Plattformen festgestellt, während spezifische Vorgaben zum Schutz der Meinungsfreiheit der Nutzer nicht vorhanden sind. Eine besondere Gefahr geht von der Anwendung der Nutzungsbedingungen aus, weil die Netzwerkanbieter Inhalte zunächst anhand der Nutzungsbedingungen überprüfen, die einen strengeren Maßstab als die gesetzlichen Vorschriften im Rahmen des NetzDG bilden. Damit kann

---

ma-hsh-erste-umfassende-auswertung-der-netzdg-transparenzberichte-von-facebook-youtube-und-twitter-jetzt-online.html [15.04.2020].
414 Transparenzberichte von YouTube.

ein Inhalt nach den Nutzungsbedingungen auch dann unzulässig sein, wenn er eigentlich noch von der Meinungsfreiheit geschützt ist.

2. Schutz der Grundrechte durch die Geltung des § 307 BGB

a) Inhalt des § 307 BGB

Auch wenn die Netzwerkanbieter bei der Ausgestaltung ihrer Vertragsbedingungen grundsätzlich frei sind, werden ihnen insbesondere durch die §§ 305 ff. BGB Grenzen gesetzt. Für den Schutz der Grundrechte der Nutzer ist dabei insbesondere die Vorschrift des § 307 BGB von Bedeutung. Danach sind Bestimmungen in Allgemeinen Geschäftsbedingungen unwirksam, wenn sie den Vertragspartner unangemessen benachteiligen. Hierzu sind zunächst die widerstreitenden Interessen der Vertragspartner zu ermitteln und in einem zweiten Schritt gegeneinander abzuwägen, um zu entscheiden, ob eine Vertragsklausel wirksam oder unwirksam sein soll.[415] Im Rahmen des Ermittlungs- und Abwägungsvorgangs finden die grundrechtlichen Wertungen über die Generalklausel des § 307 BGB Eingang in die Vertragsbeziehung zwischen Netzwerkanbieter und Nutzer. Die Netzwerkanbieter sind somit unmittelbar an die einfachrechtliche Vorschrift des § 307 BGB gebunden und vermittelt durch diese Regelungen auch an die Grundrechte. Deren Wertentscheidungen haben sie bei der Ausgestaltung und Anwendung von Vertragsbedingungen zu berücksichtigen.

b) Durchsetzung des § 307 BGB

Für die verbindliche Durchsetzung der Vorgaben des § 307 BGB und damit für den Schutz der Grundrechte mittels dieser Vorschrift ist die Tätigkeit der Rechtsprechung von großer Bedeutung. In dem Fall, dass ein Inhalt unter Berufung auf die Nutzungsbedingungen gelöscht wurde und sich ein Nutzer in einem gerichtlichen Verfahren dagegen zur Wehr setzt, überprüft ein Gericht die Rechtmäßigkeit der Löschung oder Sperrung, die auf Grundlage der Vertragsbedingungen erfolgte und kontrolliert dabei u.a. auch, ob die Nutzungsbedingungen im Hinblick auf die Meinungsfreiheit die Grenze des Zulässigen überschreiten und ob sie willkürlich angewendet wurden.[416]

Anspruchsgrundlage gegenüber den Netzwerkanbietern für die Unterlassung der Löschung von Inhalten oder der Sperrung eines Accounts ist der

---

415 MüKoBGB/*Wurmnest*, § 307 Rn. 35.
416 Z.B. OLG Dresden, Beschl. v. 08.08.2018 – 4 W 577/18 Rn. 23 ff., zit. nach juris.

Nutzungsvertrag in Verbindung mit § 241 Abs. 2 BGB.[417] Diese Vorschrift erlegt den Netzwerkanbietern die vertragliche Pflicht zur Rücksichtnahme auf die Rechte, Rechtsgüter und Interessen der Nutzer auf. Von dieser Rücksichtnahmepflicht umfasst wird auch das Grundrecht der Meinungsfreiheit.[418] Daraus folgt, dass Netzwerkanbieter bei der Ausgestaltung und Anwendung ihrer Nutzungsbedingungen über § 241 Abs. 2 BGB zum Schutz der Nutzer an die Grundrechte gebunden sind. Demnach können Nutzungsbedingungen, die die Netzwerkanbieter zur Löschung von Inhalten ermächtigen, die gegen die netzwerkinternen Richtlinien verstoßen, unwirksam sein, weil sie die Nutzer nach § 307 Abs. 1 S. 1 BGB entgegen den Geboten von Treu und Glauben unangemessen benachteiligen. Die Rechte, Rechtsgüter und Interessen der Nutzer werden nur dann ausreichend berücksichtigt, wenn der Netzwerkanbieter die Meinungsfreiheit der Nutzer in seine Entscheidung über die Entfernung eines Inhalts einbezieht. Noch nicht geklärt ist aber, wie weit diese Rücksichtnahmepflicht gehen kann. Es lässt sich zum einen vertreten, dass Inhalte, die von der Meinungsfreiheit geschützt werden, stets zulässig sind und von den Netzwerkanbietern auch auf Grundlage ihrer Nutzungsbedingungen nicht entfernt werden dürfen.[419] Auf diese Weise käme die Meinungsfreiheit der Nutzer zu ihrer weitestmöglichen Entfaltung. Allerdings müsste in diesem Fall die ebenfalls grundrechtlich geschützte Berufsfreiheit und Privatautonomie der Netzwerkanbieter, die ihnen die freie Ausgestaltung der Nutzungsverträge erlaubt,[420] vollständig hinter der Meinungsfreiheit zurücktreten. Möchte man eine solche erhebliche Einschränkung der Netzwerkanbieter dagegen vermeiden, muss es ihnen erlaubt sein, grundsätzlich auch solche Inhalte von der Veröffentlichung auf ihren Plattformen auszuschließen, die noch von der Meinungsfreiheit geschützt werden, aber nicht den Nutzungsbedingungen des jeweiligen Netzwerkes entsprechen.[421] Dann wären die widerstreitenden Interessen der Netzwerkanbieter und Nutzer im Einzelfall abzuwägen und in einen Ausgleich zu bringen, wobei aber die

---

417 OLG München, Beschl. v. 24.08.2018 – 18 W 1294/18 Rn. 13, zit. nach beck-online; LG Frankfurt/M., Beschl. v. 14.05.2018 – 2-03 O 182/18 = MMR 2018, 545 Rn. 8.
418 OLG München, aaO, Rn. 20.
419 So z.B. die Auffassung des LG Frankfurt/M. in seinem Beschl. v. 14.05.2018 – 2-03 O 182/18 = MMR 2018, 545 Rn. 14.
420 Dazu OLG Dresden, Beschl. v. 08.08.2018 – 4 W 577/18 = MMR 2018, 756 Rn. 15.
421 Dazu *Holznagel*, CR 2018, 369 (372); OLG Dresden, Beschl. v. 08.08.2018 – 4 W 577/18 = MMR 2018, 756 Rn. 15.

Meinungsfreiheit keinen grundsätzlichen Vorrang vor den Freiheiten der Netzwerkanbieter genießen würde.[422]

Entscheidend für die Beantwortung der Frage, in welchem Ausmaß die Netzwerkanbieter im Hinblick auf die Ausgestaltung und Anwendung der Nutzungsbedingungen auf die Nutzer Rücksicht nehmen müssen, ist der Charakter der größeren sozialen Netzwerke als „öffentlicher Kommunikationsraum"[423]. Der öffentliche Meinungsaustausch findet heutzutage im Wesentlichen über Plattformen wie Facebook, Instagram und Twitter statt, weniger über die traditionellen, analogen Wege. Auf den Plattformen werden Nachrichten veröffentlicht, Beiträge verfasst bzw. geteilt und Diskussionen geführt. Damit stellen die Netzwerkanbieter inzwischen die „Rahmenbedingungen öffentlicher Kommunikation"[424] zur Verfügung und ermöglichen damit überhaupt erst einen so weitreichenden und interaktiven Meinungsaustausch. Vor dem Hintergrund der beschriebenen Bedeutung der sozialen Netzwerke für das Grundrecht der Meinungsfreiheit wird deutlich, welche erheblichen freiheitsbeschränkenden Konsequenzen ein Ausschluss von der Teilhabe an diesen Kommunikationsmöglichkeiten für die Ausübung der Meinungsfreiheit eines Nutzers hat. Wird ein Beitrag gelöscht, wird der Autor jedenfalls mit diesem Inhalt von der öffentlichen Diskussion ausgeschlossen und an seiner Meinungsäußerung gehindert. Noch folgenreicher sind die Konsequenzen für die Teilhabe an der öffentlichen Meinungsbildung, wenn nicht nur ein Beitrag gelöscht, sondern sogar der Nutzungsvertrag gekündigt wird. Da nur wenige Plattformen die größten Nutzerzahlen auf sich vereinigen, kann auch der Ausschluss aus einem dieser Netzwerke die Möglichkeiten zur Ausübung der Meinungsfreiheit auf erhebliche Weise beschränken. Berücksichtigt man dies im Rahmen der Abwägung mit den grundrechtlichen Positionen der Netzwerkanbieter, spricht dies für ein Überwiegen der Meinungsfreiheit des einzelnen Nutzers. Während ein Netzwerkanbieter lediglich in seiner Freiheit zur Ausgestaltung der Vertragsbedingungen eingeschränkt wäre, besteht auf der anderen Seite die Gefahr, dass die Nutzer in erheblichem Ausmaß die Möglichkeit zur Ausübung ihrer Meinungsfreiheit verlieren. Vor diesem Hintergrund dürfen nach der hier vertretenen Auffassung daher solche Inhalte nicht auf Grundlage der Vertragsbedingungen gelöscht werden, die von der Meinungsfreiheit erfasst werden.[425] Auch wenn damit die Rechte der Netzwerkanbieter

---

422 OLG Dresden, Beschl. v. 08.08.2018 – 4 W 577/18 = MMR 2018, 756 Rn. 18.
423 OLG Dresden, Beschl. v. 08.08.2018 – 4 W 577/18 = MMR 2018, 756 Rn. 19.
424 Ebd.
425 So auch das OLG München in seinen Beschl. v. 24.08.2018 – 18 W 1294/18 = NJW 2018, 3115 Rn. 28 und v. 17.07.2018 – 18 W 858/18 = MMR 2018, 760 Rn. 28.

beschnitten werden, steht dies in einem angemessenen Verhältnis zu ihrer einzigartigen Machtposition, die sie im Bereich der öffentlichen Kommunikation inzwischen einnehmen. Die Vertrags- und Berufsfreiheit der Netzwerkanbieter muss deshalb unter Berücksichtigung der Vorgaben des § 307 Abs. 1 S. 1 BGB bei der Ausgestaltung und Anwendung der Nutzungsbedingungen hinter der Meinungsfreiheit der Nutzer zurücktreten.

Auf diese Weise finden nicht nur die der Meinungsfreiheit zugrundeliegenden Wertvorstellungen, sondern auch die des Zensurverbots vermittelt durch die §§ 307, 241 BGB Eingang in die Vertragsbeziehung zwischen Netzwerkanbieter und Nutzer.

c) Fazit

Die Norm des § 307 Abs. 1 S. 1 BGB setzt den Netzwerkanbietern Grenzen in ihrer Freiheit zum Betrieb der Plattformen und verpflichtet sie auf diese Weise zum Schutz der Meinungsfreiheit der Nutzer. In Anbetracht der Bedeutung der Plattformen für die Ausübung der Meinungsfreiheit überwiegt dieses Grundrecht die Freiheit der Netzwerkanbieter, so dass Inhalte nicht entfernt werden dürfen, wenn sie von der Meinungsfreiheit noch erfasst sind. Dies gilt auch dann, wenn ein Inhalt gegen die internen Richtlinien der Netzwerkanbieter verstößt. Denn dürften Inhalte ohne Rücksicht auf die Meinungsfreiheit entfernt oder Nutzerverträge gekündigt werden, würde dies zu einem erheblichen Bedeutungsverlust der Meinungsfreiheit im Bereich der Kommunikation mittels sozialer Netzwerke führen. Die Löschpraxis der Netzwerkanbieter steht bisher im Widerspruch zu dieser Auffassung, da Inhalte aktuell zunächst allein auf Grundlage der Nutzungsbedingungen überprüft und ggf. gelöscht werden. Nur wenn Inhalte nicht bereits aufgrund eines Verstoßes gegen die Nutzungsbedingungen gelöscht werden, erfolgt in einem zweiten Schritt eine Überprüfung anhand der strafrechtlichen Vorschriften des § 1 Abs. 3 NetzDG. Die Löschpraxis zeigt damit, dass in der Abwägung durch die Netzwerkanbieter meist deren Freiheit zur Ausgestaltung der Nutzungsverträge überwiegt. Nimmt man die Gerichte zur Durchsetzung der Meinungsfreiheit zur Hilfe, so zeigen sich auch hier unterschiedliche Ergebnisse, je nach Abwägung im Einzelfall bzw. je nach Rechtsauffassung des Gerichts.

Damit bietet die Norm des § 307 Abs. 1 S. 1 BGB großes Potential für den Schutz der Meinungsfreiheit der Nutzer, da auf ihrer Grundlage die Netzwerkanbieter bei der Anwendung der Nutzungsbedingungen zur Rücksichtnahme auf die Meinungsfreiheit verpflichtet sind, um eine unangemessene Benachteiligung der Nutzer zu verhindern. In der Praxis hat sich dieses Potential aber noch nicht vollständig verwirklicht, da den Netzwerkanbietern bisher noch große Freiheit gelassen wird.

3. Bedeutung der Rechtsprechung für den Schutz der Grundrechte der Nutzer

Wie bereits im Zusammenhang mit der Durchsetzung des § 307 BGB angedeutet, spielen die Gerichte eine wichtige Rolle für die Durchsetzung der Grundrechte der Nutzer gegenüber den Netzwerkanbietern. Insbesondere wenn das Netzwerk keine eigenen Beschwerdemöglichkeiten gegen eine Löschung oder Sperrung bereithält, ist die Anrufung eines Gerichts zum Teil die einzige Möglichkeit für einen betroffenen Nutzer, die Rechtmäßigkeit einer Löschung überprüfen zu lassen.

Klagt ein Nutzer auf Unterlassung der Löschung, die auf Grundlage eines Verstoßes gegen die Nutzungsbedingungen der Netzwerkanbieter erfolgt ist, hat das angerufene Gericht darüber zu entscheiden, ob der Inhalt gelöscht werden durfte oder ob die Löschung gegen § 241 Abs. 2 BGB verstößt. In diesem Fall überprüft es inzident, ob die Nutzungsbedingungen den Anforderungen der §§ 305 ff. BGB entsprechen. Entscheidend ist dabei, ob die Nutzungsbedingungen eine den Nutzer unangemessen benachteiligende Regelung im Sinne des § 307 BGB enthalten. Bei der Auslegung der Normen des BGB hat das Gericht die Wertungen des Grundgesetzes zu berücksichtigen. Im Fall der Löschung von Inhalten auf Grundlage der Nutzungsbedingungen hat ein Gericht auf der einen Seite die Grundrechte des betroffenen Nutzers in Gestalt der Meinungsfreiheit und auf der anderen Seite die Grundrechte des Netzwerkanbieters in Gestalt der Berufsfreiheit und Privatautonomie abzuwägen.

Wendet sich ein Nutzer gegen eine Löschung, die auf Grundlage des NetzDG erfolgte, ist Gegenstand der gerichtlichen Überprüfung, ob der gelöschte Inhalt rechtswidrig im Sinne des § 1 Abs. 3 NetzDG war. Zu diesem Zweck ist zu überprüfen, ob der Inhalt einen der dort aufgezählten Straftatbestände erfüllt. Auch in diesem Fall berücksichtigen die Gerichte die Wertentscheidungen des Grundgesetzes bei der Anwendung und Auslegung der relevanten Strafnormen. Konkret hat das Gericht dabei die Meinungsfreiheit mit der jeweils entgegenstehenden (Grund-)Rechtsposition abzuwägen. Richtet sich ein Inhalt gegen eine andere Person, ist regelmäßig eine Abwägung mit dem Persönlichkeitsrecht vorzunehmen.

Allerdings machen die wenigsten Nutzer von der Möglichkeit zur Inanspruchnahme des gerichtlichen Rechtsschutzes aus Kosten- bzw. Zeitgründen

Gebrauch.[426] Es lassen sich nur einzelne gerichtliche Entscheidungen über die Rechtmäßigkeit einer Löschung oder Sperrung durch Netzwerkanbieter finden. Dies könnte zum einen daran liegen, dass Nutzer einem einzelnen Inhalt nicht ausreichend Bedeutung zumessen, um den auch finanziellen Aufwand eines gerichtlichen Verfahrens auf sich zu nehmen. Möglicherweise kommt das Einschalten eines Gerichts für viele erst dann in Betracht, wenn ihre Beiträge regelmäßiger gelöscht werden oder der Account gesperrt bzw. der Nutzungsvertrag gekündigt wird. Aber auch in diesen Fällen scheuen sich Nutzer anscheinend in vielen Fällen davor, gerichtliche Hilfe in Anspruch zu nehmen. Dies wird dazu führen und führt auch schon aktuell dazu, dass nur in wenigen Fällen ein Gericht über die Rechtmäßigkeit der Löschung von Inhalten zu entscheiden hatte und die Letztentscheidung dadurch bei den Netzwerkanbietern bleibt.

V. Ergebnis

Der Entscheidungsmacht der Netzwerkanbieter über die auf ihren Plattformen veröffentlichten Inhalten steht ihre mittelbare Grundrechtsbindung gegenüber.

Vermittelt durch einfache Gesetze wie das NetzDG, Strafnormen und Normen des Zivilrechts werden die Netzwerkanbieter zum Schutz der Grundrechte der Nutzer verpflichtet. Dabei steht der Schutz des Persönlichkeitsrechts im Vordergrund. Vor allem das NetzDG enthält in seinen Vorschriften kaum Vorgaben zum Schutz der Meinungsfreiheit. Im Fokus des Gesetzes steht vielmehr der Schutz anderer Rechte. Auch die zivil- und strafrechtlichen Normen im Anwendungsbereich der sozialen Netzwerke nutzen weniger dem Schutz der Meinungsfreiheit, sondern dienen in erster Linie der Beseitigung von Rechtsverletzungen durch die Meinungsäußerungen. § 307 BGB bietet zwar die Möglichkeit, die Wertungen des Grundgesetzes hinsichtlich der Meinungsfreiheit bei der Anwendung von Nutzungsbedingungen zu berücksichtigen. In der Praxis sind es aber nicht nur die Netzwerkanbieter selbst, die im Rahmen der Abwägung ihre Freiheiten zu Lasten der Meinungsfreiheit durchsetzen. Auch innerhalb der Rechtsprechung besteht Uneinigkeit darüber, wann Nutzungsbedingungen die Nutzer und ihre Meinungsfreiheit unangemessen benachteiligen und deshalb unzulässig sind. Diese einseitigen Schutzvorschriften sind daher nicht ausreichend, um die Macht der sozialen Netzwerke durch ihre zentrale Funktion bei der Bereitstellung von Infrastruktur für die Kommunikation ausreichend zu begrenzen. Somit sind Defizite im Grundrechtsschutz vorprogrammiert,

---

426 So auch die Einschätzung von *Nolte*, ZUM 2017, 552 (559).

und zwar bereits deshalb, weil die mittelbare Bindung schon nach ihrem Zweck eigentlich nur auf die Randkorrektur von zwei im Wesentlichen ausgeglichenen Grundrechtspositionen im Rahmen eines Privatrechtsverhältnisses ausgerichtet ist. In Fällen, in denen sich das Bedürfnis nach Grundrechtsschutz deshalb erhöht, weil eine Partei des Rechtsverhältnisses der anderen grundsätzlich überlegen ist, schafft diese Grundrechtswirkung kein ausreichendes Schutzniveau. Es handelt sich dabei auch nicht um den eigentlichen Anwendungsbereich der mittelbaren Drittwirkung. Auch wenn zwischen den Netzwerkanbietern und Nutzern ein privatrechtliches Vertragsverhältnis besteht, ändert dies nichts daran, dass die Netzwerkanbieter eine besondere Stellung gegenüber ihren Nutzern einnehmen, die zu einem erheblichen Mächteungleichgewicht führt. Aus ihrer Machtposition heraus nehmen sie durch die Löschung und Sperrung daher „Eingriffe" in die Meinungsfreiheit vor, die in ihrer Wirkung mit Eingriffen des Staates vergleichbar sind. Gleichzeitig sind die Netzwerkanbieter aber nicht wie der Staat unmittelbar an die Grundrechte gebunden.

Damit steht dem Schutzbedürfnis der Nutzer im Hinblick auf ihre Meinungsfreiheit auf der Grundlage der mittelbaren Grundrechtsbindung der Netzwerkanbieter kein ausreichender Grundrechtsschutz gegenüber. Dabei bestehen Grundrechtsschutzlücken aber nicht nur im Anwendungsbereich des NetzDG, sondern auch im Zusammenhang mit den Nutzungsbedingungen. Dadurch wird deutlich, dass das Defizit im Grundrechtsschutz im Bereich der Onlinekommunikation kein neues Phänomen darstellt, das erst mit Inkrafttreten des NetzDG entstanden ist. Die Grundursache des Defizits ist vielmehr darin zu sehen, dass inzwischen Private die Infrastruktur für den Meinungsaustausch zur Verfügung stellen und der Staat sich aus dem Bereich der Onlinekommunikation zurückzieht bzw. dessen Regulierung nach seiner Entstehung von Anfang an gesellschaftlichen Kräften überlassen hat. Dies erfolgte zwar nicht durch eine Privatisierung, da der Staat keine seiner Aufgaben auf Private übertragen hat. Dies schließt aber nicht aus, dass der Staat seine Aufgaben durch eine faktische Privatisierung Akteuren überlässt, die nach wie vor Teil der Gesellschaft sind. Eine faktische Privatisierung führt dazu, dass Private öffentliche Aufgaben an Stelle von oder parallel zu staatlichen Organen erfüllen, ohne dass sich der Staat durch einen Rechtsakt einer solchen Aufgabe entledigt und diese auf Private überträgt.[427] Dies ist im Bereich der Kommunikation geschehen. Das Machtzentrum hinsichtlich der Bereitstellung von Kommunikationsmitteln hat sich

---

427 Dazu *Sellmann*, NVwZ 2008, 817 (819); zu dieser Problematik auch *Müller-Franken*, AfP 2018, 1 (6 f.).

zu privatrechtlichen Unternehmen hin verschoben, die die sozialen Netzwerke betreiben. Um Meinungen austauschen zu können und Zugang zu Informationen zu bekommen, sind die Bürger damit nicht mehr auf die Dienste des Staates angewiesen, der zu diesem Zweck die Infrastruktur zur Verfügung stellen muss. Die herausragende Bedeutung der sozialen Netzwerke als Mittel zur politischen und gesellschaftlichen Auseinandersetzung kann deshalb nicht mehr bestritten werden. Damit ist zum größten Teil nicht mehr der Staat Vermittler der Kommunikation. Diese Aufgabe obliegt mehrheitlich Privaten, die als Konsequenz erheblichen Einfluss sowohl auf die Bereitstellung als auch auf die Begrenzung der Kommunikation haben.

Das Beschwerdesystem des NetzDG verstärkt die negativen Folgen der faktischen Privatisierung in diesem Bereich, indem die Anforderungen an die Entfernung von rechtswidrigen Inhalten durch Zeitvorgaben verschärft wurden und gleichzeitig eine Beteiligung der Betroffenen nicht vorgesehen ist. Während sich also auf der einen Seite die Gefährdung des Grundrechts auf Meinungsfreiheit intensiviert, indem Private die Kommunikationsmittel mehr und mehr kontrollieren, bleibt es auf der anderen Seite bei der mittelbaren Grundrechtsbindung der Internetunternehmen, die die wachsende Macht dieser Unternehmen nicht effektiv begrenzen kann. Im Fall einer tatsächlichen Privatisierung werden diese Folgen für den Grundrechtsschutz als „privatisierungsbedingten Grundrechtsschwund"[428] bezeichnet. Der Begriff des „Grundrechtsschwundes" beschreibt allerdings auch auf passende Weise die Folgen der Entwicklung im Bereich der Kommunikation, auch wenn es in diesem Fall an einer Privatisierung von Staatsaufgaben im rechtlichen Sinn fehlt.

Im Ergebnis entsteht deshalb eine Schutzlücke, wenn Private zwar keine Hoheitsmacht ausüben, sich aber aufgrund ihrer Beteiligung an der Erfüllung öffentlicher Aufgaben und ihrer Stellung in der Gesellschaft im Verhältnis zu anderen Privaten dennoch in einer Machtposition befinden, die weder durch eine unmittelbare Grundrechtsbindung beschränkt wird noch einfache Gesetze ausreichend strenge Grenzen setzen.[429] Durch den Machtgewinn Privater im Bereich der Kommunikation sehen sich Grundrechtsträger im Anwendungsbereich des Art. 5 GG somit größeren Gefahren ausgesetzt als es der Fall ist, wenn ihre Meinungsfreiheit durch staatliche Organe bedroht wird.[430] Denn

---

428 *Kämmerer*, Privatisierung, S. 463.
429 Zu den Anforderungen an den Gesetzgeber zur Ausgestaltung der einfachgesetzlichen Schranken *Masing*, NJW 2012, 2305 (2308).
430 *Hoffmann-Riem*, Der Staat 42 (2003), 193 (220).

während sich Grundrechtsträger gegenüber dem Staat auf ihre Grundrechte in Gestalt von Abwehrrechten berufen können, entfällt diese Möglichkeit, wenn das Grundrecht durch einen anderen Privaten bedroht wird.[431]

---

[431] Ebd.

§ 6 Verbesserung des Grundrechtsschutzes durch Netzwerkanbieter

I. Änderungen des NetzDG zur Verbesserung des Grundrechtsschutzes durch die Netzwerkanbieter

Um den Grundrechtsschutz der Nutzer durch die Netzwerkanbieter zu verbessern, ist zunächst unmittelbar am NetzDG selbst anzusetzen. Während Vertreter mancher Parteien zu diesem Zweck eine vollständige Abschaffung des NetzDG fordern, um die Gefahren für die Meinungsfreiheit zu beseitigen, ist inzwischen schon eine Verschärfung des Gesetzes dahingehend erfolgt, dass die Netzwerkanbieter nach § 3a NetzDG zusätzlich zur Löschung von rechtswidrigen Inhalten unter bestimmten Umständen auch zu ihrer Meldung an das BKA verpflichtet sind.

Von Anpassungen oder Änderungen des NetzDG ist bereits seit seinem Inkrafttreten die Rede. Die Mehrzahl der Änderungsvorschläge zielt auf eine verbesserte und insbesondere effektivere Umsetzung des Systems der regulierten Selbstregulierung ab. Ein weiterer wichtiger Ansatzpunkt ist zudem die Einführung eines Beschwerdesystems für Nutzer, deren Inhalte aufgrund eines mutmaßlichen Verstoßes gegen Strafnormen entfernt wurden. Hier sehen Kritiker eine der Ursachen für die Schutzlücke, da den betroffenen Nutzern bis jetzt nur der Weg über die ordentlichen Gerichte offensteht. Neben einer Änderung des NetzDG darf natürlich nicht außer Acht gelassen werden, dass es nach wie vor die Aufgabe der Strafverfolgungsbehörden und Strafrichter ist, das Strafrecht bis in die letzte Konsequenz zu verfolgen bzw. durchzusetzen. Deshalb stellt sich auch die Frage, welche Verbesserungen diesbezüglich in Betracht kommen.

1. Regulierte Selbstregulierung

Einer der vielen Kritikpunkte am NetzDG und deshalb auch Ansatzpunkt für Verbesserungen ist die Regelung des § 3 Abs. 6, Abs. 1 Nr. 3b NetzDG, nach der die Netzwerkanbieter selbst darüber entscheiden dürfen, ob sie die Entscheidung über die Rechtswidrigkeit eines Inhalts auf eine anerkannte Einrichtung der Regulierten Selbstregulierung übertragen. Die Netzwerkanbieter sind aktuell nicht dazu verpflichtet, das Beschwerdeverfahren des § 3 Abs. 1 NetzDG von einer solchen Einrichtung durchführen zu lassen. Der Zweck der Möglichkeit der Übertragung von Prüfungen auf eine Einrichtung der Regulierten Selbstregulierung wurde daher nicht erreicht. Dahinter stand die Überlegung, dass eine sachkundige und unabhängige, nicht von wirtschaftlichen Interessen geleitete Stelle über die Einordnung eines Inhalts als rechtswidrig entscheiden können sollte.[432] Während das NetzDG selbst kaum Anhaltspunkte dafür enthält, nach welchem konkreten Verfahren die Netzwerkanbieter im Einzelnen bei der Prüfung eines als rechtswidrig gemeldeten Inhalts vorzugehen haben, müssen die anerkannten Einrichtungen der Regulierten Selbstregulierung zudem eine Verfahrensordnung nach den Vorgaben des § 3 Abs. 6 Nr. 3 NetzDG besitzen. Da jedenfalls die Netzwerkanbieter Facebook, Twitter und YouTube die Entscheidungen über die Rechtswidrigkeit von Inhalten selbst treffen, sollte auch für sie eine Verfahrensordnung gelten, wie sie für die Einrichtungen der Regulierten Selbstregulierung vorgeschrieben ist.

In Betracht kommt auch eine Verpflichtung der Netzwerkanbieter, die Entscheidung über nicht offensichtlich rechtswidrige Inhalte auf eine anerkannte Einrichtung der Regulierten Selbstregulierung zu übertragen. Dadurch wäre jedenfalls sichergestellt, dass die Entscheidungen durch eine unabhängige Instanz getroffen werden und die wirtschaftlichen Interessen der Netzwerkanbieter keine Rolle spielen. In abgeschwächter Form wird dafür plädiert, die Entscheidung über die Verwendung von Einrichtungen der Regulierten Selbstregulierung den Netzwerkanbietern selbst zu überlassen und nur einen Anreiz zur Beteiligung an diesem Modell zu schaffen.[433]

Neben der Frage, wie ein Anreiz für die Netzwerkanbieter zur Übertragung von Entscheidungen auf eine Einrichtung der Regulierten Selbstregulierung geschaffen werden kann, ist gleichzeitig auch zu überlegen, ob und inwieweit das im NetzDG enthaltene System der Regulierten Selbstregulierung überarbeitet werden muss. Problematisch ist nach wie vor die erforderliche Anerkennung der Einrichtung durch eine Bundesbehörde und damit durch eine staatliche Stelle. Damit erfolgt die Anerkennung der Selbstkontrolleinrichtung nicht durch eine staatsferne Organisation, wie es im System der Regulierten Selbstregulierung grundsätzlich üblich ist.[434] Offen bleibt auch die Frage, von welchem Organ beim Bundesamt für Justiz die Entscheidung über die Anerkennung der Einrichtungen getroffen wird. Möglicherweise trifft diese Entscheidung sogar eine einzelne Person, während im Bereich des Jugendmedienschutzes ein ganzes Gremium für die Anerkennung solcher Einrichtungen zuständig ist.[435] Auch die

---

432 Beschlussempfehlung und Bericht des Ausschusses für Recht und Verbraucherschutz, BT-Drs. 18/13013, S. 21.
433 *Hain/Ferreau/Brings-Wiesen*, K&R 2017, 433 (436).
434 *Hain/Ferreau/Brings-Wiesen*, K&R 2017, 433 (435).
435 Diese Kritik wird geäußert in BR-Nomos/*Liesching*, NetzDG, § 3 Rn. 24.

Aufsicht über diese Einrichtung erfolgt durch das Bundesamt für Justiz, das nach § 3 Abs. 8, 9 NetzDG weitere Maßnahmen treffen kann, die die Tätigkeit der Selbstkontrolleinrichtungen betreffen. Hier liegt der entscheidende Unterschied zu der Anwendung des Modells der Regulierten Selbstregulierung im Bereich des Jugendmedienschutzes, bei dem die Kommission für Jugendmedienschutz als Organ der Landesmedienanstalten dafür zuständig ist, Einrichtungen zur Selbstkontrolle anzuerkennen.[436] Diese Umstände führen dazu, dass für die Netzwerkanbieter kaum ein Anreiz dafür besteht, die Entscheidung über die Rechtswidrigkeit eines Inhalts auf Einrichtungen der Selbstkontrolle zu übertragen. Um den unmittelbaren staatlichen Einfluss auf die Entscheidungen der Selbstkontrolleinrichtungen zu verringern, wird daher vorgeschlagen, die Aufgabe der Durchsetzung des NetzDG statt dem Bundesamt für Justiz den Landesmedienanstalten zu übertragen.[437] Da die sozialen Netzwerke im ganzen Bundesgebiet genutzt werden, bräuchte es darüber hinaus noch eine bundesländerübergreifende Einrichtung, die u.a. für die Anerkennung einer Einrichtung zuständig wäre.[438]

Allerdings bestehen nicht nur Zweifel im Hinblick auf die Art und Weise der Umsetzung der Regulierten Selbstregulierung. Es besteht grundsätzlich die Frage, wie geeignet dieses Modell für den Regelungszweck des NetzDG und insbesondere für einen besseren Schutz der Meinungsfreiheit ist. Denn das zuständige Gremium bei den Einrichtungen zur Selbstkontrolle hat bei der Frage nach der Rechtswidrigkeit von Inhalten im Sinne des § 1 Abs. 3 NetzDG keine wertenden Entscheidungen wie im Rahmen des Jugendmedienschutzes zu treffen, wo es z.B. gem. § 14 Abs. 1 JuSchG um die Frage geht, ob ein Film die Entwicklung von Kindern und Jugendlichen beeinträchtigt.[439] Nach § 1 Abs. 3 NetzDG ist die rechtliche Fragen danach zu beantworten, ob ein Inhalt den Tatbestand einer der dort aufgeführten Strafnormen erfüllt. Allein die Forderung, dass an der Entscheidung über die Rechtswidrigkeit eines Inhalts keine Vertreter der Netzwerkanbieter mitwirken sollen, sondern das Entscheidungsgremium neben Vertretern der Gesellschaft insbesondere aus Sachverständigen bestehen muss[440], beseitigt daher nicht das Grundsatzproblem im Anwendungsbereich des

---

436 Ebd.
437 Hopf/Braml, ZUM 2018, 1 (3); Hain/Ferreau/Brings-Wiesen, K&R 2017, 433 (437).
438 Hain/Ferreau/Brings-Wiesen, K&R 2017, 433 (437).
439 Dazu BR-Nomos/Liesching, NetzDG, § 3 Rn. 42, 45.
440 Hain/Ferreau/Brings-Wiesen, K&R 2017, 433 (436) mit Verweis auf § 19 Abs. 2 Nr. 1 JMStV; Gesetzentwurf der Fraktionen CDU/CSU und SPD, BT-Drs. 18/13013, S. 21.

NetzDG, dass es auch dann nicht zwingend Juristen sind, die über die Rechtswidrigkeit eines Inhalts entscheiden.

Will man bei einer Nachbesserung des NetzDG dennoch an dem Modell der Regulierten Selbstregulierung für die sozialen Netzwerke festhalten, sollten die Änderungen des Gesetzes die aufgezeigten Kritikpunkte beachten. Da die Möglichkeit zur Übertragung von Entscheidungen auf eine anerkannte Einrichtung der Regulierten Selbstregulierung bisher von den Netzwerkanbietern noch nicht wahrgenommen wird,[441] ist zunächst der Fokus auf die Frage zu richten, durch welche Regelungen dafür ein höherer Anreiz geschaffen werden kann. Wird dieses Modell für die Netzwerkanbieter nicht attraktiver gestaltet, spielen Änderungen des Systems ohnehin keine Rolle. In einem weiteren Schritt ist der unmittelbare staatliche Einfluss auf die Anerkennung der Einrichtungen Regulierter Selbstregulierung zu verringern. Dafür bietet es sich an, schon vorhandene Gremien zu nutzen, die bereits im Rahmen der Organisation der Landesmedienanstalten bestehen. Mit Änderungen an diesen beiden Stellen könnte zum einen das Problem vermindert werden, dass die Netzwerkanbieter bzw. die von ihnen beauftragten Unternehmen selbst unter Einfluss von wirtschaftlichen Interessen über die Entfernung von rechtswidrigen Inhalten entscheiden. Gleichzeitig wäre auf der anderen Seite der behördliche Einfluss auf Entscheidungen, die die Ausübung der Meinungsfreiheit berühren, verringert.

2. Rechte der Nutzer zur Wiederherstellung von entfernten Inhalten

Die Rechte der Nutzer könnten auch dadurch verbessert werden, indem die Netzwerkanbieter zur Schaffung einer Beschwerdestelle verpflichtet werden für den Fall, dass sich ein Nutzer gegen die Entfernung seines Inhalts wehren möchte. Das NetzDG sollte zudem Vorgaben für die Ausgestaltung eines entsprechenden Beschwerdeverfahrens enthalten. Aktuell existiert im Anwendungsbereich des NetzDG für Nutzer keine Beschwerdestelle. Beim Bundesamt für Justiz besteht zwar eine Beschwerdemöglichkeit. Dies gilt aber nur für Nutzer, die der Ansicht sind, dass ein rechtswidriger Inhalt nicht entfernt wurde, nicht aber für Nutzer, deren Inhalte als rechtswidrig eingestuft und daraufhin entfernt wurden. Da aktuell die Netzwerkanbieter sämtliche Entscheidungen über die Rechtswidrigkeit eines Inhalts selbst treffen, sollten auch sie dazu verpflichtet sein,

---

441 Zu diesem Ergebnis kommen auch *Löber/Roßnagel*, MMR 2019, 71 (74) unter Verweis auf die Transparenzberichte von Facebook, YouTube und Twitter.

eine Beschwerdestelle zu schaffen. Ansonsten bleibt den Nutzern zum einen die Möglichkeit, sich selbst oder mit Hilfe eines Anwalts direkt bei Facebook gegen die Löschung zu wehren, wobei aber das Problem der Zustellung eines Schreibens trotz § 5 NetzDG bestehen bleibt, da der Zustellungsbevollmächtigte nur für Zustellungen im Ordnungswidrigkeitenverfahren nach § 4 NetzDG oder in gerichtlichen Verfahren wegen der Verbreitung rechtswidriger Inhalte zuständig ist, nicht aber im Allgemeinen für sämtliche Fälle, in denen sich jemand mit einem Anliegen an die Netzwerkanbieter wenden möchte.[442] Zum anderen besteht die Möglichkeit der Klageerhebung, um sich gegen eine Löschung zu wehren. Eine einfache und kostengünstige Beschwerdemöglichkeit mit wenigen „Klicks" direkt bei den Netzwerkanbietern existiert bis jetzt aber nicht.[443] Allerdings ist bereits eine Änderung des NetzDG geplant, durch die die Netzwerkanbieter verpflichtet werden, ein Gegenvorstellungsverfahren einzuführen, in dessen Rahmen Nutzer eine Löschentscheidung überprüfen lassen können.[444]

3. Erweiterte Pflichten für den Zustellungsbevollmächtigten

Auch hinsichtlich der Vorschrift des § 5 NetzDG besteht Nachbesserungsbedarf. Nach der Gesetzesbegründung sollte diese Regelung eine „sichere und zügige Zustellung" gewährleisten und eine Art „'Briefkasten' im Inland" darstellen.[445] Allerdings ist der Bevollmächtigte nur für Zustellungen im Rahmen eines Ordnungswidrigkeitenverfahrens und von gerichtlichen Verfahren wegen der Verbreitung rechtswidriger Inhalte zuständig. Für die übrigen Fälle besteht dagegen keine Pflicht zur Annahme von Zustellungen. Dies gilt z.B. für Abmahnungen gegen die Löschung von Inhalten, die Nutzer ggf. unter Beteiligung eines Rechtsanwalts an die Netzwerkanbieter senden.[446] Dies macht deutlich, dass auch auf

---

442 Darauf wies schon der Bundesrat in seiner Stellungnahme zu § 5 NetzDG im Gesetzentwurf der Bundesregierung hin, BT-Drs. 18/12727, S. 24 f.
443 Einen Vorschlag zur Einführung eines Verfahrens zu Wiederherstellung von gelöschten oder entfernten Inhalten macht *Peukert* auf https://verfassungsblog.de/put-it-back-ein-vorschlag-fuer-ein-netzdg-das-die-meinungsfreiheit-wahrt/ [18.10.2018]; *Peukert*, MMR 2018, 572 ff.
444 Eine Übersicht über die geplanten Änderungen ist enthalten auf https://netzpolitik.org/2021/netzdg-novelle-fairer-loeschen-bei-facebook-und-twitter/ [30.04.2021].
445 Gesetzentwurf der Fraktionen CDU/CSU und SPD, BT-Drs. 18/12356, S. 27.
446 Ein Beispiel aus der Praxis der Zustellung wird geschildert durch den Rechtsanwalt Joachim Steinhöfl https://www.heise.de/tp/features/Justizamt-entwertet-Zustellungsvorschrift-im-NetzDG-4171820.html [06.10.2020].

Grundlage des § 5 NetzDG bei den Netzwerkanbietern kein „Briefkasten" existiert, der eine wirksame Zustellung gewährleistet.

4. Längere Fristen

An eine Änderung des NetzDG ist weiter im Hinblick auf die für die Entfernung von Inhalten in § 3 Abs. 2 Nr. 2 und 3 NetzDG festgelegten Fristen zu denken. Möglicherweise sollte den Netzwerkanbietern ein längerer Zeitraum als 24 Stunden bzw. sieben Tage zur Überprüfung einer Beschwerde zur Verfügung gestellt werden. Ein Zeitraum von 24 Stunden mag zwar in der Theorie ausreichen, wenn es um Inhalte geht, die offensichtlich rechtswidrig sind. Wie aber bereits an früherer Stelle erörtert, ist auch die Feststellung der offensichtlichen Rechtswidrigkeit nicht immer einfach. Dem mögen manche Stimmen mit Verweis auf die Transparenzberichte der Netzwerkanbieter widersprechen, die darüber Auskunft geben, dass über die Mehrzahl der Inhalte innerhalb von 24 Stunden nach Eingang der Beschwerde eine Entscheidung über deren Rechtswidrigkeit getroffen wurde. Daraus könnte man schließen, dass die Netzwerkanbieter in dieser Zeit ein entsprechendes Urteil über die Inhalte fällen konnten. Allein die Tatsache, dass die Netzwerkanbieter eine Entscheidung über die Entfernung des Inhalts getroffen haben, bedeutet aber nicht, dass die Entscheidung auch den Interessen der davon Betroffenen gerecht wird. Der Zahl der laut den Berichten „erfolgreichen" Entscheidungen innerhalb des vorgeschriebenen Zeitraums kann daher kaum Aussagekraft beigemessen werden. Vergleicht man zudem die Ermittlungstätigkeiten staatlicher Organe bis zur Anklageerhebung bzw. den Zeitraum bis zu einer Verurteilung, scheinen auch sieben Tage insbesondere für die Überprüfung eines Inhalts auf seinen Wahrheitsgehalt zu knapp. Bedenken bestehen auch für Fälle, in denen es um die Frage des Vortäuschens einer Straftat geht. Auch diesbezüglich ist kaum vorstellbar, dass die Netzwerkanbieter innerhalb von einer Woche nachprüfen können, ob eine Straftat tatsächlich verübt wurde.[447] Im Ergebnis werden an die Netzwerkanbieter auf Grundlage der Fristenregelungen des NetzDG im Hinblick auf die Arbeitsgeschwindigkeit daher höhere Anforderungen gestellt als an Gerichte.[448]

Dies wirft die Frage auf, ob die Festlegung genauer Fristen grundsätzlich ungeeignet ist für das Compliance-Modell des NetzDG. Für kurze Fristen zur Bearbeitung einer Beschwerde spricht zwar, dass tatsächlich offensichtlich

---

447 *Wimmers/Heymann*, AfP 2017, 93 (99).
448 *Wimmers/Heymann*, AfP 2017, 93 (100).

rechtswidrige Inhalte maximal 24 Stunden online bleiben. Allerdings reicht auch schon diese Zeitspanne in sozialen Netzwerken aus, um einen Inhalt sehr weit zu verbreiten und Schaden für das Persönlichkeitsrecht des Betroffenen anzurichten. Bedenklich ist damit erst recht, was ein Posting innerhalb von sieben Tagen anrichten kann. Aus dieser Blickrichtung betrachtet sind die Fristen möglicherweise schon zu lang. Auf der anderen Seite wird die Zeitspanne von 24 Stunden in den meisten Fällen und häufig auch die Zeitspanne von sieben Tagen zu knapp sein, um eine ausgewogene Entscheidung treffen zu können, die nicht nur das Persönlichkeitsrecht des Betroffenen berücksichtigt, sondern dieses in einen angemessenen Ausgleich mit der Meinungsfreiheit bringt. Um zumindest die Möglichkeit dafür zu schaffen, die betroffenen Rechtspositionen gleichermaßen und ausreichend würdigen zu können, ist daher statt an starre bzw. zu knappe Fristen an die Vorgabe konkreter Verfahrensschritte für die Netzwerkanbieter bzw. die Einrichtungen Regulierter Selbstregulierung durch das NetzDG zu denken.[449] Grundlage oder Vorbild dafür könnten die von der Rechtsprechung entwickelten Prüfungsschritte für Host-Provider sein.[450] Danach müssen die Host-Provider zunächst eine Stellungnahme des sich Äußernden einholen, die sie bei ausreichender Substantiierung wiederum an den Betroffenen weiterleiten. Dieser kann darauf mit einer eigenen Stellungnahme und entsprechenden Nachweisen für die Beschwerde reagieren. Auf dieser Grundlage sollen die Host-Provider schließlich unter Abwägung der widerstreitenden Interessen eine Entscheidung über die Entfernung eines Inhalts treffen. Dadurch wäre jedenfalls mehr als bisher nach den Vorgaben des NetzDG gewährleistet, dass die Netzwerkanbieter erst nach ausreichenden Ermittlungen über die Rechtswidrigkeit eines Inhalts entscheiden. Aktuell ist die Einholung einer Stellungnahme des sich Äußernden nur bei nicht offensichtlich rechtswidrigen Inhalten vorgesehen, bei denen die Entscheidung über die Rechtswidrigkeit davon abhängt, ob es sich um eine unwahre Tatsachenbehauptung handelt. Auch in diesen Fällen ist die Einholung einer Stellungnahme nicht zwingend vorgeschrieben, § 3 Abs. 2 Nr. 3a NetzDG. Wie sich aus den Transparenzberichten ergibt, machen die Netzwerkanbieter von der Möglichkeit der Einholung einer Stellungnahme zudem nur selten Gebrauch. Ob dies daran liegt, dass Gegenstand einer Beschwerde nur selten Inhalte sind, bei denen die Rechtswidrigkeit von der Unwahrheit der Tatsachenbehauptung abhängt oder ob die Netzwerkanbieter auch in den Fällen des § 3 Abs. 2 Nr. 3a NetzDG in der Regel ohne eine

---

449 In diese Richtung geht auch der Vorschlag von *Eifert*, NJW 2017, 1450 (1452).
450 Z.B. bei BGH, Urt. v. 25.10.2011 – VI ZR 93/10 = GRUR 2012, 311 Rn. 18 ff.

Stellungnahme des sich Äußernden entscheiden, lässt sich aus den Zahlen allein nicht erkennen. Auch wenn es sich zum Schutz der betroffenen Grundrechte empfiehlt, statt der starren Fristen zur Entfernung von Inhalten einzelne Verfahrensschritte vorzugeben, hat die Übertragung der Rechtsprechung über die Prüfpflichten von Host-Providern aber den Nachteil, dass es dann wiederum an einem konkreten Prüfungsmaßstab fehlt, an dem sich messen lässt, ob die Netzwerkanbieter ihren Prüfpflichten nachkommen. Eine tabellarische Aufzählung wie in den aktuellen Berichten wäre dann nicht mehr ohne weiteres möglich. Empfehlenswert ist daher eine Kombination aus der Festlegung von konkreten Fristen, innerhalb derer die Netzwerkanbieter über eine Beschwerde entschieden haben müssen und der Vorgabe einzelner Verfahrensschritte.

5. Veröffentlichung der Entscheidungen über Löschung

In eine andere Richtung geht der Ansatz, der nicht eine Begrenzung der Einbindung von Netzwerkanbietern in die Regulierung fordert, sondern im Gegenteil eine Erweiterung ihrer Verantwortlichkeit bei der Löschung von Inhalten, indem die Netzwerkanbieter zur Veröffentlichung ihrer Löschentscheidungen verpflichtet werden.[451] Dahinter steht die Annahme, dass sich zur Entstehung von Rechtssicherheit auch eine Entscheidungspraxis zur Löschung von Inhalten im Internet entwickeln muss, ähnlich wie die Entwicklung einer Rechtsprechungspraxis erforderlich ist.[452] Auf diesem Weg soll eine Diskussion in der Öffentlichkeit darüber ermöglicht werden, an welchen Maßstäben sich die Entscheidungen der Netzwerkanbieter über die Löschung von Inhalten orientieren sollen.[453] Als Ergebnis dieser Diskussion soll sich eine „soziale Bewertungspraxis" herausbilden, die den Netzwerkanbietern als Orientierung für ihre Entscheidungen dienen.[454]

Sinnvoll erscheint dieser Ansatz, wenn es darum geht, die Löschpraxis der Netzwerkanbieter transparenter zu gestalten. Erhält nicht nur der einzelne Betroffene eine Begründung für die Löschung seines Inhalts und wird die Löschpraxis nicht nur abstrakt durch Zahlen in den nach § 2 NetzDG erforderlichen Berichten beschrieben, sondern werden die Entscheidungen selbst für die Allgemeinheit veröffentlicht, könnte dies zu einer umsichtigeren Vorgehensweise der Netzwerkanbieter beim Löschen von Inhalten führen. Haben

---

451 *Eifert*, NJW 2017, 1450 (1453 ff.).
452 *Eifert*, NJW 2017, 1450 (1453).
453 Ebd.
454 Ebd.

die Netzwerkanbieter in Folge der Veröffentlichung ihrer Entscheidungen das „Urteil" der Nutzer zu fürchten, könnte dies dazu führen, dass die Anbieter freiwillig ihre gängige Löschpraxis ändern und der Meinungsfreiheit mehr Gewicht als bisher zumessen.

Diese Effekte sind sicherlich positiv und wünschenswert. Es ist aber fraglich, ob die Gesellschaft durch ihre Diskussion tatsächlich die Maßstäbe dafür bestimmen soll, welche Inhalte die Netzwerkanbieter als rechtswidrig im Sinne des § 1 Abs. 3 NetzDG löschen. Denn nach den Vorgaben des NetzDG bestimmt sich die Rechtswidrigkeit danach, ob der Tatbestand von Strafnormen erfüllt ist. Dabei handelt es sich um Gesetze, für deren rechtsverbindliche Auslegung staatliche Gerichte zuständig sind. Ein Grund dafür, warum im Fall der Anwendung des NetzDG anders als sonst nicht mehr Richter dafür zuständig sein sollen, die Entscheidungspraxis über die Zulässigkeit von Meinungsäußerungen in Abgrenzung zu ihrer Strafbarkeit zu prägen, ist nicht ersichtlich. Die Problematik dieses Ansatzes wird schon dann deutlich, wenn man sich vorstellt, was passiert, wenn sich ein Gericht in einem Einzelfall doch mit der Löschung eines bestimmten Inhalts auseinandersetzen muss. Soll sich dann der Richter für seine Entscheidung an der Entscheidungspraxis der Diensteanbieter orientieren oder gelten dann unterschiedliche Maßstäbe für die Entscheidungen, abhängig davon, ob sie von einem Gericht oder einem sozialen Netzwerk getroffen werden? Dies verbessert nicht die Rechtssicherheit[455], sondern führt zu mehr Unsicherheit. Geht es um die Anwendung von Normen des StGB, muss es deshalb nach wie vor den Gerichten obliegen, durch ihre Entscheidungen die Leitlinien für den Ausgleich zwischen der Meinungsfreiheit und den in den jeweiligen Strafnormen geschützten Rechtsgütern festzusetzen.

6. Ausbau der Strafverfolgung

Neben der Verbesserung des NetzDG sollte auch das Augenmerk auf den Ausbau der Strafverfolgung gerichtet werden. Eventuell kann damit der zu spürenden Verharmlosung von Straftaten gegen das Persönlichkeitsrecht oder auch die öffentliche Ordnung in sozialen Netzwerken entgegengewirkt werden. Die Aufgabe der Verhinderung oder Beseitigung von Straftaten in sozialen Netzwerken darf sich nicht zu einseitig auf die Netzwerkanbieter konzentrieren, sondern es müssen gleichzeitig die zuständigen staatlichen Organe für diese Aufgabe ausgestattet werden. Konkret in Betracht kommt dafür die Schaffung besonderer

---

455 Diese Ansicht vertritt aber *Eifert*, NJW 2017, 1450 (1451).

Dezernate bei Polizei und Staatsanwaltschaft, so dass sich spezialisierte Ermittler mit Straftaten in sozialen Netzwerken beschäftigen können.[456] Dabei darf natürlich nicht vergessen werden, dass die grundsätzlichen Schwierigkeiten bei der Ermittlung von Straftaten im Internet bestehen bleiben. Dabei bereitet vor allem die Anonymität im Internet Probleme bei der Ermittlung von Straftaten. Nur teilweise ist für die Registrierung bei einem sozialen Netzwerk die Angabe des echten Namens erforderlich wie z.B. bei Facebook. Bei anderen sozialen Netzwerken wie Instagram gilt dies nicht, so dass sich der Nutzer bei der Registrierung einen Fantasienamen geben kann. Zudem verweigern Netzwerkanbieter regelmäßig die Herausgabe persönlicher Daten zu Zwecken der Strafverfolgung. Auch diese Hürden entbinden den Staat allerdings nicht von seiner Pflicht, im Internet mit der gleichen Intensität gegen Straftaten vorzugehen wie in der analogen Welt.

II. Alternative zum NetzDG

Neben einzelnen Vorschlägen zur Verbesserung des Schutzes der Meinungsfreiheit, die eine Änderung einzelner Regelungen des NetzDG fordern, gibt es auch einen Gesetzentwurf, der insgesamt an die Stelle des NetzDG treten soll und das NetzDG daher aufhebt.

1. Überblick

Dabei handelt es sich um den Entwurf eines Gesetzes zur Verbesserung des Persönlichkeitsrechtsschutzes im Internet - kurz Persönlichkeitsrechtsschutzgesetz (PRG).[457] Das Gesetz dient dem Ziel, den Schutz des Persönlichkeitsrechts im Internet zu verbessern und verfolgt dazu unterschiedliche Ansätze, wozu u.a. auch die Verstärkung des Opferschutzes durch Änderungen im Strafrecht gehört.[458] Die entscheidenden Änderungsvorschläge beziehen sich aber auf das Telemedienrecht. Zentral ist der Unterschied zum NetzDG in der Hinsicht, dass nicht mehr die Netzwerkanbieter selbst mutmaßlich persönlichkeitsrechtsverletzende Inhalte löschen, sondern solche Inhalte lediglich zu Beweiszwecken sichern und den zuständigen staatlichen Stellen die Informationen bereitstellen, auf deren Grundlage die Gerichte über die strafrechtliche Relevanz eines Inhalts

---

456 *Frenzel*, JuS 2017, 414 (416).
457 Abrufbar unter https://www.arag.com/medien/pdf/presse/prg_gesetzentwurf_heckmann_paschke_konsolidiert.pdf [27.09.2018].
458 Ebd.

entscheiden.⁴⁵⁹ Für die Löschung eines Inhalts ist zudem ein Gerichtsbeschluss zwingend erforderlich.⁴⁶⁰ Die Netzwerkanbieter sind damit auf andere Weise als durch das NetzDG an der Rechtsdurchsetzung beteiligt, indem ihnen Aufgaben zum Schutz des Persönlichkeitsrechts in ihrem Wirkungsbereich – dem Betreiben der Plattform – übertragen werden.⁴⁶¹ Damit hat dieser Gesetzentwurf einen Ansatz für die Lösung des Problems, dass Private und wohl häufig auch juristische Laien oder sogar Computerprogramme über die rechtliche Einordnung eines Inhalts entscheiden. Zudem könnte die vorschnelle Löschung eines Inhalts zu Lasten der Meinungsfreiheit verhindert werden.

2. Änderungen des Strafrechts

Auf Grundlage des Gesetzentwurfs sollen zunächst Änderungen des Strafgesetzbuchs erfolgen, die die §§ 185, 194 StGB betreffen und durch die in § 190 StGB der neue Tatbestand des Cybermobbings in Form eines Offizialdelikts eingeführt werden soll. Durch die Änderungen im StGB wird einerseits dem Umstand Rechnung getragen, dass das Opfer die Gefahr für die Verletzung seines Persönlichkeitsrechts bei der Ehrverletzung im Internet nicht mehr beherrschen kann.⁴⁶² Zum anderen schlägt sich in den Änderungen auch die Tatsache nieder, dass eine Ehrverletzung im Internet in räumlicher und zeitlicher Dimension viel intensiver wirkt als im analogen Leben und die bisher geltenden Tatbestände mit ihren Strafandrohungen dieser Intensität nicht gerecht werden.⁴⁶³ Durch die Aufhebung des Strafantragserfordernisses wird zudem eine effektivere Strafverfolgung ermöglicht, da die Strafverfolgungsbehörden nicht mehr dadurch an der Strafverfolgung gehindert werden, dass der Betroffene einen Antrag aus Scham oder aus anderen Gründen wie z.B. der Scheu vor dem Aufwand eines gerichtlichen Verfahrens unterlässt.⁴⁶⁴

Auch für die Strafprozessordnung werden Änderungen vorgeschlagen. So sollen Strafanzeige und Strafantrag nach § 158 StPO auch elektronisch angebracht werden können, um ein weiteres Hemmnis bei der effektiven Verfolgung von Internetstraftaten zu beseitigen.⁴⁶⁵

---

459 Ebd.
460 Ebd.
461 Begründung zum Entwurf des PRG, S. 30, abrufbar unter https://www.arag.com/medien/pdf/presse/prg_gesetzentwurf_heckmann_paschke.pdf [27.09.2018].
462 Gesetzesbegründung PRG, S. 19.
463 Ebd.
464 Gesetzesbegründung PRG, S. 26 f.
465 Gesetzesbegründung PRG, S. 27.

3. Änderungen des Telemedienrechts

Der Schwerpunkt der Änderungsvorschläge bezieht sich auf das Telemedienrecht.[466] Dabei geht es nicht, wie im Strafrecht vorgesehen, um punktuelle Neuerungen. Die hier vorgeschlagenen Änderungen sind umfassender und verfolgen einen anderen Ansatz als den, der dem NetzDG zugrundeliegt.

Kern der Neuerungen im TMG sind die neu eingefügten §§ 13b, 13c, 13d TMG-E.[467] Darin werden den Diensteanbietern sozialer Telemedien umfangreiche neue Pflichten auferlegt, die den Umgang mit Persönlichkeitsrechtsverletzungen auf ihren Plattformen betreffen. Die Diensteanbieter müssen den Nutzern auf ihrer Plattform zum einen Vorrichtungen zur Meldung persönlichkeitsverletzender Inhalte zur Verfügung stellen, die auch vor missbräuchlicher Nutzung durch Computerprogramme geschützt sind.[468] Im Gegensatz zu den Regelungen des NetzDG sind die Diensteanbieter in einem nächsten Schritt aber nicht dazu verpflichtet, die gemeldeten Inhalte nach ihrer Überprüfung ggf. zu entfernen, sondern der gemeldete Inhalt ist lediglich als solcher zu kennzeichnen und es bestehen Dokumentationspflichten hinsichtlich der Wahrnehmung und Verbreitung der gekennzeichneten Inhalte zur Sicherung von Beweisen[469]. Bis zu einer gerichtlichen Entscheidung über die Entfernung des Inhalts bleibt dieser aber sichtbar und behält somit seine Relevanz für den Meinungsaustausch.[470] Nach § 13b Satz 3 TMG-E muss dem Ersteller des Inhalts außerdem eine Frist von einer Woche zur Stellungnahme gewährt werden. Diese Vorschrift dient dem Schutz der Meinungsfreiheit des Erstellers. Dabei ist positiv zu bewerten, dass danach zwingend die Möglichkeit zur Stellungnahme zu geben ist und dies nicht nur eine Option ist, für oder gegen die sich die Netzwerkanbieter wie im Rahmen des NetzDG entscheiden können. Insgesamt wird den Netzwerkanbietern in § 13b TMG-E im Detail die Einführung eines Meldeverfahrens vorgeschrieben, das aber nicht die Löschung von Inhalten einschließt, sondern das die Risiken ausgleichen soll, die dadurch entstanden sind, dass die Netzwerkanbieter mit ihren Plattformen öffentliche Kommunikationsräume durch die Nutzung neuer Technologien geschaffen haben.[471] Für den in seinem Persönlichkeitsrecht Verletzten wird zudem ein umfassender Auskunftsanspruch auf Grundlage einer

---

466 Gesetzesbegründung PRG, S. 29 ff.
467 Gesetzesbegründung PRG, S. 30 ff.
468 Gesetzesbegründung PRG, S. 30 f.
469 Ebd.
470 Ebd.
471 Gesetzesbegründung PRG, S. 30.

richterlichen Anordnung gegenüber den Diensteanbietern geschaffen für den Fall, dass er zivilrechtliche Ansprüche gegenüber dem Ersteller des verletzenden Inhalts geltend machen will.

4. Aufhebung des NetzDG

Da sich die Regelungsbereiche des NetzDG und des PRG überschneiden, wird in Artikel 4 des Änderungsgesetzes das NetzDG aufgehoben.[472]

5. Stellungnahme

Die Konzeption des Persönlichkeitsrechtsschutzgesetzes ist eine durchdachte und sinnvolle Alternative zu dem geltenden NetzDG. Dabei ist positiv hervorzuheben, dass das PRG nicht nur versucht, das NetzDG an einzelnen Stellen auszubessern, sondern sich mit dem neuen Konzept wieder auf die im Kern staatliche Aufgabe der rechtlich und faktisch abschließenden strafrechtlichen Beurteilung von Inhalten unter Abwägung von Persönlichkeitsrechten und der Meinungsfreiheit besinnt. Anstatt den Netzwerkanbietern das Feld der Regulierung von strafbaren Inhalten auf den Plattformen fast vollständig zu überlassen, werden die Netzwerkanbieter an der Stelle in die Bekämpfung von persönlichkeitsrechtsverletzenden Inhalten eingebunden, an der auf der einen Seite ihre Verantwortung liegt und auf der anderen Seite staatliche Schwächen erkennbar sind. Dies betrifft zum einen die für Nutzer und Strafverfolgungsbehörden oft nur schwer zu ermittelnde Identität von rechtsverletzenden Nutzern. Dagegen haben die Netzwerkanbieter unbeschränkten Zugang zu den Nutzerinformationen. Dasselbe gilt, wenn es um die Dokumentation von Informationen zur Sicherung von Beweisen über ggf. persönlichkeitsverletzende Inhalte geht. Zudem haben nur die Netzwerkanbieter die technischen Möglichkeiten dafür, nach der Meldung eines Inhalts durch Maßnahmen gegenüber den Nutzern die Verbreitung gemeldeter Inhalte u.a. durch eine Warnung vor rechtlichen Konsequenzen zu verhindern oder jedenfalls einzudämmen. Mit dem PRG können daher mehrere Defizite der Konzeption des NetzDG bekämpft werden: Zum einen werden die Möglichkeiten dafür geschaffen, dass die Strafverfolgungsbehörden ihren Aufgaben auch im Internet und speziell im Bereich der Onlinekommunikation effektiver nachkommen können, indem Inhalte und weitere Informationen dokumentiert werden müssen, die Anonymität der Nutzer aufgehoben wird und damit im Ergebnis Beweise für die gerichtliche Rechtsdurchsetzung zur

---

472 Gesetzesbegründung PRG, S. 12, 36.

Verfügung stehen. Auf diese Weise werden die Netzwerkanbieter auf der technischen Seite der Bekämpfung von Persönlichkeitsrechtsverletzungen eingesetzt und weniger auf der rechtlichen Seite, wenn es um die selbständige und faktisch abschließende rechtliche Bewertung und ggf. die Entfernung von Inhalten aufgrund ihrer Rechtswidrigkeit geht, die nach dem PRG nur noch auf Grundlage einer gerichtlichen Anordnung erfolgen darf. Im Zentrum des Gesetzesvorschlags steht daher zu Recht die „Mitwirkung der Plattformbetreiber in ihrem ureigenen Kompetenzbereich, der Entwicklung und Bereitstellung von Technologien"[473] im Gegensatz zum Einsatz der Plattformbetreiber als Instanzen zur strafrechtlichen Bewertung der Inhalte und deren Entfernung.

Nachbesserungsvorschläge sind dahingehend anzubringen, dass auch das PRG für das Problem einer wirksamen Zustellung an die Diensteanbieter noch keine Alternative zur Regelung des NetzDG gefunden hat. Ein Defizit besteht zum einen dahingehend, dass nach wie vor fraglich ist, an wen in den übrigen Fällen Zustellungen ergehen können, z.B. wenn ein Anwalt im außergerichtlichen Verfahren ein Schreiben an die Diensteanbieter zustellen lassen möchte. Zudem bleibt offen, wie im Hinblick auf solche Straftaten in sozialen Netzwerken vorzugehen ist, die die Betroffenen nicht in ihren Persönlichkeitsrechten verletzen, sondern andere Rechtsgüter schützen, wie z.B. § 130 Abs. 1 StGB, der dem Schutz des öffentlichen Friedens dient[474]. Der Gesetzentwurf bzw. Diskussionsvorschlag bezieht sich bewusst nur auf Persönlichkeitsrechtsverletzungen. Er erhebt somit allerdings auch keinen Anspruch auf Vollständigkeit im Hinblick auf die anderen Problemfelder in sozialen Netzwerken, sondern versteht den Gesetzentwurf als Denkanstoß, der möglicherweise auch zur Lösung der anderen Probleme dienen kann.[475]

III. Zwischenergebnis

Das NetzDG bietet an mehreren Stellen die Möglichkeit zur Nachbesserung, um den Schutz der Meinungsfreiheit zu verstärken. Im Vordergrund müssen dabei die Nutzerrechte stehen. Dafür kommt im Anwendungsbereich des NetzDG nicht nur die Einführung eines Beschwerdeverfahrens für den Fall der Löschung eines Inhalts in Betracht, sondern auch die Beteiligung der Nutzer am Löschverfahren selbst, um ihre Rechte zu wahren.

---

473 Begründung zum Entwurf des PRG, S. 2.
474 MüKoStGB/*Schäfer*, StGB, § 130 Rn. 2.
475 So ausdrücklich in der Einleitung zur Begründung des Entwurfs des PRG, S. 3.

Die Meinungsfreiheit ist aber nicht nur im Geltungsbereich des NetzDG gefährdet, sondern auch oder sogar noch mehr bei der Anwendung der Nutzungsbedingungen. Daher muss auch auf die Frage eingegangen werden, wie die Meinungsfreiheit außerhalb des Anwendungsbereichs des NetzDG intensiver geschützt werden kann.

IV. Änderung des einfachen Rechts

Dabei ist zunächst an die Vorschriften des einfachen Rechts anzuknüpfen und zu fragen, wie die Netzwerkanbieter auf diese Weise zu einem effektiveren Schutz der Meinungsfreiheit verpflichtet werden können. Hierfür existiert mit § 307 BGB bereits eine Norm, die eine weitgehende Einschränkung der grundrechtlichen Freiheiten der Netzwerkanbieter zugunsten der Meinungsfreiheit der Nutzer ermöglicht. Wie dargestellt wurde, können auf dieser Grundlage die Rechte der Netzwerkanbieter sogar vollständig hinter denen der Nutzer zurücktreten. Allerdings hat sich diesbezüglich insbesondere in der Rechtsprechung noch keine einheitliche Rechtsanwendung herausgebildet. Grund dafür ist, dass § 307 BGB keine ausdrücklichen Vorgaben macht, sondern unter Berücksichtigung der Wertungen der relevanten Grundrechte eine Abwägung zwischen den betroffenen Rechtspositionen erfolgen muss. Da die Abwägung eine Einzelfallentscheidung ist, kommt es dabei je nach Abwägungsperson zu unterschiedlichen Ergebnissen. Bei den Netzwerkanbietern ist aufgrund ihres Löschverhaltens und der Ausgestaltung der Nutzungsbedingungen davon auszugehen, dass sie ihrem Recht auf Privatautonomie im Hinblick auf die Kontrolle von Inhalten regelmäßig die höhere Bedeutung im Verhältnis zur Meinungsfreiheit des einzelnen Nutzers zumessen. Es wird deutlich, dass nicht nur, aber insbesondere für den Schutz der Grundrechte von Nutzern im Anwendungsbereich der Nutzungsbedingungen ein effektiver Schutz erforderlich ist, der über das hinaus geht, was das einfache Recht bisher bietet.

V. Erweiterte mittelbare Drittwirkung

Für einen effektiveren Grundrechtsschutz durch Private kommt eine Erweiterung der bereits geltenden mittelbaren Grundrechtsbindung in Betracht.[476] Eine strengere Bindung Privater an die Grundrechte könnte ein höheres Schutzniveau

---

476 *Mayen* spricht von der „gesteigerten mittelbaren Drittwirkung" und verweist hierzu auf die Fraport-Entscheidung des BVerfG, ZHR 2018, 1 (4 ff.); *Löber/Roßnagel* erwähnen eine „ ‚intensivierte' mittelbare Drittwirkung", MMR 2019, 71 (75).

zugunsten der Nutzer bewirken und damit einen Lösungsansatz für die Schutzlücken im Bereich der Meinungsfreiheit darstellen. Auf diese Weise könnte das Defizit beseitigt werden, dass dadurch entsteht, dass aktuell die mittelbare Grundrechtsbindung insbesondere im Anwendungsbereich der Nutzungsbedingungen durch die mit den Grundrechten der Nutzer in einen Ausgleich zu bringende Vertrags- und Berufsfreiheit der Netzwerkanbieter nur wenig Schutz bietet.

1. Voraussetzungen der erweiterten mittelbaren Grundrechtsbindung

Eine erweiterte mittelbare Grundrechtsbindung kommt in Betracht, wenn sich Grundrechtsträger gegenüberstehen, von denen einer in der Realität oder auch in der digitalen Welt „Rahmenbedingungen öffentlicher Kommunikation" oder „Orte der allgemeinen Kommunikation"[477] bereitstellt und hierdurch erst die Voraussetzungen für die Ausübung der Meinungsfreiheit schafft. In diesem Fall kommt eine Grundrechtsbindung Privater in Betracht, die mit der unmittelbaren Grundrechtsbindung des Staates vergleichbar ist oder ihr sogar entspricht.[478] Eine solche Bindung ist unter bestimmten Voraussetzungen möglich.

a) Private schaffen Infrastruktur für die Grundrechtsausübung

Ein Kriterium für die erweiterte mittelbare Bindung ist zunächst die Bedeutung des privatrechtlich gestalteten Unternehmens für die Grundrechtsausübung der betroffenen Grundrechtsträger. Entscheidend ist dabei, ob ein Unternehmen die Voraussetzungen für die Ausübung bestimmter Grundrechte schafft und auf diese Weise darüber verfügen kann, ob Grundrechte überhaupt verwirklicht werden können und wem diese Möglichkeit zur Verfügung gestellt wird. Ist dies der Fall, steht es in der Macht eines privaten Unternehmens, Grundrechtsträger durch einen Ausschluss von der Nutzung der Infrastruktur in ihrer Grundrechtsausübung erheblich zu beeinträchtigen. Ist das Potential eines Privaten zur Beschränkung der Grundrechtsausübung in der Folge vergleichbar mit den Möglichkeiten des Staates, Grundrechte aufgrund seiner Hoheitsmacht einzuschränken, besteht das Bedürfnis für eine erweitere mittelbare Grundrechtsbindung Privater.[479] Die Wirkung der Weigerung eines Unternehmens, mit einem

---

477 BVerfG, Beschl. v. 18.07.2015 – 1 BvQ 25/15 = NJW 2015, 2485 (2486).
478 Ebd.
479 LG Bamberg, Urt. v. 18.10.2018 – 2 O 248/18 = BeckRS 2018, 26648 Rn. 49.

Privaten einen Vertrag abzuschließen oder auch die Kündigung eines Vertrages geht dann über die privatrechtlichen Folgen hinaus, wenn ein Unternehmen die Voraussetzungen für die Grundrechtsausübung schafft und Grundrechtsträger aus diesem Raum ausschließt. Besteht nicht die Möglichkeit, das betroffene Grundrecht auf entsprechende Weise an einem anderen (virtuellen) Ort auszuüben, macht der Ausschluss durch ein solches Unternehmen die Grundrechtsausübung in der Realität unmöglich.[480]

b) Stellenwert des Grundrechts im Rahmen des Grundgesetzes

Ein weiteres Kriterium für die Geltung einer erweiterten mittelbaren Bindung ist die Bedeutung des jeweils betroffenen Grundrechts im Gesamtgefüge der Verfassung. Denn je höher der Stellenwert des Grundrechts nicht nur für den einzelnen Grundrechtsträger, sondern für die Gesellschaft insgesamt ist, desto wichtiger ist ein effektiver Schutz des Grundrechts auch im Verhältnis zwischen Privaten. In diesem Fall lässt sich auch eher eine Einschränkung der Grundrechte des anderen Grundrechtsträgers rechtfertigen, die mit der erweiterten Grundrechtsbindung einhergeht.

c) Bestehen einer Schutzlücke

Für die Geltung einer erweiterten mittelbaren Grundrechtsbindung muss außerdem feststehen, dass durch einfaches Recht oder andere bestehende Vorschriften ein ausreichender Schutz nicht gewährleistet werden kann. Da die erweiterte Bindung dazu führen kann, dass Private wie der Staat an Grundrechte gebunden sind und damit erhebliche Auswirkungen für den betroffenen Grundrechtsträger hat, sind zunächst die bereits bestehenden Möglichkeiten des Grundrechtsschutzes zu nutzen. Reicht aber der bestehende Grundrechtsschutz nicht aus, um der Gefährdung durch andere Private effektiv zu begegnen, kommt die Erweiterung der mittelbaren Grundrechtsbindung Privater in Betracht.

d) Fazit

Wie aus den Voraussetzungen für die Geltung einer erweiterten Drittwirkung hervorgeht, ist diese stärkere Bindung nicht grundsätzlich in allen Privatrechtsbeziehungen angemessen, sondern lässt sich nur in besonderen Fallkonstellationen rechtfertigen. Eine verstärkte Bindung kommt in Betracht, wenn Private

---

480 Dazu auch BVerfG, Beschl. v. 18.07.2015 – 1 BvQ 25/15 = NJW 2015, 2485 (2486).

die Grundvoraussetzungen für die Ausübung von Grundrechten schaffen und bereitstellen, das betroffene Grundrecht einen hohen Stellenwert in der Verfassung einnimmt und der bisher zur Verfügung stehende Grundrechtsschutz eine Lücke aufweist.

2. Übertragung der Voraussetzungen auf soziale Netzwerke

a) Soziale Netzwerke als Infrastruktur zur Grundrechtsausübung

Mit ihren Plattformen, auf denen Nutzer Inhalte veröffentlichen und mit anderen Nutzern teilen können, stellen die Anbieter sozialer Netzwerke eine Infrastruktur zur Übertragung und Verbreitung von Inhalten zur Verfügung. Werden Inhalte auf diese Weise der Öffentlichkeit zugänglich gemacht, werden sie an einen unbestimmten Adressatenkreis übermittelt, so dass es sich um öffentliche Kommunikation handelt. In welchem Ausmaß die Netzwerkanbieter auf diese Weise die Rahmenbedingungen der Kommunikation bereitstellen, wird insbesondere bei einem Blick auf die Nutzerzahlen der sozialen Netzwerke deutlich. Dies gilt aktuell insbesondere für Facebook, das in Deutschland im ersten Quartal 2020 32 Millionen aktive Nutzer aufwies. YouTube hat 28 Millionen Nutzer und Instagram als das nächstgrößte Netzwerk immerhin noch 17 Millionen aktive deutsche Nutzer.[481] Aus diesem Grund wird Facebook eine „Quasi-Monopolstellung" zugeschrieben.[482] Zu Recht wird das Internet in seiner Eigenschaft als „öffentlicher Raum" mit der griechischen Agora verglichen[483] oder das soziale Netzwerk Facebook als das „Forum Romanum unserer Zeit" bezeichnet[484]. Die sozialen Netzwerke ersetzen daher in vielen Fällen die klassischen Telekommunikationsmittel.[485] Wird ein Nutzer deshalb auch nur vorübergehend von der Kommunikation auf diesen Plattformen ausgeschlossen, kann er nicht mehr an den dortigen Diskussionen teilnehmen. In Anbetracht der Bedeutung der großen sozialen Netzwerke für die Meinungsbildung können die sozialen Netzwerke als für die Meinungsbildung unentbehrlich bezeichnet

---

481 Für alle Zahlen https://www.kontor4.de/beitrag/aktuelle-social-media-nutzerzahlen.html [28.02.2020].
482 OLG Dresden, Beschl. v. 08.08.2018 – 4 W 577/18 Rn. 24, zit. nach juris.
483 *Martini*, VerArch 2011, 315 (316); dazu auch *Schliesky/Hoffmann/Luch/Schulz/Borcher*, Schutzpflichten und Drittwirkung im Internet, S 121 f. und *Ernst*, FS-Schmidt-Jortzig, S. 79 ff.
484 http://www.faz.net/aktuell/feuilleton/medien/anwalt-joachim-steinhoefel-behaelt-facebook-im-blick-15794608.html [06.10.2020].
485 So auch in der BR-Drs. 315/17, S. 4.

werden.[486] Die Netzwerkanbieter stellen somit „Rahmenbedingungen öffentlicher Kommunikation" bereit.[487] Mit ihren sozialen Netzwerken stellen sie den Nutzern die Infrastruktur zur Ausübung ihrer Grundrechte insbesondere in Gestalt der Meinungs-, Presse- und Informationsfreiheit zur Verfügung.

b) Stellenwert der betroffenen Grundrechte

Wie bereits dargestellt, besteht in den sozialen Netzwerken insbesondere eine Gefahr für die Meinungs- und Pressefreiheit der Nutzer. Diese Grundrechte nehmen einen besonderen Stellenwert in der Verfassung ein. Die Meinungsfreiheit ist ein Grundrecht, das für die „freiheitlich-demokratische Staatsordnung [...] schlechthin konstituierend"[488] ist. Damit hat dieses Grundrecht nicht nur große Bedeutung für die persönliche Freiheit des Einzelnen.[489] Auch für eine funktionierende Demokratie sind der freie Meinungsaustausch, Zugang zu Informationen und eine freie Presse unabdingbare Voraussetzungen.[490]

Hierfür ist aber erforderlich, dass grundsätzlich jeder Zugang zu den Mitteln der Kommunikation hat. Die Bereitstellung der Infrastrukur im Internet durch die Netzwerkanbieter dient damit nicht nur der Befriedigung eines Luxusbedürfnisses wie z.B. der Unterhaltung, sondern trägt wesentlich zu dem in einer Demokratie unerlässlichen Informationsaustausch bei. Das soziale Netzwerk Facebook wird passenderweise mit einem „öffentlichen Marktplatz für Informationen und den Meinungsaustausch" verglichen.[491] So, wie sich in früheren Zeiten ein Großteil des öffentlichen Lebens auf dem Marktplatz einer Stadt abspielte, sind auch die Plattformen sozialer Netzwerke wesentlicher und inzwischen auch unentbehrlicher Bestandteil des öffentlichen Lebens. Wird einem Nutzer die Teilnahme an diesem Meinungsaustausch versagt, beschränkt ein solcher Ausschluss die Ausübung der Meinungsfreiheit in den heutigen Zeiten vor dem Hintergrund der Bedeutung der sozialen Netzwerke in erheblichem Maße.

Damit ist nicht nur der Stellenwert der Meinungsfreiheit an sich besonders hoch. Die Nutzung sozialer Netzwerke ist inzwischen eines der wesentlichen Mittel für die Ausübung der Meinungsfreiheit.

---

486 *Elsaß/Labusga/Tichy*, CR 2017, 234 (239).
487 Dieser Ansicht ist auch *Mayen*, ZHR 2018, 1 (4).
488 BVerfG, Urt. v. 15.01.1985 – 1 BvR 400/51 = BVerfGE 7, 198 (208).
489 Dazu Mangoldt/Klein/*Starck*/*Paulus*, GG, Art. 5 Abs. 1 Rn. 1.
490 Schmidt-Bleibtreu/Hofmann/Henneke/*von der Decken*, GG, Art. 5 Rn. 2.
491 OLG Frankfurt, Urt. v. 10.08.2017 – 16 U 255/16 Rn. 28, zit. nach juris, so auch OLG München, Beschl. v. 24.08.2018 – 18 W 1294/18 = BeckRS 2018, 20659 Rn. 26.

c) Schutzlücke im Rahmen der sozialen Netzwerke

Wie anhand der Vorschriften des NetzDG und der Nutzungsbedingungen bereits an früherer Stelle dargestellt, bestehen sowohl im Geltungsbereich des NetzDG als auch bei der Anwendung der Nutzungsbedingungen durch die Netzwerkanbieter Schutzlücken im Hinblick auf die Meinungsfreiheit der Nutzer. Durch die aktuell geltenden Normen wird in Anbetracht der durch die Netzwerkanbieter ausgehende Gefahr für die Meinungsfreiheit kein ausreichender Schutz gewährt. Damit besteht eine Schutzlücke, die durch die erweiterte mittelbare Bindung geschlossen werden soll.

3. Folgen der erweiterten mittelbaren Grundrechtsbindung

Die erweiterte mittelbare Grundrechtsbindung führt dazu, dass die widerstreitenden Grundrechte nicht wie sonst nach dem Grundsatz der praktischen Konkordanz in einen Ausgleich zu bringen sind.

Nach den Vorgaben der praktischen Konkordanz sind die kollidierenden Grundrechte unter Beachtung ihrer Bedeutung für den konkreten Fall gegeneinander abzuwägen, wobei aber das im Einzelfall zurücktretende Grundrecht keinen vollständigen Bedeutungsverlust erleiden darf, sondern nur insoweit zurücktreten muss, wie es im Einzelfall erforderlich ist.[492] Es muss „ein verhältnismäßiger Ausgleich der gegenläufigen, gleichermaßen verfassungsrechtlich geschützten Interessen mit dem Ziele ihrer Optimierung gefunden werden"[493]. Eine solche Abwägung der Grundrechtspositionen hat seine Berechtigung, wenn sich Grundrechtsträger gegenüberstehen, deren Machtverhältnis im Wesentlichen ausgewogen ist. In diesen Fällen lässt sich kaum ein Argument dafür finden, dass einer der beiden Grundrechtsberechtigten mit seinem Anliegen vollständig zurücktreten muss.

Etwas anderes gilt, wenn sich zwar Private und damit Grundrechtsträger gegenüberstehen, einer der beiden aber eine besondere Funktion und damit eine

---

492 BVerfGE 28, 243 (261) = NJW 1970, 1729 (1730), seitdem ständige Rspr., vgl. BVerfG, Beschl. v. 17.12.1975 – 1 BvR 63/68, BVerfGE 41, 29 (51); BVerfG, Beschl. v. 16.10.1979 – 1 BvR 647/70, 7/74, BVerfGE 52, 223 (247); BVerfG, Beschl. v. 03.11.1987 – 1 BvR 1257/84, BVerfGE 77, 240 (253); BVerfG, Beschl. v. 07.03.1990 – 1 BvR 266/86, 1 BvR 913/87, BVerfGE 81, 278 (292); BVerfG, Beschl. v. 27.11.1990 – 1 BvR 402/87, BVerfGE 83, 130 (143); BVerfG, Beschl. v. 19.10.1993 – 1 BvR 567/89, BVerfGE 89, 214 (232); BVerfG, Beschl. v. 27.01.1998 – 1 BvL 15/87, BVerfGE 97, 169 (176); BVerfG, Beschl. v. 19.07.2011 – 1 BvR 1916/09, BVerfGE 129, 78 (101 f.).
493 BVerfG, Beschl. v. 07.03.1990 – 1 BvR 266/86, 1 BvR 913/87 = NJW 1990, 1982 (1983).

Machtposition innerhalb der Gesellschaft einnimmt, insbesondere dadurch, dass er die Ausübung bestimmter Grundrechte erst ermöglicht. In diesem Fall nimmt der ihm gegenüberstehende Grundrechtsträger von Anfang an eine unterlegene Position ein. Er ist zur Ausübung seiner Grundrechte auf die Nutzung der Infrastruktur angewiesen, die ihm der überlegene Grundrechtsträger zur Verfügung stellen kann. Dies führt zu einer Abhängigkeit nicht von staatlichen Organen, sondern von anderen Grundrechtsträgern. Diese haben aufgrund ihrer Position die Möglichkeit, die Grundrechte anderer Privater erheblich einzuschränken. Auf Seiten des unterlegenen Grundrechtsträgers führt dies zu einem erhöhten Schutzbedürfnis. Diesem Bedürfnis würde eine möglichst beidseitige Optimierung der Interessen unter Anwendung des Grundsatzes der praktischen Konkordanz entgegenstehen.

An die Stelle dieser Vorgehensweise bei der Abwägung tritt die erweiterte mittelbare Grundrechtsbindung. Sie kann dazu führen, dass die Interessen des einen Grundrechtsträgers unter den bereits genannten Voraussetzungen vollständig hinter denen des anderen zurücktreten müssen. Zwar sind auch in diesen Fällen eine Abwägung und damit der Ausgleich der Grundrechtspositionen nicht grundsätzlich ausgeschlossen. Die Grundrechte des überlegenen Privaten müssen aber unter Umständen vollständig hinter den Grundrechten des anderen Grundrechtsträgers zurücktreten. Dies kann dazu führen, dass private Unternehmen aufgrund ihrer Funktion für die gesamte Gesellschaft und ihrer damit einhergehenden Machtposition zum Schutz fremder Grundrechte zur Duldung eines Verhaltens verpflichtet sind, während sie dabei gleichzeitig den Schutz eigener Grundrechte einbüßen. Möglicherweise bleibt im Ergebnis vom Gewährleistungsgehalt ihrer Grundrechte kaum etwas oder sogar nichts übrig.

Im Hinblick auf das Verhältnis zwischen Nutzer und Netzwerkanbieter wird durch die erweiterte mittelbare Grundrechtsbindung den Grundrechten der Nutzer ein grundsätzlicher Vorrang vor den Grundrechten der Netzwerkanbieter eingeräumt. In diesem Fall muss die Privatautonomie des Netzwerkanbieters hinter der Meinungsfreiheit der Nutzer zurücktreten, so dass den Nutzern die Veröffentlichung solcher Inhalte nicht versagt werden darf, die von der Meinungsfreiheit erfasst sind.[494] Der Ausgleich der Grundrechte kann somit dazu führen, dass die Vertrags- und Berufsfreiheit der Netzwerkanbieter als Ausdruck der Privatautonomie vollständig hinter den Grundrechten der Nutzer

---

[494] OLG München, Beschl. v. 24.08.2018 – 18 W 1294/18 = BeckRS 2018, 20659 Rn. 20 ff.; dagegen spricht sich *Friehe* aus, NJW 2020, 1697 (1699 ff.).

zurücktreten muss, so dass die Meinungsfreiheit ihre Wirkung ohne einschränkende Vorgaben der Netzwerkanbieter entfalten kann.

4. Verbesserung des Schutzniveaus im Einzelnen

Eine erweiterte mittelbare Grundrechtsbindung würde dazu führen, dass die Netzwerkanbieter zugunsten der Meinungsfreiheit der Nutzer in ihren eigenen Grundrechten eingeschränkt werden. Fraglich ist, wie sich diese erweiterte mittelbare Grundrechtsbindung im Einzelnen auf das Schutzniveau sowohl im Anwendungsbereich der Nutzungsbedingungen als auch in dem des NetzDG auswirkt und ob durch eine erweiterte Grundrechtsbindung der Netzwerkanbieter die hinsichtlich der einzelnen Grundrechte beschriebenen Schutzlücken zumindest teilweise geschlossen werden können.

a) Anwendungsbereich der Nutzungsbedingungen

Im Verlauf der Untersuchung konnte festgestellt werden, dass zum Schutz der Grundrechte von Nutzern im Anwendungsbereich der Nutzungsbedingungen insbesondere die Vorschrift des § 307 BGB von Bedeutung ist. Diese Norm setzt den Netzwerkanbietern Grenzen bei der Ausgestaltung ihrer Nutzungsbedingungen, indem sie die Unwirksamkeit solcher Bestimmungen anordnet, die die Nutzer unangemessen benachteiligten. Würde man bei der Anwendung des § 307 BGB aufgrund der erweiterten mittelbaren Grundrechtsbindung der Meinungsfreiheit der Nutzer einen grundsätzlichen Vorrang vor den Grundrechten der Netzwerkanbieter einräumen, wäre ein Netzwerkanbieter zur Duldung solcher Inhalte auf seiner Plattform verpflichtet, die nach seinen Nutzungsbedingungen, die er zunächst in Ausübung seiner wirtschaftlichen Handlungsfreiheit aus Art. 2 Abs. 1 GG festgelegt hat und auch festlegen durfte, eigentlich nicht zulässig wären. Das Abwägungsergebnis wird durch die erweiterte mittelbare Bindung vorweggenommen. Faktisch führt dies dazu, dass sich der Netzwerkanbieter am Maßstab des Art. 5 Abs. 1 GG orientieren muss, wenn er Inhalte auf Grundlage seiner Nutzungsbedingungen entfernen möchte.[495] Da eine solche Pflicht einer unmittelbaren Bindung an Art. 5 Abs. 1 S. 1 GG entspricht, kommt die Wirkung der erweiterten mittelbaren Grundrechtsbindung des Netzwerkanbieters der unmittelbaren Bindung sehr nahe oder entspricht dieser sogar. In

---

495 So im Grundsatz auch das OLG Stuttgart, Beschl. v. 06.09.2018 – 4 W 63/18 = BeckRS 2018, 23885 Rn. 30; LG Frankfurt/M., Beschl. v. 14.05.2018 - 203 O 182/18 = BeckRS 2018, 14915.

der Folge dürften Inhalte nur dann entfernt werden, wenn sie nicht mehr von der Meinungsfreiheit geschützt sind, weil sie insbesondere gegen gesetzliche Vorschriften verstoßen und die Meinungsfreiheit in der Abwägung mit dem in der Regel betroffenen allgemeinen Persönlichkeitsrecht zurücktreten muss. Die Berufs- bzw. Vertragsfreiheit der Netzwerkanbieter würde in dieser Abwägung keine Rolle mehr spielen.

Aktuell folgt die Abwägung einem anderen Muster. Im Hinblick auf die Vorgehensweise der Netzwerkanbieter ist davon auszugehen, dass sie von der uneingeschränkten Anwendbarkeit ihrer eigenen Nutzungsbedingungen ausgehen und auf dieser Rechtsgrundlage Inhalte löschen oder Nutzer sperren. Dies ist auch nachvollziehbar, da sie wohl kaum von der Unangemessenheit und damit Unwirksamkeit ihrer eigenen Richtlinien im Sinne des § 307 BGB ausgehen werden. Die unterschiedlichen Entscheidungen der Rechtsprechung zur Frage der unangemessenen Benachteiligung durch die Nutzungsbedingungen zeigen, dass § 307 BGB einen erheblichen Auslegungsspielraum gewährt und bisher einen zwingenden Vorrang der Meinungsfreiheit der Nutzer nicht vorgibt. Durch die erweiterte mittelbare Grundrechtsbindung könnten die Netzwerkanbieter dazu verpflichtet werden, der Meinungsfreiheit der Nutzer schon bei der Anwendung ihrer Nutzungsbedingungen grundsätzlich Vorrang einzuräumen, so dass nur eine Abwägung zwischen der Meinungsfreiheit und den entgegenstehenden Rechten stattfindet, nicht aber mit ihren Nutzungsbedingungen. Gleichzeitig kämen auch gerichtliche Entscheidungen zu einheitlichen Ergebnissen für den Fall, dass sich Netzwerkanbieter nicht an die Vorgaben halten und durch Nutzer ein Gerichtsverfahren eingeleitet wird.

Durch eine erweiterte mittelbare Grundrechtsbindung könnte daher die größte Gefahr für die Meinungsfreiheit der Nutzer gemindert werden, die von den Nutzungsbedingungen ausgeht. Die Folge wäre ein effektiverer Schutz des Art. 5 GG durch die Netzwerkanbieter.

Dies hätte auch positive Auswirkungen auf die faktische Zensur, die Netzwerkanbieter im Anwendungsbereich der Nutzungsbedingungen durchführen. Ist es Netzwerkanbietern untersagt, von der Meinungsfreiheit geschützte Inhalte zu löschen, kann auch verhindert werden, dass im Rahmen von anlasslosen Überprüfungen durch die Netzwerkanbieter unter Zuhilfenahme von Algorithmen massenweise Inhalte entfernt werden, die von Art. 5 GG geschützt sind. Denn Inhalte werden nicht nur nach einer Beschwerde auf ihre Vereinbarkeit mit den Nutzungsbedingungen überprüft, sondern unabhängig von einer solchen Meldung. Auch in diesen Fällen gilt auf Grundlage der erweiterten mittelbaren Drittwirkung, dass die Abwägung zwischen der Meinungsfreiheit der Nutzer und der Privatautonomie der Netzwerkanbieter zugunsten der Nutzer ausfällt. Maßgeblich für die Entscheidung über die Entfernung eines Inhalts aufgrund der Nutzungsbedingungen darf danach nur das Ergebnis der Abwägung der widerstreitenden Rechte der von einem Inhalt Betroffenen sein.

b) Anwendungsbereich des NetzDG

Im Anwendungsbereich des NetzDG bestimmen nicht die Netzwerkanbieter, welche Inhalte auf ihren Plattformen zu löschen sind. Insofern unterscheiden sich die Ausgangsbedingungen von der eben beschriebenen Konstellation hinsichtlich der Nutzungsbedingungen. Auf Grundlage des NetzDG sind solche Inhalte zu löschen, die die Voraussetzungen bestimmter Strafnormen erfüllen. Überprüfen die Netzwerkanbieter Inhalte am Maßstab des NetzDG, wenden sie u.a. Normen des StGB und damit Regelungen des objektiven Rechts an. Von den Vorgaben des NetzDG sind deshalb nur Inhalte betroffen, die die Grenze der Meinungsfreiheit überschreiten. Theoretisch ist damit von Anfang an festgelegt, dass Netzwerkanbieter ausschließlich Inhalte löschen dürfen und müssen, hinsichtlich derer sich Nutzer nicht auf ihre Meinungsfreiheit berufen können. Die Grundrechte der Netzwerkanbieter spielen dabei keine Rolle, sondern es gilt der objektive Maßstab der anwendbaren Strafnormen, an dem sich die Netzwerkanbieter bei der Überprüfung von Inhalten ausrichten müssen. Nach wie vor relevant ist dagegen das Grundrecht der Nutzer auf Meinungsfreiheit bzw. je nach Inhalt der Äußerung auch die spezielleren Grundrechte wie die Presse-, Religions-, Berufs- oder Kunstfreiheit. Dem steht z.B. im Fall einer Beleidigung oder Verleumdung das Grundrecht eines anderen Nutzers oder sonstigen Betroffenen auf Schutz seines Persönlichkeitsrechts gegenüber. Der Ausgleich muss daher nicht zwischen den Grundrechten der Nutzer und der der Netzwerkanbieter erfolgen, sondern zwischen mehreren Nutzern. Den Netzwerkanbietern fällt dabei die Aufgabe zu, einen Ausgleich zwischen diesen widerstreitenden Positionen herzustellen. Bei der Entscheidung über die Löschung eines Inhalts haben sie die betroffenen Interessen gegeneinander abzuwägen. Damit ist, anders als im Geltungsbereich der Nutzungsbedingungen, kein Ausgleich zwischen den Interessen von Netzwerkanbieter und Nutzer erforderlich. Eine erweiterte mittelbare Grundrechtsbindung der Netzwerkanbieter hätte damit zunächst keinen Einfluss auf den Interessenausgleich zwischen den Nutzern. Die Interessen der Netzwerkanbieter, wie sie im Rahmen der Nutzungsbedingungen zum Ausdruck kommen, dürften dabei keine Rolle spielen. Im Anwendungsbereich des NetzDG nehmen die Netzwerkanbieter jedenfalls in der Theorie eine neutrale Stellung ein. Die Frage der Abwägung ihrer Grundrechte mit denen der Nutzer stellt sich daher nicht. Damit wird erkennbar, dass eine erweiterte mittelbare

Grundrechtsbindung der Netzwerkanbieter die grundrechtlichen Schutzlücken im Anwendungsbereich des NetzDG nicht beseitigen kann. Es lässt sich festhalten, dass im Anwendungsbereich des NetzDG weniger die inhaltlichen Vorgaben für die Löschpflicht problematisch sind, sondern die Ausgestaltung der Löschung und ihre Durchführung durch die Netzwerkanbieter. Denn auch bei einer erweiterten mittelbaren Grundrechtsbindung gelten weiterhin diejenigen Regelungen des NetzDG, von denen eine Gefahr für die Meinungsfreiheit der Nutzer ausgeht, so dass die dadurch entstehenden Lücken im Grundrechtsschutz bestehen bleiben. Dies gilt vor allem für die Regelung des § 3 Abs. 2 NetzDG. Die erweiterte mittelbare Grundrechtsbindung ändert nichts daran, dass das NetzDG kaum Schutzmechanismen zugunsten der Meinungsfreiheit enthält. Auch die Grundproblematik bleibt bestehen, dass mit den Netzwerkanbietern juristische Laien über die Anwendung von Strafrechtsnormen entscheiden. Um die hierdurch verursachten Lücken im Grundrechtsschutz zu schließen, sind Änderungen unmittelbar am NetzDG erforderlich. Diesbezüglich ist auf die bereits genannten Lösungsvorschläge zu verweisen, die die Vorschriften des NetzDG betreffen. Um die Netzwerkanbieter bei ihrer Entscheidung über die Löschung von Inhalten zu einem effektiveren Grundrechtsschutz verpflichten zu können, sind entsprechende Vorgaben im NetzDG erforderlich. Wie bereits ausgeführt, ist davon insbesondere das Löschverfahren betroffen, in das die Nutzer vermehrt eingebunden werden müssen.

5. Ergebnis

Durch eine erweiterte mittelbare Bindung kann der Schutz der Meinungsfreiheit jedenfalls im Anwendungsbereich der Nutzungsbedingungen verbessert werden, indem der Meinungsfreiheit in der Abwägung mit den Interessen der Netzwerkanbieter ein grundsätzlicher Vorrang eingeräumt wird.

Für den Geltungsbereich des NetzDG sind dagegen einfachgesetzliche Änderungen erforderlich, die den Netzwerkanbietern vor allem verfahrensrechtliche Vorgaben zur Überprüfung und ggf. Löschung von Inhalten machen. Auf diese Weise kann die Macht der Netzwerkanbieter bei der Durchführung des NetzDG begrenzt werden.

6. Argumente für erweiterte mittelbare Grundrechtsbindung

Es wurde festgestellt, dass der Grundrechtsschutz durch die Netzwerkanbieter mittels ihrer erweiterten mittelbaren Bindung verbessert werden kann. Dabei darf aber nicht übersehen werden, dass mit dieser verstärkten Bindung an die Grundrechte eine Einschränkung der Grundrechte der Netzwerkanbieter einhergeht, die zu rechtfertigen und zu begründen ist. Die Netzwerkanbieter sind hinsichtlich der Ausgestaltung ihrer Vertragsbedingungen insoweit eingeschränkt, dass sie Inhalte nicht untersagen dürfen, die von der Meinungsfreiheit erfasst sind. Dies wirkt sich insbesondere einschränkend auf ihre von Art. 12 GG geschützte Berufsfreiheit aus.[496]

a) Monopol der privaten Kommunikationsräume

Für eine erweiterte mittelbare Bindung Privater spricht im Fall der sozialen Netzwerke vor allem, dass es neben den großen privatrechtlich betriebenen Plattformen keinen entsprechenden öffentlich-rechtlich betriebenen Kommunikationsraum gibt, der Nutzern als Alternative zur Verfügung stehen würde. Im Hinblick auf Kommunikation und Meinungsaustausch verdrängen bzw. ersetzen die sozialen Netzwerke daher einen früher möglicherweise noch existierenden oder vorherrschenden öffentlichen Kommunikationsraum.[497] Damit konzentriert sich auch die Informationsmacht bei den wenigen großen Netzwerkanbietern. Mit dieser großen Bedeutung für die Ausübung der Meinungsfreiheit sollten entsprechende Verpflichtungen einhergehen. Dies spricht für eine Einschränkung der Grundrechte der Netzwerkanbieter im Verhältnis zu den Nutzern von sozialen Netzwerken.

b) Vergleichbarkeit mit staatlicher Macht

Zudem ist bei den Netzwerkanbietern nicht nur eine gesteigerte privatrechtliche Macht aufgrund der Art und Weise der Ausgestaltung der Vertragsverhältnisse im Verhältnis zu den Nutzern zu beobachten. Die bestehende Situation erinnert vielmehr an das Ergebnis einer Privatisierung, in deren Folge Private nicht nur einfach aufgrund ihrer wirtschaftlichen oder politischen Überlegenheit eine Machtposition in der Gesellschaft erlangt haben, sondern in diese Position mit Hilfe des Staates gelangt sind, indem sie dessen Aufgaben zu übernehmen. Dies tun die Netzwerkanbieter, indem sie selbst die Infrastruktur für die Ausübung der Meinungsfreiheit zur Verfügung stellen, Informationsmacht ausüben und dabei eine Monopolstellung einnehmen. Gerade dadurch werden Netzwerkanbieter in die Lage versetzt, gegenüber anderen Privaten staatsähnliche Macht auszuüben. Im Hinblick auf die Tätigkeit der Netzwerkanbieter wird somit deutlich, dass

---

496 Dazu *Friehe*, NJW 2020, 1697 (1700).
497 *Smets*, NVwZ 2016, 35 (37).

sich ihre Stellung nicht nur in tatsächlicher Hinsicht der des Staates annähert, sondern auch in rechtlicher Hinsicht.

Auch ohne Privatisierung im rechtlichen Sinn nehmen die Netzwerkanbieter außerdem dadurch staatliche Funktionen wahr, indem sie im Anwendungsbereich des NetzDG für die Beachtung bestimmter Rechtsvorschriften durch die Nutzer verantwortlich sind.[498] Wenn auch nicht in rechtlicher Hinsicht, so ersetzen die Netzwerkanbieter doch in der Realität häufig die Tätigkeit von Strafverfolgungsbehörden und Gerichten, ohne dabei hoheitliche Befugnisse auszuüben. Auch wenn rechtlich die Letztentscheidung über die strafrechtliche Relevanz eines Inhalts oder die Verletzung von Persönlichkeitsrechten noch einem Gericht obliegt, kommt es tatsächlich in den seltensten Fällen zu einem gerichtlichen Verfahren, so dass es in der Regel bei der Entscheidung der Netzwerkanbieter über die Löschung eines Inhalts bleibt.[499] Im Ergebnis erreichen Netzwerkanbieter dadurch eine Stellung, die mit der des Staates bei der Erfüllung öffentlicher Aufgaben vergleichbar ist. Anders als in sonstigen Privatrechtsverhältnissen wird das Verhältnis zwischen Nutzern und Anbietern im Anwendungsbereich des NetzDG nicht mehr durch einen privatrechtlichen Vertrag determiniert, sondern die Anbieter wenden objektiv geltendes Recht an. Die Netzwerkanbieter haben nicht nur im Hinblick auf einen begrenzten Raum wie z.B. einen Flughafen oder ein Einkaufszentrum eine staatliche Funktion oder Garantenstellung eingenommen, sondern hinsichtlich der öffentlichen Kommunikation insgesamt und damit im Hinblick auf die Meinungsbildung und den Informationsaustausch im Allgemeinen. Dabei handelt es sich um ein neues Verwaltungsmodell, durch das private Unternehmen nicht nur die Erfüllung einer öffentlichen Aufgabe überlassen wurde, sondern die Internetunternehmen gleichzeitig für die Wahrung der öffentlichen Sicherheit in diesem Aufgabenbereich verantwortlich sind.[500]

Nach alledem muss dieser Stellung der Netzwerkanbieter auch eine entsprechend verstärkte Grundrechtsbindung gegenüberstehen.

c) Netzwerkanbieter als „Global Player"

Mit der Entwicklung des Internets ist im Lauf der Zeit ein neuer Rechtsraum entstanden. Dabei sind es nicht die Organe des Staates, die die Kommuni-

---

498 Zur Funktion eines Unternehmens als Anknüpfungspunkt für eine unmittelbare Grundrechtsbindung Privater Mangoldt/Klein/Starck/*Gusy*, GG, Art. 10 Rn. 29.
499 *Guggenberger*, ZRP 2017, 98 (100).
500 Dazu *Müller-Franken*, AfP 2018, 1 (7).

kationsräume im Internet beherrschen, sondern vor allem Internetunternehmen in Gestalt von Netzwerkanbietern. Auf diese Weise entsteht ein Zustand der Staatsferne, wodurch die Möglichkeiten der staatlichen Kontrolle und auch Einflussnahme zum Schutz der Beteiligten erheblich vermindert sind.[501] Diese Entwicklung hat seine Ursache nicht zuletzt auch darin, dass sich das Internet nicht an Landesgrenzen hält, während die deutsche Staatsgewalt bei der Durchsetzung des Rechts an entsprechende Grenzen gebunden ist.[502] Mit diesen Umständen gehen verringerte Möglichkeiten für den Staat einher, den in ihrer Freiheit bedrohten Nutzern sozialer Netzwerke Schutz zu gewähren. Dies liegt insbesondere daran, dass sich das Recht aus den genannten Gründen im weltweiten Netz nicht auf dieselbe Weise und ohne Hindernisse vollziehen lässt wie außerhalb des Internets. Problematisch ist in diesem Zusammenhang insbesondere die im Netz herrschende Anonymität der Nutzer. Im Gegensatz zum Staat besitzen Netzwerkanbieter die Möglichkeit zur Kontrolle ihrer Plattformen und sind in der Lage, rechtswidrige bzw. den internen Richtlinien widersprechende Inhalte zu entfernen. Damit nehmen die Netzwerkanbieter in diesem Rechtsraum eine Schlüsselrolle ein, die eine entsprechende erweiterte Grundrechtsbindung rechtfertigt.

7. Fazit

Auch wenn die Netzwerkanbieter durch eine erweiterte mittelbare Grundrechtsbindung in ihren Grundrechten eingeschränkt werden, überzeugen die Argumente hierfür. Da von den Nutzungsbedingungen eine mindestens genauso erhebliche Gefahr ausgeht wie durch das NetzDG, ist die erweiterte Grundrechtsbindung der Netzwerkanbieter ein entscheidender Schritt zur Verringerung der Schutzlücken. Gemeinsam mit einer Nachbesserung des NetzDG kann der Grundrechtsschutz Privater durch die Netzwerkanbieter erheblich verbessert werden.

VI. EU-Gesetzgebung: „Digital Services Act"

Neben Deutschland haben weitere EU-Mitgliedstaaten Gesetze zur Regulierung der Kommunikation in sozialen Netzwerken erlassen. In Österreich soll durch das Gesetzespaket gegen Hass im Netz, das ähnliche Regelungen enthält wie das

---

501 *Schliesky/Hoffmann/Luch/Schulz/Borchers*, Schutzpflichten und Drittwirkung im Internet, S. 120 ff.
502 Näheres dazu *Boehme-Neßler*, MMR 2009, 439 (442).

NetzDG, die Verbreitung von rechtswidrigen Inhalten in sozialen Netzwerken bekämpft werden.[503] In Frankreich trat im Mai 2020 das „Gesetz zur Bekämpfung von Hassinhalten im Internet" in Kraft, wurde aber bereits im Juni 2020 durch den französischen Verfassungsrat für verfassungswidrig erklärt.[504]

1. Inhalt des Digital Services Acts

Diese bisher uneinheitlichen, nationalen Regelungen zur Regulierung der sozialen Netzwerke innerhalb der EU sind einer der Gründe für den Entwurf eines Gesetzes der Europäischen Kommission über digitale Dienste (Digital Services Act – DSA).[505] Innerhalb der EU soll ein einheitlicher rechtlicher Rahmen für die Nutzung von sozialen Netzwerken geschaffen werden. Man kam außerdem zu dem Schluss, dass die E-Commerce-Richtlinie 2000/31/EG nach zwanzig Jahren den aktuellen Gegebenheiten der Internetdienste nicht mehr gerecht werden könne.[506] Der DSA-Entwurf lässt die bereits bestehenden Haftungsregelungen in Art. 12 bis 14 der E-Commerce-Richtlinie aber unberührt, so dass die Diensteanbieter weiterhin für fremde Inhalte grundsätzlich keine Verantwortung tragen.

Durch den DSA-Entwurf werden die von der Verordnung erfassten Diensteanbieter insbesondere zur Einführung eines Melde- und Abhilfeverfahrens im Hinblick auf illegale Inhalte verpflichtet. Illegale Inhalte sind nach Art. 2 g) DSA-Entwurf solche, die nicht in Einklang mit dem Unionsrecht oder dem Recht eines Mitgliedstaates stehen.[507] In Art. 14 und 15 DSA-Entwurf sind die einzelnen Vorgaben für dieses Verfahren geregelt. Danach müssen die Diensteanbieter ein leicht zugängliches und benutzerfreundliches Verfahren einrichten, über das illegale Inhalte rein elektronisch gemeldet werden können. Wird ein Inhalt entfernt oder der Zugang zu ihm gesperrt, müssen die Diensteanbieter den Nutzer nach Art. 15 DSA-Entwurf hierüber informieren, die Entscheidung begründen und ihn über die bestehenden Rechtsbehelfe in Kenntnis setzen. Kamen bei der

---

503 https://www.parlament.gv.at/PAKT/PR/JAHR_2020/PK1391/index.shtml [03.04.2021].
504 https://www.juwiss.de/96-2020/ [03.04.2021].
505 Vorschlag für eine Verordnung über einen Binnenmarkt für digitale Dienste (Gesetz über digitale Dienste) und zur Änderung der Richtlinie 2000/31/EG, abrufbar unter https://eur-lex.europa.eu/legal-content/DE/TXT/PDF/?uri=CELEX:52020PC0825&from=de [03.04.2021].
506 Siehe hierzu die Ausführungen in der Begründung unter Kontext des Vorschlags – Gründe und Ziele des Vorschlags sowie Erwägungsgrund 1.
507 Siehe hierzu auch Erwägungsgrund 12 der Verordnung.

Entscheidungsfindung automatisierte Mittel wie Algorithmen zur Anwendung, sind die Diensteanbieter verpflichtet, die Nutzer auch hierüber zu informieren. Für größere Online-Plattformen enthalten die Art. 17 ff. DSA-Entwurf weitere Vorgaben zur Einführung eines internen Beschwerdemanagementsystems. Dieses muss Nutzern eine leicht zugängliche und benutzerfreundliche Möglichkeit zur Einreichung einer Beschwerde gegen die Entfernung eines Inhalts zur Verfügung stellen. Führt eine Beschwerde zu dem Ergebnis, dass ein Inhalt weder rechtswidrig ist noch gegen die allgemeinen Geschäftsbedingungen der Diensteanbieter verstößt, ist dieser Inhalt unverzüglich wiederherzustellen. Lassen sich Beschwerden nicht im Rahmen des internen Beschwerdemanagementsystems klären, haben die Nutzer das Recht, eine zugelassene außergerichtliche Streitbeilegungsstelle zu wählen. Daneben steht aber weiterhin der Weg zu den staatlichen Gerichten offen. In einem weiteren Abschnitt der Verordnung sollen zusätzliche Pflichten für sehr große Onlineplattformen zum „Management systemischer Risiken" festgesetzt werden (Art. 5 ff. DSA-Entwurf).

2. Verhältnis zum NetzDG

Tritt der DSA in Kraft, besteht gegenüber dem NetzDG der allgemein geltende Anwendungsvorrang des Europarechts[508]. Das NetzDG wäre in diesem Fall nicht mehr anzuwenden. Vor diesem Hintergrund ist ein Vergleich der Regelungen von Bedeutung, insbesondere hinsichtlich der Frage des Grundrechtsschutzes durch die Netzwerkanbieter.

Der DSA-Entwurf enthält Vorschriften, die mit denen des NetzDG vergleichbar sind, geht zum Teil aber auch über die Vorgaben des NetzDG hinaus. Wie durch § 3 NetzDG, sollen die Diensteanbieter in Art. 14 und 15 DSA-Entwurf zur Einführung eines Melde- und Abhilfeverfahrens verpflichtet werden. Während § 3 NetzDG für rechtswidrige bzw. offensichtlich rechtswidrige Inhalte die Entfernung innerhalb von sieben Tagen bzw. 24 Stunden vorschreibt, enthält der Verordnungsentwurf aber lediglich die Vorgabe, dass Diensteanbieter über die gemeldeten Informationen in zeitnaher, sorgfältiger und objektiver Weise zu entscheiden haben. An dieser Regelung lässt sich einerseits kritisieren, dass den Diensteanbietern damit keine konkreten Vorgaben zur Überprüfung und Entfernung von Inhalten gemacht werden, so dass möglicherweise illegale Inhalte nach einer Meldung noch längere Zeit auf der Onlineplattform auffindbar sind. Wann eine Entscheidung „zeitnah" erfolgt, ist nicht ohne Weiteres

---

508 Calliess/Ruffert/*Ruffert*, AEUV, Art. 1 Rn. 18.

erkennbar. Dies könnte zu Lasten dessen gehen, der von einem Inhalt in seinen Rechten betroffen wird. Positiv ist auf der anderen Seite aber zu bewerten, dass sich die Regelungen nicht auf eine zeitliche Vorgabe zur Entfernung beschränken, sondern von den Diensteanbietern bei der Überprüfung von Inhalten eine sorgfältige und objektive Vorgehensweise gefordert wird. Entsprechende Anforderungen an das Prüfverfahren enthält das NetzDG nicht. Auf diese Weise entsteht aber weniger zeitlicher Druck, der in der Regel zu Lasten einer sorgfältigen und objektiven Überprüfung von Inhalten geht.

Allerdings können auch diese Vorgaben nicht verhindern, dass Diensteanbieter unter Umständen zur Vermeidung von Sanktionen einen Inhalt im Zweifel löschen. Wie bereits im Rahmen des NetzDG dargestellt, überprüfen Diensteanbieter einen gemeldeten Inhalt zunächst anhand ihrer privaten Nutzungsbedingungen, die meist strengere Vorgaben enthalten als die gesetzlichen Regelungen. Dass sich mit Geltung des DSA hieran etwas ändern könnte, ist nicht ersichtlich. Vorgaben z.B. über die Prüfungsreihenfolge werden nicht gemacht. Dennoch ist positiv zu bewerten, dass der DSA-Entwurf in Art. 12, anders als das NetzDG, überhaupt Vorgaben hinsichtlich der Anwendung von allgemeinen Geschäftsbedingungen macht. Wie die Arbeit dargelegt hat, führt die Art und Weise der Anwendung der Nutzungsbedingungen zu einer Einschränkung der Meinungsfreiheit der Nutzer. Trotzdem wurden diesbezüglich bislang noch keine Schutzvorschriften erlassen. Nach dem Verordnungsentwurf müssen die Diensteanbieter den Nutzern gem. Art. 12 DSA-Entwurf in Bezug auf die Anwendung ihrer allgemeinen Geschäftsbedingungen Informationen über alle Richtlinien, Verfahren, Maßnahmen und Werkzeuge zur Verfügung stellen, die zur Moderation von Inhalten eingesetzt werden, einschließlich algorithmischer und menschlicher Entscheidungsfindung. Auch hier haben die Diensteanbieter sorgfältig, objektiv und verhältnismäßig vorzugehen. Sie werden bei der Anwendung ihrer Nutzungsbedingungen zudem dazu verpflichtet, die Rechte und berechtigten Interessen aller Beteiligter sowie die Grundrechte der Nutzer zu berücksichtigen. Auch wenn die Diensteanbieter mit dieser Regelung nicht in der Anwendung ihrer Nutzungsbedingungen beschränkt werden, werden sie zumindest zur Berücksichtigung der Grundrechte der Nutzer verpflichtet. Wie sich dies in der Löschpraxis der Netzwerkanbieter auswirkt, bleibt abzuwarten.

Berichtspflichten, vergleichbar mit den Vorgaben des § 2 NetzDG, enthält Art. 13 DSA-Entwurf. Darüberhinausgehend verpflichtet Art. 14 Abs. 6 DSA-Entwurf die Diensteanbieter aber zusätzlich zur Angabe, wann sie bei der Bearbeitung einer Meldung oder bei der Entscheidungsfindung automatisierte Mittel einsetzen. Damit soll für die Nutzer erkennbar sein, wann die Diensteanbieter Algorithmen verwenden, um über die Rechtmäßigkeit eines Inhalts zu entscheiden. Das NetzDG enthält dagegen bislang noch keine Vorgaben für die Nutzung von Algorithmen der Netzwerkanbieter beim Auffinden oder bei der Überprüfung von Inhalten.

3. Fazit

Nach alledem scheint der Verordnungsentwurf zumindest in seiner aktuellen Form teilweise Lösungsansätze für die grundrechtsrelevanten Probleme des NetzDG zu enthalten. Die Vorgaben für mehr Transparenz, die Einführung von Beschwerdemöglichkeiten und einer außergerichtlichen Streitbeilegung sowie die Verpflichtung zur Berücksichtigung der Grundrechte der Nutzer können als Fortschritt im Verhältnis zu den aktuell geltenden Vorschriften des NetzDG gesehen werden.

§ 7 Ausblick

Auch wenn mit dem Digital Services Act eine einheitliche europäische Lösung zur Regulierung der sozialen Netzwerke in Aussicht steht, ist offen, welche der Regelungen tatsächlich in Kraft treten, da sich das Gesetzgebungsverfahren noch am Anfang befindet. Bis zum Inkrafttreten der Verordnung bleibt es daher dem deutschen Gesetzgeber überlassen, das NetzDG nachzubessern. Das Bedürfnis hiernach hat dieser erkannt, auch wenn eine gerichtliche Klärung der Verfassungsmäßigkeit des NetzDG bisher nicht erfolgte[509].

Durch das Gesetz zur Bekämpfung des Rechtsextremismus und der Hasskriminalität wurde mit § 3a NetzDG eine Pflicht der Netzwerkanbieter eingeführt, bestimmte rechtswidrige Inhalte nicht nur zu löschen, sondern an das Bundeskriminalamt zu melden, um eine Strafverfolgung zu ermöglichen. Ein weiterer Gesetzentwurf zur Änderung des NetzDG sieht zum Teil ähnliche Regelungen vor, wie sie in dem Entwurf des Digital Services Act enthalten sind. Die Informationspflichten in § 2 NetzDG sollen ergänzt werden, um die Transparenz der Vorgehensweise der Netzwerkanbieter für die Nutzer zu verbessern. Eine wichtige, zu begrüßende Änderung ist zudem die Einführung eines Gegenvorstellungsverfahrens zur Überprüfung einer Entscheidung über die Entfernung oder Löschung eines Inhalts. Auch die Einführung der Möglichkeit zur außergerichtlichen Beilegung von Streitigkeiten vor einer privatrechtlich organisierten, anerkannten Schlichtungsstelle ist geplant. Neu sind zudem Regelungen über Videosharingplattform-Dienste.[510] Die geplanten Änderungen des NetzDG sind zumindest ein Schritt in die richtige Richtung, um die Gefahren für die Grundrechte der Nutzer durch die bisherigen Regelungen des NetzDG, insbesondere für ihre Meinungsfreiheit, zumindest abzumildern.

Auch mit diesen Änderungen ist aber noch keine Lösung für den Anwendungsbereich der Nutzungsbedingungen gefunden. Im Verlauf der Untersuchung hat sich herausgestellt, dass die Meinungsfreiheit der Nutzer auch, wenn nicht sogar in erster Linie durch die Nutzungungsbedingungen der Netzwerkanbieter und ihre Anwendung gefährdet wird. Dies liegt zum einen an der

---

509 Die Klage zweier FDP-Bundesvorstandsmitglieder mit dem Ziel einer Normenkontrolle nach Art. 100 Abs. 1 GG scheiterte; Klageschrift abrufbar unter https://dynamic.faz.net/download/2018/VGKölnKlageschriftNetzDG.pdf [13.08.2020].
510 Für den ganzen Abschnitt siehe den Gesetzentwurf zur Änderung des NetzDG, BT-Drs. 19/18792.

Prüfungsreihenfolge von Inhalten. Meldet ein Nutzer einen Inhalt, weil dieser ihn für rechtswidrig gem. § 1 Abs. 3 NetzDG hält, überprüfen Netzwerkanbieter diesen zunächst auf seine Vereinbarkeit mit den Nutzungsbedingungen und nehmen entsprechende Löschungen vor, bevor es überhaupt zu einer Prüfung der Rechtswidrigkeit im Sinne des NetzDG kommt. Da der Maßstab zur Überprüfung durch die Nutzungsbedingungen viel strenger ist als der des § 1 Abs. 3 NetzDG, erfolgt die Mehrheit der Löschungen bereits auf Grundlage der Nutzungsbedingungen. In diesen Fällen würde auch eine Nachbesserung des NetzDG nicht zu einem verbesserten Schutz der Meinungsfreiheit führen, da es schon nicht zur Anwendung des Gesetzes kommt. Zum anderen überprüfen Netzwerkanbieter Inhalte nicht nur bei einer entsprechenden Meldung auf ihre Vereinbarkeit mit den Nutzungsbedingungen, sondern auch ohne Anlass. Auf diesem Weg werden erheblich mehr Inhalte gelöscht als auf Grundlage von Beschwerden durch das NetzDG.

Damit bleibt eine Verbesserung des Grundrechtsschutzes im Anwendungsbereich des NetzDG ohne einen effektiveren Schutz vor Beeinträchtigungen der Meinungsfreiheit durch die Ausgestaltung und Anwendung der Nutzungsbedingungen ohne Wirkung. In Kombination mit einer erweiterten mittelbaren Grundrechtsbindung der Netzwerkanbieter kann dagegen ein effektiverer Schutz der Meinungsfreiheit der Nutzer als bisher gewährleistet werden. Nur so kann der Gesellschaft auch in Zeiten der Vormacht von Facebook & Co. die Möglichkeit einer freien Kommunikation und damit die Ausübung einer der wesentlichen Grundfreiheiten gewährleistet werden.

§ 8 Zusammenfassung der Thesen

1. Im Anwendungsbereich des NetzDG sind folgende Grundrechte der Nutzer betroffen: Art. 5 Abs. 1 S. 1 GG, Art. 5 Abs. 1 S. 2 GG, Art. 4, 5 Abs. 3, 12 GG, Art. 2 Abs. 1 i.V.m. Art. 1 Abs. 1 GG. Bei der Anwendung der Nutzungsbedingungen durch die Netzwerkanbieter ist zudem das Zensurverbot aus Art. 5 Abs. 1 S. 3 GG jedenfalls hinsichtlich des sachlichen Schutzbereichs betroffen.
2. Netzwerkanbieter sind nicht unmittelbar an die Grundrechte gebunden. Durch das NetzDG ist auch keine Privatisierung von Staatsaufgaben erfolgt, die zu einer unmittelbaren Grundrechtsbindung führen könnte. Sie sind aber vermittelt durch ihre Bindung an einfache Gesetze an die Grundrechte gebunden.
3. Nur vereinzelt verpflichten Vorschriften des NetzDG die Netzwerkanbieter zum Schutz der Meinungsfreiheit der Nutzer, während die Mehrzahl der Vorschriften dem Schutz des allgemeinen Persönlichkeitsrechts der Nutzer dient. Die Ausgestaltung des Beschwerde- und Löschverfahrens stellt sogar eine Gefahr für Meinungsfreiheit der Nutzer dar.
4. Auch die Nutzungsbedingungen dienen vor allem dem Schutz des allgemeinen Persönlichkeitsrechts. Konkrete Regelungen zum Schutz der Meinungsfreiheit sind nicht enthalten. In der Abwägung der Netzwerkanbieter zwischen ihrer Privatautonomie und der Meinungsfreiheit der Nutzer tritt häufig die Meinungsfreiheit zurück. Dies gilt zum Teil auch im Rahmen der Abwägung durch die Gerichte.
5. Einfachgesetzliche Vorschriften wie insbesondere § 307 BGB besitzen zwar das Potential, der Meinungsfreiheit zu ihrer Durchsetzung zu verhelfen. Dieses wird in der Praxis aber nicht genügend ausgeschöpft.
6. Im Verhältnis zwischen Netzwerkanbietern und den Nutzern sozialer Netzwerke entsteht eine Lücke im Grundrechtsschutz, indem Netzwerkanbieter einerseits eine erhebliche Machtposition einnehmen, andererseits aber nicht unmittelbar an die Grundrechte gebunden sind, so dass die abgeschwächte Wirkung der Grundrechte dem erhöhten Schutzbedürfnis der Nutzer nicht gerecht wird.
7. Die Verbesserung des Grundrechtsschutzes der Nutzer muss an den Regelungen des NetzDG selbst ansetzen. Dies betrifft insbesondere die Nachbesserung der Regelungen zur Durchführung des Beschwerdeverfahrens, denen bisher Vorgaben zur Berücksichtigung der Meinungsfreiheit bei der

Überprüfung eines Inhalts am Maßstab des § 1 Abs. 3 NetzDG fehlen. In Betracht kommt auch die vollständige Ersetzung des NetzDG mit einem Regelungswerk, dass die Entscheidung über eine Löschung den Gerichten überlässt.

8. Durch eine erweiterte mittelbare Drittwirkung können die Netzwerkanbieter im Anwendungsbereich der Nutzungsbedingungen dazu verpflichtet werden, nur Inhalte zu löschen, die nicht mehr von der Meinungsfreiheit geschützt sind. Auf diese Weise wird der Schutz der Meinungsfreiheit verbessert.

9. Durch den Digital Services Act soll in der EU eine einheitliche Lösung für die Regulierung sozialer Netzwerke geschaffen werden. Allerdings bietet auch der Verordnungsentwurf bisher keine Lösung für die Gefährdung der Meinungsfreiheit im Anwendungsbereich der Nutzungsbedingungen.

Literatur

Auer-Reinsdorff, Astrid/Conrad, Isabell (Hrsg.), Handbuch IT- und Datenschutzrecht, 2. Aufl., München 2016.

Ackermann, Marie, Verwaltungshilfe zwischen Werkzeugtheorie und funktionaler Privatisierung, Schriften zum Öffentlichen Recht Bd. 1319, Berlin 2016.

Altenhain, Karsten, in: Münchener Kommentar zum StGB, Band 7, Nebenstrafrecht II, Joecks, Wolfgang/Miebach, Klaus (Hrsg.), 2. Aufl., München 2015

Antoni, Michael, in: Grundgesetz für die Bundesrepublik Deutschland, Handkommentar, 12. Aufl., Baden-Baden 2018

Armbrüster, Christian, in: Münchener Kommentar zum BGB, Band 1, §§ 1-240, ProstG, AGG, 7. Aufl., München 2015

Badura, Peter, Staatsrecht – Systematische Erläuterung des Grundgesetzes, 7. Aufl., München 2018.

Baer, Susanne, Rechtssoziologie - Eine Einführung in die interdisziplinäre Rechtsforschung, 2. Aufl., Baden-Baden 2015.

Bethge, Herbert, in: Grundgesetz Kommentar, Hrsg.: Sachs, Michael, 7. Aufl., München 2014

Bleckmann, Albert, Staatsrecht II - Die Grundrechte, 4. Aufl., Köln 1997.

Boehme-Neßler, Volker, Vertrauen im Internet - Die Rolle des Rechts, MMR 2009, 439 ff.

Bornemann, Roland, Der Jugendmedienschutz-Staatsvertrag der Länder, NJW 2003, 787 ff.

Böckenförde, Ernst-Wolfgang, Die Methoden der Verfassungsinterpretation – Bestandaufnahme und Kritik, NJW 1976, 2089 ff.

Bräutigam, Peter, Das Nutzungsverhältnis bei sozialen Netzwerken - Zivilrechtlicher Austausch von IT-Leistung gegen personenbezogene Daten, MMR 2012, 635 ff.

Buermeyer, Ulf, Bessere Rechtsdurchsetzung statt hektischer Rechtsetzung, DRiZ 2017, 78 ff.

Buermeyer, Ulf, Netzwerkdurchsetzungsgesetz: Facebook-Justiz statt wirksamer Strafverfolgung?, LTO v. 24.03.17

Bull, Hans Peter/Mehde, Veith, Allgemeines Verwaltungsrecht mit Verwaltungslehre, 9. Aufl., Heidelberg 2015.

Bull, Hans Peter, Die Staatsaufgaben nach dem Grundgesetz, 2. Aufl., Kronberg 1977.

Burgi, Martin, Funktionale Privatisierung und Verwaltungshilfe, Staatsaufgabendogmatik Phänomenologie - Verfassungsrecht, Bd. 37, Tübingen 1999.

Butzer, Hermann, in: Beck´scher Onlinekommentar Grundgesetz, Epping, Volker/Hillgruber, Christian (Hrsg.), 38. Edition, München 2018

Büscher, Wolfgang u.a. (Hrsg.), Rechtsdurchsetzung – Rechtsverwirklichung durch materielles Recht und Verfahrensrecht, Festschrift für Hans-Jürgen Ahrens zum 70. Geburtstag, Köln 2016.

Calliess, Christian, Schutzpflichten, in: Handbuch der Grundrechte in Deutschland und Europa, § 44, Merten, Detlef/Papier, Hans-Jürgen (Hrsg.), Heidelberg 2006

Calliess, Christian, Inhalt, Dogmatik und Grenzen der Selbstregulierung im Medienrecht, AfP 2002, 465 ff.

Canaris, Claus-Wilhelm, Grundrechte und Privatrecht, AcP 184 (1984), 201 ff.

Canaris, Claus-Wilhelm, Grundrechte und Privatrecht – eine Zwischenbilanz, in: Schriftenreihe der Juristischen Gesellschaft zu Berlin, Heft 159, Berlin 1999

Ceffinato, Tobias, Die strafrechtliche Verantwortlichkeit von Internetplattformbetreibern, JuS 2017, 403 ff.

Cremer, Wolfram, Freiheitsgrundrechte –Funktionen und Strukturen, Jus Publicum – Beiträge zum Öffentlichen Recht Band 104, Tübingen 2003.

Detterbeck, Steffen, Allgemeines Verwaltungsrecht mit Verwaltungsprozessrecht, 14. Aufl., München 2016.

Degenhart, Christoph, Medienkonvergenz zwischen Rundfunk- und Pressefreiheit, in: Festschrift für Klaus Stern zum 80. Geburtstag, S. 1315 ff., Hrsg.: Michael Sachs, Berlin, 2012

Degenhart, Christoph, Rundfunkfreiheit, in: Handbuch der Grundrechte in Deutschland und Europa, IV, Einzelgrundrechte I, § 105, Merten, Detlef/Papier, Hans-Jürgen (Hrsg.), Heidelberg 2011

Depenheuer, Otto, in: Grundgesetz Kommentar, Maunz, Theodor/Dürig, Günter (Hrsg.), 83. Ergänzungslieferung, München 2018

Di Fabio, Udo, in: Grundgesetz Kommentar, Maunz, Theodor/Dürig, Günter (Hrsg.), 82. Ergänzungslieferung, München, 2018

Diggelmann, Oliver, Der Schutzauftrag des Rechts, Grundrechtsschutz der Privatheit, VVDStrL 2011, 50 ff.

Doehring, Karl, Staatsrecht des Bundesrepublik Deutschland - unter besonderer Berücksichtigung der Rechtsvergleichung und des Völkerrechts, 3. Aufl., Frankfurt a.M. 1984

Dürig, Günter, Grundrechte und Privatrechtsprechung in: Vom Bonner Grundgesetz zur gesamtdeutschen Verfassung, Festschrift für Hans Nawiasky, Hrsg.: Theodor Maunz, München 1956.

Dreier, Horst, Grundgesetz Kommentar, Band III Artikel 83-146, 3. Aufl., Tübingen 2018

Drexl, Josef, Bedrohung der Meinungsvielfalt durch Algorithmen – Wie weit reichen die Mittel der Medienregulierung?, ZUM 2017, 529 ff.

Eichenhofer, Johannes, Privatheitsgefährdungen durch Private – zur Grundrechtsdogmatischen Einordnung von Internetdiensteanbietern, DuD 2016, 84 ff.

Eifert, Martin, Rechenschaftspflichten für soziale Netzwerke und Suchmaschinen, Zur Veränderung des Umgangs von Recht und Politik mit dem Internet, Neue Juristische Wochenschrift 2017, 1450 ff.

Ellbogen, Klaus, in: Beck´scher Online-Kommentar StGB, v. Heintschel-Heinegg (Hrsg.), 39. Edition, München 2018

Elsaß, Lennart/Labusga, Jan-Hendrik/Tichy, Rolf, Löschungen und Sperrungen von Beiträgen und Nutzerprofilen durch die Betreiber sozialer Netzwerke – Rechtliche Möglichkeiten des Vorgehens vor dem Hintergrund von Hate Speech, Fake News und Social Bots, CR 2017, 234 ff.

Engel, Christoph, § 6 Aufgaben in: Leitgedanken des Rechts, Paul Kirchhof zum 70. Geburtstag, Band I – Staat und Verfassung, Heidelberg 2013.

Enneccerus, Ludwig/Nipperdey, Hans Carl, Lehrbuch des Bürgerlichen Rechts, Band 1: Allgemeiner Teil des Bürgerlichen Rechts, Halbband 1: Allgemeine Lehren, Personen, Rechtsobjekte, 15. Aufl., Tübingen 1959.

Epping, Volker, Grundrechte, 7. Aufl., Berlin 2017.

Epping, Volker/Hillgruber, Christian, Beck´scher Onlinekommentar Grundgesetz, Stand 01.10.2017, München.

Erbarth, Alexander, Öffnung der Ehe für alle?, NZFam 2016, 536 ff.

Erbs, Georg/Kohlhaas, Max, Strafrechtliche Nebengesetze Band 3, Beck´sche Kurzkommentare Band 17, 218. Erg.lief., München 2018.

Ernst, Christian, Der öffentliche Raum und seine Bedeutung für das demokratische Gemeinwesen – Zu einer räumlich-gegenständlichen Dimension der Grundrechte -, in: Die Freiheit des Menschen in Kommune, Staat und Europa, Festschrift für Edzard Schmidt-Jortzig, Schliesky, Utz/Ernst, Christian/Schulz, Sönke (Hrsg.), München 2011

Ernst, Christian, Die Wahrnehmung des öffentlichen Hausrechts durch private Sicherheitsdienste, NVwZ 2015, 333 ff.

Feldmann, Thorsten, Zum Referentenentwurf eines NetzDG: Eine kritische Betrachtung, K&R 2017, 292 ff.

Feldmann, Thorsten/Heidrich, Joerg, Rechtsfragen des Ausschlusses von Usern aus Internetforen – Praktische Analyse der Voraussetzungen eines Anspruchs auf Ausschluss, CR 2006, 406 ff.

Fischer-Lescano, Andreas, Hausrecht als Metagrundrecht? Wie die Privatisierung des öffentlichen Raums die Grundrechte aushöhlt, in: Grundrechte-Report 2007, S. 149 ff., Müller-Heidelberg, Till u.a. (Hrsg.)., Frankfurt a.M, 2007

Forsthoff, Ernst, Rechtsfragen der leistenden Verwaltung, in: res publica – Beiträge zum öffentlichen Recht Band 1, Forsthoff, Ernst (Hrsg.), Stuttgart, 1959

Frenzel, Eike Michael, Aktuelles Gesetzesvorhaben: Verbesserung der Rechtsdurchsetzung in sozialen Netzwerken (NetzDG), JuS 2017, 414 ff.

Gallwas, Hans-Ulrich, Die Erfüllung von Verwaltungsaufgaben durch Private, VVDStRL 29 (1971), 211 ff.

Gersdorf, Hubertus, Verfassungswidrigkeit des NetzDG-Entwurfs und grundrechtliche Einordnung der Anbieter sozialer Netzwerke, MMR 2017, 439 ff.

Gersdorf, Hubertus/Paal, Boris (Hrsg.), Beck'scher Onlinekommentar Informations- und Medienrecht, München 2017.

Gesmann-Nuissl, Dagmar/Strübbe, Kai, Privatrechtliche Kontrollmechanismen im Rahmen staatlicher Gewährleistungsverantwortung, Ein Beitrag zur Neugestaltung des Aufsichtssystems im Produktsicherheitsrecht, DÖV 2007, 1046 ff.

Glaser, Andreas, Grundrechtlicher Schutz der Ehre im Internetzeitalter, NVwZ 2012, 1432 ff.

Gornik, Andreas, Grundrechtsbindung in der Rechtsprechung des BAG, NZA 2012, 1399 ff.

Gounalakis, Georgios, Sind die Rundfunksender zur Ausstrahlung „ nationalistischer Werbespots" verpflichtet? NJW 1990, 2532 ff.

Gramm, Christian, Privatisierung und notwendige Staatsaufgaben, Schriften zum öffentlichen Recht Bd. 838, Berlin 2001.

Guckelberger, Annette, Die Drittwirkung der Grundrechte, JuS 2003, 1152 ff.

Guggenberger, Nikolaus, Das Netzwerkdurchsetzungsgesetz - schön gedacht, schlecht gemacht, ZRP 2017, 98 ff.

Guggenberger, Nikolaus, Das Netzwerkdurchsetzungsgesetz in der Anwendung, NJW 2017, 2577 ff.

Gurlit, Elke, Grundrechtsbindung von Unternehmen, NZG 2012, 249 ff.

Hain, Karl, Medienmarkt im Wandel: Technische Konvergenz und Anbieterkonkurrenz als Herausforderung an Verfassungsrecht und Regulierung, AfP 2012, 313 ff.

Hain, Karl/Ferreau, Frederick/Brings-Wiesen, Tobias, Regulierung sozialer Netzwerke revisited, K&R 2017, 433 ff.

Hasselblatt, Gordian (Hrsg.), Anwaltshandbuch Gewerblicher Rechtsschutz, 5. Aufl., München 2017.

Hain, Karl, Ist die Etablierung einer Internetdienstefreiheit sinnvoll?, K&R 2012, 98 ff.

Härting, Niko, Kommunikationsfreiheit im Netz, K&R 2012, 264 ff.

Heckmann, Dirk, Persönlichkeitsschutz im Internet, Anonymität der IT-Nutzung und permanente Datenverknüpfung als Herausforderung für Ehrschutz und Profilschutz, NJW 2012, 2631 ff.

Heidrich, Joerg, Anmerkung zur Entscheidung des LG Duisburg, Beschl. v. 06.11.2012 - 32 Qs-245 UJs 89/11-49/12, MMR 2013, 334 f.

Heinze, Christian, in: Personenbeförderungsgesetz Kommentar, Heinze, Christian/Fehling, Michael/Fiedler, Lothar (Hrsg.), 2. Aufl., München 2014

Herdegen, Matthias, in: Grundgesetz Kommentar, Band I, Texte, Art. 1-5, Maunz, Theodor/Dürig, Günter (Hrsg.), München April 2018

Hesse, Konrad, Grundzüge des Verfassungsrechts der Bundesrepublik Deutschland, 20. Aufl., Heidelberg 1005

Hoeren, Thomas/Sieber, Ulrich/Holznagel, Bernd (Hrsg.), Handbuch Multimedia-Recht, Rechtsfragen des elektronischen Geschäftsverkehrs, München 2017.

Hofmann, Ruben, Das Netzwerkdurchsetzungsgesetz (NetzDG) - Gesetzliche Vorgaben zum Umgang mit Nutzerbeschwerden in sozialen Netzwerken, MR-Int 2017, 87 ff.

Hoffmann, Christian/Schulz, Sönke E./Borchers, Kim Corinna, Grundrechtliche Wirkungsdimensionen im digitalen Raum - Bedrohungslagen im Internet und staatliche Reaktionsmöglichkeiten, MMR 2014, 89 ff.

Hoffmann-Riem, Wolfgang, Mediendemokratie als rechtliche Herausforderung, Der Staat 42 (2003), 193 ff.

Hoffmann-Riem, Wolfgang, Regulierung der dualen Rundfunkordnung - Grundfragen, Materialien zur interdisziplinären Medienforschung Band 37, Baden-Baden 2000.

Hoffmann-Riem, Wolfgang, Verwaltungsrecht in der Informationsgesellschaft - Einleitende Problemskizze, in: Verwaltungsrecht in der Informationsgesellschaft, Hoffmann-Riem, Wolfgang/Schmidt-Aßmann, Eberhard (Hrsg.), S. 10 ff., Baden-Baden 2000

Holznagel, Bernd, Das Compliance-System des Entwurfs des Netzwerkdurchsetzungsgesetzes, Eine kritische Bestandsaufnahme aus internationaler Sicht, ZUM 2017, 615 ff.

Holznagel, Bernd, Die Zukunft der Mediengrundrechte in Zeiten der Konvergenz, MMR 2011, 1 ff.

Holznagel, Bernd/Schumacher, Pascal, Netzpolitik Reloaded – Pflichten und Grenzen staatlicher Internetpolitik, ZRP 2011, 74 ff.

Hopf, Kristina/Braml, Birgit, Die Entwicklung des Jugendmedienschutzes 2016/2017, ZUM 2018, 1 ff.

Höch, Dominik, Nachbessern:ja, verteufeln: nein. Das NetzDG ist besser als sein Ruf, K&R 2017, 289 ff.

Hörnle, Tatjana, Pornografische Schriften im Internet: Die Verbotsnormen im deutschen Strafrecht und ihre Reichweite, NJW 2002, 1008 ff.

Huber, Ernst Rudolf, Wirtschaftsverwaltungsrecht, Zweiter Band, Tübingen 1954

Hufen, Friedhelm, Staatsrecht II – Grundrechte, 6. Aufl., München 2017.

Hunze, Lars, Verfassungsrechtliche Grenzen und Anforderungen der Privatisierung hoheitlicher Staatsaufgaben in Deutschland, Frankreich und den USA, Tübingen 2017.

Ipsen, Jörn, Die Rechtsordnung im Zeichen der Privatisierung in: Europa im Wandel, Festschrift für Hans-Werner Rengeling, Hrsg.: Jörn Ipsen, Köln/München 2008.

Ipsen, Jörn, Ehe für alle – verfassungswidrig?, NVwZ 2017, 1096 ff.

Isensee, Josef/Kirchhof, Paul (Hrsg.), Handbuch des Staatsrechts der Bundesrepublik Deutschland, Band IV: Aufgaben des Staates, 3. Aufl., Heidelberg 2006.

Isensee, Josef, Abwehrrecht und Schutzpflicht, § 191, in: Isensee, Josef/Kirchhof, Paul (Hrsg.), Handbuch des Staatsrechts, Band IX: Allgemeine Grundrechtslehren, 3. Aufl., Heidelberg 2011

Jarass, Hans/Pieroth, Bodo (Hrsg.), Grundgesetz für die Bundesrepublik Deutschland, 14. Aufl., München 2016.

Jarass, Hans, Die verfassungsrechtliche Stellung der Post- und TK-Unternehmen, MMR 2009, 223 ff.

Jellinek, Georg, Verfassungsänderung und Verfassungswandlung, Berlin 1906.

Jestaedt, Matthias, § 102 Meinungsfreiheit, in: Handbuch der Grundrechte in Deutschland und Europa, Band IV Grundrechte in Deutschland: Einzelgrundrechte I, Merten, Detlef/Papier, Hans-Jürgen (Hrsg.), Heidelberg 2011

Kalscheuer, Fiete/Hornung, Christian, Das Netzwerkdurchsetzungsgesetz – Ein verfassungswidriger Schnellschuss, NVwZ 2017, 1721 ff.

Kahl, Wolfgang/Waldhoff, Christian/Walter, Christian (Hrsg.), Bonner Kommentar zum Grundgesetz, Stand Dezember 2017, Heidelberg.

Kämmerer, Jörn Axel, Verfassungsstaat auf Diät? Typologie, Determinanten und Folgen der Privatisierung aus verfassungs- und gemeinschaftsrechtlicher Sicht, JZ 1996, 1042 ff.

Kämmerer, Jörn Axel, Privatisierung: Typologie - Determinanten - Rechtspraxis - Folgen, Jus publicum Bd. 73, Tübingen 2001.

Keller, Rainer/Liesching, Marc, in: Hamburger Kommentar Gesamtes Medienrecht, Paschke, Marian/Berlit, Wolfgang/Meyer, Claus (Hrsg.), 3. Aufl., Baden-Baden 2016

Kemper, Michael, in: Grundgesetz Band 1, Präambel - Art. 1-19, Kommentar, v. Mangoldt, Hermann/Klein, Friedrich/Starck, Christian (Hrsg.)., 7. Aufl., München 2018

Kindhäuser, Urs, Strafprozessrecht, 4. Aufl., Baden-Baden 2016.

Kirchhof, Ferdinand, Private Rechtssetzung, Berlin 1987.

Kirchhof, Ferdinand, Die Rechtsinstitute von Verwaltungshilfe und Beleihung im Sog zunehmender funktionaler Privatisierung in: Europa im Wandel, Festschrift für Hans-Werner Rengeling, Hrsg.: Jörn Ipsen, Köln/München 2008.

Kirchhof, Paul, Die Identität der Verfassung, in: Handbuch des Staatsrechts, Band II, Verfassungsstaat, § 21, 3. Aufl., Heidelberg 2006

Kloepfer, Michael, Verfassungsrecht Band II: Grundrechte, München 2010.

Kniesel, Michael, in: Handbuch des Polizeirechts, Lisken, Hans/Denninger, Erhard (Hrsg.), 3. Aufl., München 2001

Koch, Harald, Private Rechtsdurchsetzung: Wilder Westen oder effektive Rechtsbewährung durch Prozessrecht und Compliance? in: Gedächtnisschrift für Manfred Wolf, Hrsg.: Jens Dammann, Wolfgang Grunsky, Thomas Pfeiffer, München 2011.

Koglin, Heinz, Organisation und Finanzierung der Abfallbeseitigung, KStZ 1991, 89 ff.

Koreng, Ansgar, Entwurf eines Netzwerkdurchsetzungsgesetzes: Neue Wege im Kampf gegen "Hate Speech"?, GRUR-Prax 2017, 203 ff.

Kühling, Jürgen, Im Dauerlicht der Öffentlichkeit - Freifahrt für personenbezogene Bewertungsportale!?, NJW 2015, 447 ff.

Kube, Hanno, Neue Medien – Internet, in: Handbuch des Staatsrechts Band IV, Aufgaben des Staates § 91, Hsrg.: Josef Isensee/Paul Kirchhof, 3. Aufl., Heidelberg 2006.

Kulick, Andreas, "Drittwirkung" als verfassungskonforme Auslegung- Zur neuen Rechtsprechung des BVerfG, NJW 2016, 2236 ff.

Kutscha, Martin/Thomé, Sarah, Grundrechtsschutz im Internet? In: Internet und Recht, Band 12, Hrsg.: Georg Borges, Baden-Baden 2013

Krebs, Walter, Freiheitsschutz durch Grundrechte, Jura 1988, 617 ff.

Krüger, Julia, Wenn Algorithmen richten, hilft kein Gericht – Eine Widerrede zum NetzDG, ITRB 2018, 114 f.

Kühl, Kristian, in: Strafgesetzbuch, Kommentar, Lackner, Karl/Kühl, Kristian (Hrsg.), 29. Aufl., München 2018

Lackner, Herbert, Gestaltungsform und Inhalt von Werbesendungen unter verfassungsrechtlichen Aspekten, ZUM 1997, 732 ff.

Ladeur, Karl-Heinz, Ausschluss von Teilnehmern an Diskussionsforen im Internet - Absicherung von Kommunikationsfreiheit durch „netzwerk gerechtes" Privatrecht, MMR 2001, 787 ff.

Ladeur, Karl-Heinz/Gostomzyk, Tobias, Der Schutz von Persönlichkeitsrechten gegen Meinungsäußerungen in Blogs: Geht die große Zeit des privaten Presserechts im Internet zu Ende?, NJW 2012, 710 ff.

Ladeur, Karl-Heinz/Gostomzyk, Tobias, Gutachten zur Verfassungsmäßigkeit des Entwurfs eines Gesetzes zur Verbesserung der Rechtsdurchsetzung in sozialen Netzwerken (Netzwerkdurchsetzungsgesetz – NetzDG) i.d.F. vom 16. Mai 2017 – BT-Drs. 18/12356, erstattet auf Ansuchen des Bitkom, 16.05.2017.

Ladeur, Karl-Heinz/Gostomzyk, Tobias, Das Netzwerkdurchsetzungsgesetz und die Logik der Meinungsfreiheit – Ergebnisse eines Gutachtens zur Verfassungsmäßigkeit des Regierungsentwurfs, K&R 2012, 390 ff.

Ladeur, Karl-Heinz, Ausschluss von Teilnehmern an Diskussionsforen im Internet – Absicherung von Kommunikationsfreiheit durch „netzwerk gerechtes" Privatrecht, MMR 2001, 787 ff.

Lauber-Rönsberg, Anne, Rechtsdurchsetzung bei Persönlichkeitsverletzungen im Internet, Verantwortlichkeit von Intermediären und Nutzern in Meinungsforen und Personenbewertungsportalen, MMR 2014, 10 ff.

Lämmerzahl, Torsten, Die Beteiligung Privater an der Erledigung öffentlicher Aufgaben: Eine Untersuchung ihrer verfassungs- und verwaltungsrechtlichen Möglichkeiten und Grenzen, Schriften zum Öffentlichen Recht Bd. 1080, Berlin 2007.

Leibholz, /v. Mangoldt, Jahrbuch des Öffentlichen Rechts, Band , 1951

Leisner, Walter, Grundrechte und Privatrecht, in: Münchener öffentlichrechtliche Abhandlungen, Heydte, Friedrich August/Maunz, Theodor (Hrsg.), Erstes Heft, München, 1960

Lent, Wolfgang, Elektronische Presse zwischen E-Zines, Blogs und Wikis, ZUM 2013, 914 ff.

Liesching, Marc/Funke, Chantal/Hermann, Alexander/Kneschke, Christin/Michnik, Carolin/Nguyen, Linh/Prüßner, Johanna/Rudolph, Sarah/Zschammer,

Vivien, Das NetzDG in der praktischen Anwendung – Eine Teilevaluation des Netzwerkdurchsetzungsgesetzes, Schriftenreihe Medienrecht & Medientheorie, Band 3, Hooffacker, Gabriele/Liesching, Marc (Hrsg.), München/Leipzig, 2021.

Liesching, Marc, NomosBundesrecht Erläuterungen, Netzwerkdurchsetzungsgesetz, 1. Online-Aufl., Baden-Baden, 2018.

Liesching, Marc, in: Telemediengesetz mit Netzwerkdurchsetzungsgesetz (NetzDG), Kommentar, Spindler, Gerald/Schmitz, Peter/Liesching, Marc (Hrsg.), 2. Aufl., München 2018

Liesching, Marc, Was sind "rechtswidrige Inhalte" im Sinne des Netzwerkdurchsetzungsgesetzes?, ZUM 2017, 809 ff.

Liesching, Marc, Das Bundesverfassungsgericht wird das Netzwerkdurchsetzungsgesetz kippen, Beck-Community, veröffentlicht am 27.04.2017.

Liesching, Marc, NetzDG-Entwurf basiert auf Bewertungen von Rechtslaien, Beck-Community, veröffentlicht am 16.05.2017.

Liesching, Marc, Sperrung von Tweets und Facebook-Beiträgen - Die fatale Langzeitwirkung des NetzDG deutet sich bereits an, Beck-Community, veröffentlicht am 02.01.2018.

Liesching, Marc, in: Beck´scher Online-Kommentar JMStV, Liesching, Marc (Hrsg.), 16. Edition, München 2018

Luch, Anika Dorthe, Das Medienpersönlichkeitsrecht – Schranke der „vierten Gewalt" – Das Allgemeine Persönlichkeitsrecht im Spannungsverhältnis zur Medienfreiheit unter dem Grundgesetz und der Europäischen Menschenrechtskonvention, in: Verfassungs- und Verwaltungsrecht unter dem Grundgesetz, Kirchhof, Paul/Schmidt-Jortzig, Edzard/Wahl, Rainer (Hrsg.), Band 35, Frankfurt am Main 2008

Hermes, Georg, Grundrechtsschutz durch Privatrecht auf neuer Grundlage? Das BVerfG zu Schutzpflicht und mittelbarer Drittwirkung der Berufsfreiheit, NJW 1990, 1764 ff.

Hofmann, Hans/Henneke, Hans-Günter (Hrsg.), Grundgesetz, 14. Aufl., Köln 2018.

Mangoldt, Hermann v./Klein, Friedrich, Kommentar zum Grundgesetz Band I, 7. Aufl., München 2018.

Martens, Wolfgang, Öffentlich als Rechtsbegriff, Verlag Gehlen, Bad Homburg/Berlin/Zürich, 1969

Martini, Mario, Wie viel Gleichheit braucht das Internet? Netzneutralität als Stellschraube für die Zukunft des Internets, VerwArch 2011, 315 ff.

Masing, Johannes, Grundrechtsschutz trotz Privatisierung in: Demokratie-Perspektiven, Festschrift für Brun-Otto Bryde, Hrsg.: Michael Bäuerle, Tübingen 2013.

Masing, Johannes, Herausforderungen des Datenschutzes, NJW 2012, 2305 ff.

Maume, Philipp, Bestehen und Grenzen des virtuellen Hausrechts, MMR 2007, 620 ff.

Maunz, Theodor/Dürig,Günter (Begr.), Grundgesetz Kommentar Band I, München, Stand 2017.

Maurer, Hartmut, Die verschiedenen Formen der Privatisierung in: Nach geltendem Verfassungsrecht, Festschrift für Udo Steiner, Hrsg.: Gerrit Manssen, Monika Jachmann, Christoph Gröpl, Stuttgart/München/Hannover/Berlin/Weimar/Dresden, 2009.

Maurer, Hartmut/Waldhoff, Christian, Allgemeines Verwaltungsrecht, 19. Aufl., München, 2017

Mayen, Thomas, Über die mittelbare Grundrechtsbindung Privater in Zeiten des Einflusses sozialer Netzwerke auf die öffentliche Kommunikation, ZHR 2018, 1 ff.

Mayen, Thomas, Privatisierung öffentlicher Aufgaben: Rechtliche Grenzen und rechtliche Möglichkeiten, DÖV 2011, 110 ff.

Merten, Detlef/Papier, Hans-Jürgen (Hrsg.), Handbuch der Grundrechte in Deutschland und Europa, Band 2: Grundrechte in Deutschland: Allgemeine Lehren 1, Bd. 2, Heidelberg 2006.

Meyer-Cording, Ulrich, Betriebsstrafe und Vereinsstrafe im Rechtsstaat, NJW 1966, 225 ff.

Meyer, Claus, in: Hamburger Kommentar Gesamtes Medienrecht, 3. Aufl., Baden-Baden 2016

Meyer, Wolfgang, in: Grundgesetz Kommentar, Band 2: Art. 70 bis 146, von Münch, Ingo/Kunig, Philip (Hrsg.), 6. Aufl., München 2012

Michael, Lothar/Morlok, Martin, Grundrechte, 6. Aufl., Baden-Baden 2017.

Mihr, Christian, Stellungnahme zum Entwurf eines Gesetzes zur Verbesserung der Rechtsdurchsetzung in sozialen Netzwerken der Fraktionen von CDU/CSU und SPD (BT-Drs. 18/12356) zur Anhörung im Rechtsausschuss des Bundestages am 19.06.2017 (Reporter ohne Grenzen).

Morlok, Martin/Michael, Lothar, Staatsorganisationsrecht, 3. Aufl., Baden-Baden 2017.

Michael, Lothar/Morlok, Martin, Grundrechte, 4. Aufl., Baden-Baden 2014.

Möllers, Christoph, Pressefreiheit im Internet – Zu verfassungsrechtlichen Grenzen der Regulierung von Online-Bewegtbildern von Zeitungen, AfP 2008, 241 ff.

Möstl, Markus, in: Grundgesetz Kommentar, Maunz, Theodor/Dürig, Günter (Hrsg.), 82. EL, München, 2018

Möstl, Markus, Grundrechtsbindung öffentlicher Wirtschaftstätigkeit – Insbesondere die Bindung der Nachfolgeunternehmen der Deutschen Bundespost an Art. 10 GG nach der Postreform II, Münchener Universitätsschriften/Reihe der Juristischen Fakultät Band 137, München 1999.

Müller-Broich, Jan (Hrsg.), Telemediengesetz, 1. Aufl., Baden-Baden 2012.

Müller-Franken, Sebastian, Netzwerkdurchsetzungsgesetz: Selbstbehauptung des Rechts oder erster Schritt in die selbstregulierte Vorzensur? - Verfassungsrechtliche Fragen, AfP 2018, 1 ff.

Müller-Franken, Sebastian, in: Grundgesetz Kommentar, Schmidt-Bleibtreu, Bruno/Hofmann,Hans/Henneke, Hans-Günter (Hrsg.), 14. Auf., Köln, 2018

Natter, Eberhard, Arbeitsrecht und Justizverwaltung im Wandel – Die Konferenzen der Präsidentinnen und Präsidenten der Landesarbeitsgerichte von 1947 bis 2018, NZA 2018, 473 ff.

Nolte, Georg, Hate-Speech, Fake-News, das "Netzwerkdurchsetzungsgesetz" und Vielfaltsicherung durch Suchmaschinen, ZUM 2017, 552 ff.

Nolte, Georg/Wimmers, Jörg, Wer stört? Gedanken zur Haftung von Intermediären im Internet – von praktischer Konkordanz, richtigen Anreizen und offenen Fragen, GRUR 2014, 16 ff.

Nolte, Georg, Von digitalen Radiergummis und anderen Instrumenten, ZRP 2011, 236 ff.

Nöhrbaß, Karl-Heinz, in: Piduch, Erwin, Bundeshaushaltsrecht, 2. Aufl., Stand Februar 2015, Stuttgart.

Ohly, Ansgar, Der weite Täterbegriff des EuGH in den Urteilen „GS Media", „Filmspeler" und „The Pirate Bay": Abenddämmerung für die Störerhaftung, ZUM 2017, 793 ff.

Ory, Stephan, Rundfunk und Presse im Internet, AfP 2010, 20 ff.

Paal, Boris, Vielfaltssicherung bei Intermediären – Fragen der Regulierung von sozialen Netzwerken, Suchmaschinen, Instant-Messengern und Videoportalen, MMR 2018, 567 ff.

Paal, Boris, in: Beck´scher Onlinekommentar Informations- und Medienrecht, Gersdorf, Hubertus/Paal, Boris (Hrsg.), 21. Edition, München 2018

Paal, Boris/Hennemann, Moritz, Meinungsbildung im digitalen Zeitalter – Regulierungsinstrumente für einen gefährdungsadäquaten Rechtsrahmen, JZ 2017, 641 ff.

Pagenkopf, Martin, in: Grundgesetz Kommentar, Sachs, Michael (Hrsg.), 8. Aufl., München, 2018

Papier, Hans-Jürgen, Grundrechtsschutz in der digitalen Gesellschaft, NJW 2017, 3025 ff.

Paeffgen, Hans-Ullrich, in: NomosKommentar Strafgesetzbuch, Kindhäuser, Urs/Neumann, Ulfried/Paeffgen, Hans-Ullrich (Hrsg.), 5. Aufl., Baden-Baden, 2017

Peukert, Alexander, Gewährleistung der Meinungs- und Informationsfreiheit in sozialen Netzwerken – Vorschlag einer Ergänzung des NetzDG um sog.Putback-Verfahren, MMR 2018, 572 ff.

Peifer, Karl-Nikolaus, Netzwerkdurchsetzungsgesetz: Selbstbehauptung des Rechts oder erster Schritt in die selbstregulierte Vorzensur? – Zivilrechtliche Aspekte, AfP 2018, 14 ff.

Pille, Jens-Ullrich, Meinungsmacht sozialer Netzwerke, in: Hamburger Schriften zum Medien-, Urheber- und Telekommunikationsrecht, Wolfgang Schulz (Hrsg.), Band 11, 1. Aufl., Baden-Baden, 2016

Pieroth, in: Handbuch der Grundrechte in Deutschland und Europa, Band II, Grundrechte in Deutschland - Allgemeine Lehren 1, Papier, Hans-Jürgen/Merten, Detlef (Hrsg.), Heidelberg 2006

Piras, Gabriella, Virtuelles Hausrecht? Kritik am Versuch der Beschränkung der Internetfreiheit, in: Internet und Gesellschaft, Schriften des Alexander von Humboldt Institut für Internet und Gesellschaft Band 7 (Hrsg.: Jeanette Hofmann, Ingolf Pernice, Thomas Schildhauer, Wolfgang Schulz), Mohr Siebeck, 2016

Poscher, Ralf, Grundrechte als Abwehrrechte – Reflexive Regelung rechtlich geordneter Freiheit, Jus Publicum – Beiträge zum Öffentlichen Recht Band 98, Tübingen 2003.

Pöschl, Magdalena, Öffnung der öffentlich-rechtlichen Methode durch Internationalität und Interdisziplinarität, Sicherung grund- und menschenrechtlicher Standars, VVDStRL 2015, 405 ff.

Prothmann, Martin, Die Wahl des Versammlungsortes: grundrechtliche Probleme der Nutzung privater öffentlicher Räume zu Versammlungszwecken, Tübinger Schriften zum Staats- und Verwaltungsrecht Bd. 91, Berlin 2013.

Quaritsch, Helmut, § 120 Der grundrechtliche Status der Ausländer, in: Handbuch des Staatsrechts Band V, Allgemeine Grundrechtslehren, Hrsg.: Isensee, Josef/Kirchhof, Paul, 2. Aufl., Heidelberg 1992.

Rebler, Adolf, Verkehrsüberwachung durch Private, Ein Dauerbrenner: Privatisierung staatlicher Aufgaben, StV 2011, 1 ff.

Redaktion Beck Verlag, Grüne, FDP und DJV kritisieren Netzwerkdurchsetzungsgesetz 08.01.2018.

Redeker, Helmut, IT-Recht, 6. Aufl., München 2017.

Redeker, Helmut, Anmerkung zu LG München I: Virtuelles Hausrecht der Betreiber von Internetforen, CR 2007, 265 ff.

Regge, Philipp/Pegel, Christian, in: Münchener Kommentar zur Strafgesetzbuch, Band 4, §§ 185-262, 3. Aufl., München 2017

Rixecker, Roland, in: Münchener Kommentar zum BGB, Band 1, Allgemeiner Teil, §§ 1-240, AllgPersönlR, ProstG, AGG, 8. Aufl., München 2018

Rotsch, Thomas, Compliance und Strafrecht – Fragen, Bedeutung, Perspektiven. Vorbemerkungen zu einer Theorie der sog. „Criminal Compliance", ZSTW 2013 (125), 481 ff.

Röhl, Hans Christian, in: Besonderes Verwaltungsrecht, Kommunalrecht, Schoch, Friedrich (Hrsg.), 15. Aufl., Berlin 2013

Ruffert, Matthias, in: Beck'scher Onlinekommentar GG, 38. Edition, München 2018

Ruffert, Matthias, in: EUV/AEUV – Das Verfassungsrecht der Europäischen Union mit Europäischer Grundrechtecharta, Kommentar, Calliess, Christian/Ruffert, Matthias (Hrsg.), 5. Aufl., München 2016

Ruge, Kay, in: Kommentar zum Grundgesetz, Schmidt-Bleibtreu, Bruno/Hofmann, Hans/Henneke, Hans-Günter (Hrsg.), 14. Aufl., Köln, 2018

Rupp, Hans Heinrich, „Dienende" Grundrechte, „Bürgergesellschaft", „Drittwirkung" und „soziale Interpendenz" der Grundrechte, JZ 2001, 271 ff.

Rupp, Hans Heinrich, Die Unterscheidung von Staat und Gesellschaft in: Handbuch des Staatsrechts der Bundesrepublik Deutschland Band 2: Verfassungsstaat,3. Aufl., Heidelberg 2004.

Rüfner, Wolfgang, Grundrechtsadressaten, § 197, in: Isensee, Josef/Kirchhof, Paul (Hrsg.), Handbuch des Staatsrechts, Band IX: Allgemeine Grundrechtslehren, 3. Aufl., Heidelberg 2011

Sachs, Michael (Hrsg.), Grundgesetz Kommentar, 8. Aufl., München 2018.

Sachs, Michael, Abwehrrechte, in: Handbuch der Grundrechte in Deutschland und Europa, Band II, Grundrechte in Deutschland: Allgemeine Lehren I, § 39, Merten, Detlef/Papier, Hans-Jürgen (Hrsg.), Heidelberg 2006

Sagan, Adam, Anmerkung zu EuGH, Urteil vom 17.4.2018 – C-414/16 (Egenberger/Evangelisches Werk für Diakonie und Entwicklung e. V.), EuZW 2018, 386 ff.

Säcker, Franz Jürgen, in: Münchener Kommentar zum Bürgerlichen Gesetzbuch, Band 1, Allgemeiner Teil, §§ 1-240 – ProstG – AGG, 7. Aufl., München 2015

Schaefer, Christoph, Luftsicherheitsverwaltung durch Private, NVwZ 2016, 1135 ff.

Schäfer, Jürgen, in: Münchener Kommentar zum Strafgesetzbuch, Band 3, §§ 80-184j, 3. Aufl., München 2017

Schertz, Christian, Der Schutz des Individuums in der modernen Mediengesellschaft, NJW 2013, 721 ff.

Schiff, Alexander, Meinungsfreiheit in mediatisierten digitalen Räumen – Das NetzDG auf dem Prüfstand des Verfassungsrechts, MMR 2018, 366 ff.

Schladebach, Marcus/Schönrock, Sabrina, Privatisierung im Maßregelvollzug, NVwZ 2012, 1011 ff.

Schliesky, Utz/Hoffmann, Christian/Luch, Anika/Schulz, Sönke/Borchers, Kim Corinna, Schutzpflichten und Drittwirkung im Internet, Das Grundgesetz im digitalen Zeitalter, 1. Aufl., Baden-Baden 2014.

Schmidl, Michael, Zum virtuellen Hausrecht als Abwehrrecht, K&R 2006, 563 ff.

Schmidtmann, Karin, Die verfassungsrechtliche Einordnung konvergenter Massenmedien: Eine Analyse der Auswirkungen des Medienwandels auf Presse und Rundfunk aus verfassungsrechtlicher Sicht, Hamburg, 2013

Schmücker, Hanno, in: Hamburger Kommentar Gesamtes Medienrecht, Paschke, Marian/Berlit, Wolfgang/Meyer, Claus (Hrsg.), 3. Aufl., Baden-Baden 2016

Schoch, Friedrich, Gewährleistungsverwaltung: Stärkung der Privatrechtsgesellschaft?, NVwZ 2008, 241 ff.

Schoch, Friedrich, Rechtliche Steuerung der Privatisierung staatlicher Aufgaben, Jura 2008, 672 ff.

Schoch, Friedrich, Die Rolle des Staates in der Informationsgesellschaft, in: Leipold, Dieter (Hrsg.), Rechtsfragen des Internet und der Informationsgesellschaft – Symposium der rechtswissenschaftlichen Fakultäten der Albert-Ludwigs-Universität Freiburg und der Städtischen Universität Osaka, S. 83 ff.

Scholz, Rupert, in: Grundgesetz Kommentar, Maunz, Theodor/Dürig, Günter (Hrsg.), 86. Ergänzungslieferung, München 2019

Schöbener, Burkhardt/Knauff, Matthias, Allgemeine Staatslehre, 4. Aufl., München 2019.

Schmidt, Rolf, Grundrechte sowie Grundzüge der Verfassungsbeschwerde, 20. Aufl., Grasberg bei Bremen 2016.

Schmidtmann, Karin, Die verfassungsrechtliche Einordnung konvergenter Massenmedien – Eine Analyse der Auswirkungen des Medienwandels auf

Presse und Rundfunk aus verfassungsrechtlicher Sicht, Verlag Dr. Kovač, Hamburg 2013

Schmitz, Heribert (Hrsg.), Verwaltungsverfahrensgesetz, 9. Aufl., München 2018.

Schubert, Claudia, in: Münchener Kommentar zum Bürgerlichen Gesetzbuch, Band 2, Schuldrecht – Allgemeiner Teil, 7. Aufl., München 2016

Schulz, Wolfgang/Held, Thorsten, in: Beck'scher Kommentar zum Rundfunkrecht, Rundfunkstaatsvertrag, Jugendmedienschutz-Staatsvertrag, Rundfunkbeitragsstaatsvertrag, Rundfunkfinanzierungsstaatsvertrag, Binder, Reinhard/Vesting, Thomas (Hrsg.), 4. Aufl., München 2018

Schulz, Wolfgang/Dankert, Kevin, Die Macht der Informationsintermediäre – Erscheinungsformen, Strukturen und Regulierungsoptionen, Friedrich-Ebert-Stiftung, Politische Akademie, Medienpolitik (Hrsg.), Bonn 2016

Schulz, Wolfgang, in: Hamburger Kommentar Gesamtes Medienrecht, 3. Aufl., Baden-Baden 2016

Schulze-Fielitz, Helmuth in: Hoffmann-Riem, Wolfgang/Schmidt-Aßmann, Eberhard/Voßkuhle, Andreas (Hrsg.), Grundlagen des Verwaltungsrechts Band I: Methoden, Maßstäbe, Aufgaben, Organisation, 2. Aufl., München 2012.

Schulze-Fielitz, Helmuth, Betätigung öffentlich-rechtlicher Institutionen im Onlinebereich, AfP 1998, 447 ff.

Schwabe, Jürgen, Bundesverfassungsgericht und „Drittwirkung" der Grundrechte, AöR 100 (1975), 442 ff.

Schwartmann, Rolf, Verantwortlichkeit sozialer Netzwerke nach dem Netzwerkdurchsetzungsgesetz, GRUR-Prax 2017, 317 ff.

Schwenke, Thomas, Das virtuelle Hausrecht als Abwehrmaßnahme gegen Shitstorms innerhalb von Social Media Plattformen, K&R 2012, 305 ff.

Sellmann, Christian, Privatisierung mit oder ohne gesetzliche Ermächtigung, NVwZ 2008, 817 ff.

Sieber, Ulrich, Die Bekämpfung von Hass im Internet – Technische, rechtliche und strategische Grundlagen für ein Präventionskonzept, ZRP 2001, 97 ff.

Skouris, Wassilios, Die Grundrechte im Rahmen der Privatisierung, S. 91 ff., in: Staat und Verfassung in Europa, Hrsg.: Häberle, Peter/Morlok, Martin/Skouris, Wassilios, Baden-Badener Gespräche Band 1, Baden-Baden 2000.

Smets, Christoph, Staatsgleiche Grundrechtsbindung Privater aus Funktionsnachfolge? Zur Aufhebung eines Hausverbots für eine Versammlung auf privatem Grund, NVwZ 2016, 35 ff.

Spindler, Gerald, Rechtsdurchsetzung von Persönlichkeitsrechten – Bußgelder gegen Provider als Enforcement?, GRUR 2018, 365 ff.

Spindler, Gerald, Das Netzwerkdurchsetzungsgesetz, K&R 2017, 533 ff.

Spindler, Gerald/Schuster, Fabian (Hrsg.), Recht der elektronischen Medien, § 823 BGB Schadensersatzpflicht, 3. Aufl., München 2015.

Starck, Christian, in: Grundgesetz Band 1, Präambel, Art. 1-19, Kommentar, v. Mangoldt, Hermann/Klein, Friedrich/Starck, Christian (Begründet und fortgeführt), Huber, Peter/Voßkuhle, Andreas (Hrsg.), 7. Aufl., München 2018

Stephan, Klaus-Dieter/Tieves, Johannnes, in: Münchener Kommentar zum Gesetz betreffend die Gesellschaften mit beschränkter Haftung (GmbHG), Band 2, §§ 35-52, Fleischer, Holger/Goette, Wulff (Hrsg.), 2. Aufl., München 2016

Stern, Klaus, Das Staatsrecht der Bundesrepublik Deutschland, Band III/1, Allgemeine Lehren der Grundrechte, München 1994.

Stern, Klaus, Das Staatsrecht der Bundesrepublik Deutschland, Band IV/1, Die einzelnen Grundrechte - Der Schutz und die freiheitliche Entfaltung des Individuums, München 2006

Stern, Klaus/Sachs, Michael (Hrsg.), Europäische Grundrechte-Charta, GRCh, Kommentar, München 2016

Stober, Rolf, Privatisierung öffentlicher Aufgaben - Phantomdiskussion oder Gestaltungsoption in einer verantwortungsgeteilten, offenen Wirtschafts-, Sozial- und Sicherheitsverfassung?, NJW 2008, 2301 ff.

Stollwerck, Christoph/Wegner, Konstantin in: Götting, Horst-Peter/ Schertz, Christian/ Seitz, Walter (Hrsg.), Handbuch Persönlichkeitsrecht - Presse- und Medienrecht, 2. Aufl., München 2019.

Thoma, Anselm Christian, Regulierte Selbstregulierung im Ordnungsverwaltungsrecht, Schriften zum Öffentlichen Recht Bd. 1087, Berlin 2007.

Trute, Hans-Heinrich, Freiheit von Presse und Film, in: Handbuch der Grundrechte in Deutschland und Europa, IV, Einzelgrundrechte I, § 105, Merten, Detlef/Papier, Hans-Jürgen (Hrsg.), Heidelberg 2011

Valerius, Brian, in: BeckOK StGB, Lexikon Providerhaftung, 37. Edition, München 2018.

Valerius, Brian, in: BeckOK StGB, 39. Edition, München 2018

Veil, Winfried, Die Datenschutz-Grundverordnung: des Kaisers neue Kleider, NVwZ 2018, 686 ff.

Vogt, Dieter, Die Drittwirkung der Grundrechte und Grundrechtsbestimmungen des Bonner Grundgesetzes

Von der Decken, Kerstin, in: GG, Kommentar, 14. Aufl., Köln 2018.

Voßkuhle, Andreas, Beteiligung Privater an der Wahrnehmung öffentlicher Aufgaben und staatliche Verantwortung, VVDStRL 62 (2003), 266 ff.

Voßkuhle, Andreas, Gibt es und wozu nutzt eine Lehre vom Verfassungswandel? Der Staat 43 (2004), 450 ff.

de Wall, Heinrich/Wagner, Roland, Die sogenannte Drittwirkung der Grundrechte, JA 2011, 734 ff.

Walter, Christian, Hüter oder Wandler der Verfassung – Zur Rolle des Bundesverfassungsgerichts im Prozess des Verfassungswandels, AöR 125 (2000), 517 ff.

Walter, Christian, in: Beck'scher Onlinekommentar BVerfGG, Walter, Christian/Grünewald, Benedikt (Hrsg.), 5. Edition, München 2018

Wagner, Gerhard, in: Münchener Kommentar zum Bürgerlichen Gesetzbuch, Band 6, Schuldrecht - Besonderer Teil IV, §§ 705-853, Partnerschaftsgesellschaftsgesetz, Produkthaftungsgesetz, 7. Aufl., München 2017

Warg, Gunter, Meinungsfreiheit zwischen Zensur und Selbstzensur, DÖV 2018, 473 ff.

Weber, Maria-Teresa, Bitkom Stellungnahme: Entwurf eines Gesetzes zur Verbesserung der Rechtsdurchsetzung in sozialen Netzwerken der Fraktionen von CDU/CSU und SPD (BT DS 18/12356), 19.06.2017.

Wagner, Gerhard, in: Münchener Kommentar zum Bürgerlichen Gesetzbuch, Band 6, Schuldrecht – Besonderer Teil IV, §§ 705-853, Partnerschaftsgesellschaftsgesetz, Produkthaftungsgesetz, 7. Aufl., München 2017

Wegner, Oliver, Kommunikationsherrschaft des Hausherrn oder Freiheit der Massenmedien? Zum Spannungsverhältnis zwischen dem privaten Hausrecht und den Medienfreiheiten im öffentlich zugänglichen Raum, in: Schriften zum Medienrecht, Band 25, Hamburg 2010

Weiß, Wolfgang, Privatisierung und Staatsaufgaben – Privatisierungsentscheidungen im Lichte einer grundrechtlichen Staatsaufgabenlehre unter dem Grundgesetz, Jus Publicum Band 88, Tübingen 2002

Wendt, Rudolf, in: Grundgesetz Kommentar, Band 1: Präambel bis Art. 69, Hrsg.: von Münch, Ingo/Kunig, Philip, 6. Aufl., München 2012.

Wernicke, Stephan, in: Das Recht der Europäischen Union, Band I, AUEV/EUV, Grabitz, Eberhard/Hilf, Meinhard/Nettesheim, Martin (Hrsg.), München 2018

Wieland, Joachim, in: Grundgesetz Kommentar, Band I, Art. 1-19, Dreier, Horst (Hrsg.), 2. Aufl., Tübingen 2004

Wimmers, Jörg/ Heymann, Britta, Zum Referentenentwurf eines Netzwerkdurchsetzungsgesetzes (NetzDG) - eine kritische Stellungnahme, AfP 2017, 93 ff.

Windthorst, Kay, Zur Grundrechtsfähigkeit der Deutschen Telekom AG, VerwArch. 95 (2004), 377 ff.

Zado, Julian, Privatisierung der Justiz: Zur Bedeutung und verfassungsrechtlichen Zulässigkeit von Privatisierungen in Rechtsprechung, Strafvollzug,

Zwangsvollstreckung und Handelsregister, Schriften zum Öffentlichen Recht Bd. 1233, Berlin 2013.

Zippelius, Reinhold, Allgemeine Staatslehre, Ein Studienbuch, 17. Aufl., München 2017.

www.ingramcontent.com/pod-product-compliance
Ingram Content Group UK Ltd.
Pitfield, Milton Keynes, MK11 3LW, UK
UKHW021842210426
5322IPUK00022B/410